Med Sai Baba ved Min Side
En usædvanlig beretning

Udgiverens bemærkninger

Det oprindelige materiale blev udgivet som to bøger. Den første bog blev udgivet i 1994. Da materialet til anden del var færdig til udgivelse i 2011, blev første del redigeret og udgivet med lignende omslag som anden del, så de udgjorde et par.

De to dele er her samlet i én bog, men fremstår stadig som to separate titler, Første del og Anden del.

Forfatteren bruger benævnelserne drøm og vision. En drøm er, hvor du trækker dig væk fra din normale bevidsthed til drømmentilstanden, når du sover. Under en vision udvider du din bevidsthed til også at omfatte den bevidsthed hvor visionen opleves.

- Erik Istrup

Med Baba ved min side (første del), første udgave, SphinX Forlag, 1994 (udgået)

*

Med Baba ved min side (første del), anden udgave, Erik Istrup & Lightning Source, 2011

*

Med Baba ved min side – anden del, Erik Istrup & Lightning Source, 2011

*

With Sai Baba by My Side, Erik Istrup Publishing, 2014

Med Sai Baba ved Min Side
En usædvanlig beretning

af Marguerite Jalving

Denne bog er først og fremmest tilegnet
Bhagavan Sri Sathya Sai Baba
*

Menneskeheden bør prise sig lykkelig,
at vi har Sai Baba iblandt os
og prøve at efterleve hans budskab
*

"Dersom I ikke ser tegn og undergerninger,
ville I ikke tro." - *Johannes 4:48*
*

Der er kun én religion,
kærlighedens religion
*

Marguerite Jalving, december 1993
Aum Sai Ram

[With love Baba]

Erik Istrup Publishing
Jyllandsgade 16 stth, 9610 Nørager, Danmark
eip@erikistrup.dk
www.erikistrup.dk/publishing/

Med Sai Baba ved Min Side
- En usædvanlig beretning
Copyright © 2014 Marguerite Jalving
Udgiver copyright © 2014 & 2018 Erik Istrup Publishing
Print & distribution: Ingram Spark
Font: Palatino
Omslag: Erik Istrup
ISBN 978-87-92980-18-2

Dette er Marguerite Janvings beretning, samlet i ét bind.

Indhold

Vær som lotusblomsten
der åbner sine kronblade,
når Solen er på himlen,
upåvirket af den slam og mudder
som den er født i,
og endda af vandet der nærer den.
- Sai Baba

Aum Sai Ram

En tak (for første del)

Først og fremmest er min tak rettet til Sai Baba for alle de smukke drømme og visioner ... her mangler jeg ord. Tak for den så helt igennem personlige vejledning. Uden den var denne bog aldrig blevet til.

Jeg vil ligeledes rette en tak til Gerda Nørgaard, som har udført et stort arbejde med renskrivning af manuskriptet og samtidig har revideret det.

Endelig vil jeg takke de mange forskellige mennesker, som har opfordret mig til at skrive bogen.

Men intet er tilfældigt – Baba leder alt.

Aum Sai Ram

- Marguerite Jalving, december 1993.

Forord (for første del)

Marguerite Jalving, denne bogs forfatter, er et menneske med begge ben på jorden.

Med elegante høje hæle og verdslig ynde, står hun med sit stærke temperament fast ved sine meninger, i såvel spontan vrede, som glad begejstring, og med af og til lidet ærbødige tanker til Sri Sathya Sai Baba, når hun synes det går for vidt. At hun samtidig rummer den dybeste hengivenhed og ydmyge overgivelse til det guddommelige, er denne bogs paradoks.

Derfor fremstår den også, både morsomt og inderlig hengivent, som selve billedet på det jordiske menneskes dialog med Gud, og med sine drømme og visioner af himmelsk fantasi.

- Lise Jersing

Drømme og visioner

Jeg har haft, og har stadig smukke visioner og drømme med Baba.

Læseren vil måske have lidt svært ved at skelne mellem vision og drøm, da begge dele foregår under søvn. Der er dog en betydelig forskel, som næsten ikke lader sig beskrive. Men jeg vil alligevel prøve.

I en drøm kommer Baba og giver mig en besked, eller viser mig noget, jeg skal lære af. Kort og godt en lektie.

En vision er noget helt andet. Der er jeg med Baba, eller alene, på overjordiske skønne steder, fyldt med lys og en vidunderlig atmosfære. Der er det som regel ikke så meget en lektie, det drejer sig om, men en oplevelse Baba giver mig. Denne vidunderlige atmosfære, jeg får lov at opleve en kort stund på forskellige måder. Det fremgår af teksterne i bogen.

Det er alt sammen ord, vi for enhver pris ønsker at give vore oplevelser, og som til syvende og sidst slet ikke lader sig beskrive, da det er en guddommelig oplevelse.

Vi mennesker må tro på en højere virkelighed, uden for vores egen lille snævre verden, vores trivielle hverdagstilværelse, hvis vi ønsker at forstå meningen med vores liv.

Indledning (for første del)

Da jeg påbegyndte denne bog, først i december 1992, var det på opfordring fra forskellige mennesker.

Men trods de mange opfordringer var jeg ikke selv så sikker. Jeg syntes simpelthen, det var helt urealistisk, blot det at tænke på det, da jeg jo hverken er forfatter eller journalist, og samtidig følte jeg, det ville være for stor en opgave for mig at gå i gang med. Der var ganske vist en af mine venner, der sagde: "Du burde i det mindste skrive dine drømme ned, de er så fantastiske og så smukke." "Nej," sagde jeg. "Jeg vil slet ikke tænke i de baner. Desuden er drømmene kun til mig."

Ind imellem tænkte jeg imidlertid på de mange smukke drømme og visioner, Baba kom til mig i. Især én vision tænkte jeg en del over, og prøvede på at fortolke den. Men det kan til tider være svært at vide, hvad det er, Baba vil have en til at forstå, og selv om man mener at have forstået det, så er der alligevel langt fra tanke til handling.

Jeg havde på det tidspunkt en farvestrålende rejsebrochure liggende med billeder fra Maldiverne, en øgruppe i Det Indiske Ocean. Eksotiske øer langt væk fra civilisationen, hvor man forestillede sig en velsignet fred, og kun den skønne natur omgivet af det blå hav. Det virkede tiltrækkende. Af brochuren fremgik det, at man kunne lære at dykke helt ned til det uberørte koralrev, der findes der.

"Det kunne jeg tænke mig at prøve. At dykke helt ned på havets bund til koralrevet, må være en fantastisk oplevelse," sagde jeg til en ven. Hvorpå hun sagde: "Hvad skulle du der ned efter? Det er ikke på havets bund, du skal dykke ned, men i dit eget indre. Hvad med alle dine smukke drømme og visioner?" Vi morede os egentlig lidt over det.

Senere tænkte jeg på det. Jeg begyndte for alvor at spekulere på, om jeg virkelig skulle gå i gang med at skrive en bog! Var det Baba's mening?

Til sidst blev jeg dog alligevel enig med mig selv om, at var der noget, der var værd at beskæftige sig med, og noget der var meningsfyldt: At begynde at skrive mine drømme og visioner ned. Så det var altså ikke i Det Indiske Ocean's dyb, jeg skulle dykke ned, men dybt i mit eget indre, hvilket jeg så ganske langsomt begyndte på.

Så snart jeg var begyndt, kom Baba til mig i flere drømme. Af de forskellige drømme forstod jeg, at det var Baba's mening, jeg skulle gøre dette. Det vil jeg lade læseren selv opleve.

Samtidig må man huske på, dette er blot mine oplevelser med Baba. Mange andre mennesker har haft store oplevelser med Ham. og alle er de vidt forskellige. Han giver hver især, hvad de har brug for.

Baba er iblandt os i dag. Og alle kan rejse til Indien og se og opleve Ham. Rejser man første gang til Indien for at opleve Sai Baba, er det nok bedst at komme uden at forvente noget. Så tror jeg, man vil få den største oplevelse.

Det er altid Baba der giver, man kan ikke tage selv. Man må modtage, det man får og være taknemmelig. Baba ved bedst.

Det er morsomt. Da jeg regnede ud, hvor længe jeg havde været om at skrive bogen, viste det sig, at jeg havde skrevet den på ni måneder. Er der ikke også noget andet, der tager ni måneder?

Mit møde med Sai Baba

Det hele begyndte en sommerdag i 1978, hvor en ven af mig ringede og spurgte, om jeg ville med ind og se en film med foredrag af Hagen Hasselbalch om en hellig mand i Indien ved navn Sai Baba, som udretter mirakler. Det syntes jeg lød interessant, så det gjorde vi. Mange mennesker var mødt op, og det var virkelig interessant, så interessant, at man havde lyst til omgående at rejse ned til Indien og se, hvem denne Sai Baba egentlig var.

Men som dagene gik, gled det i baggrunden og jeg tænkte ikke mere på det, før jeg et par måneder senere, efter en pludselig indskydelse, gik ind og købte et ugeblad, som jeg i øvrigt aldrig før havde købt. Det første jeg slog op på var en stor artikel af Hagen Hasselbalch om Sai Baba med flere dejlige billeder.

Jeg blev igen meget betaget af Sai Baba og købte bladet i den følgende uge, hvor artiklen sluttede. Da jeg havde læst den nogle gange, havde Sai Baba gjort så stort et indtryk på mig, at jeg besluttede mig for straks at begynde at spare sammen til en rejse til Indien for at se og opleve Ham.

Jeg fik sat et brev sammen, hvori jeg fortalte Ham, at jeg beundrede Hans virke og hvad Han stod for, og jeg var meget spændt på, om jeg på en eller anden måde fik et svar, da jeg havde skrevet, jeg ville besøge Ham i november måned.

Der gik ca. fem uger, uden at der skete noget, men så en dag da jeg sad i min stue og læste artiklen om Sai Baba endnu en gang, bredte der sig pludselig en duft, som jeg ikke rigtig kunne definere, men som fik mig til at tænke på "noget brændt." Duften blev stærkere og stærkere, jeg blev forskrækket og gik ud i køkkenet for at undersøge, om jeg havde glemt at slukke for et eller andet, men det var ikke tilfældet, så jeg gik ind i stuen igen og fortsatte min læsning, og mit blik faldt da på et af billederne af Sai Baba, hvorpå ses vibhutien, som er hellig aske, brede sig. Da faldt det mig ind, at det var brændt aske, der lugtede af, og at det måtte være Sai Baba's svar til mig. Senere har jeg fået bekræftet, at det er en af Sai Baba's måder at svare på.

Fra den dag begyndte der at ske mange forskellige mærkelige ting. Hver eneste dag når jeg var hjemme og slappede af, kom der vibrationer i min krop, ligesom elektriske strømninger, som jeg til at begynde med blev meget forskrækket over, men efterhånden tænkte jeg, at det måtte have forbindelse med Sai Baba. Jeg tænkte meget på Ham, men kunne alligevel ikke rigtig forstå det. Det eneste jeg havde i tankerne nu, var snarest muligt at rejse til Indien til Sai Baba. Som dagene gik, blev vibrationerne til øvelser for derefter at blive til, hvad jeg senere fandt ud af, var yoga.

Baba begyndte nu at tale til mig som en "indre stemme." Han beroligede mig og sagde, at jeg ikke skulle være bange. Yogaen var til gavn for mig, og samtidig sagde Han: "Der er en mening med alt, hvad Baba lærer dig. Det er alt sammen noget, du vil få brug for i fremtiden."

Det blev nu til et fast program hver morgen, hvor Baba underviste mig i yoga i omkring en halv time. Derefter gentog jeg et ritual efter Ham, hvad jeg i øvrigt gør den dag i dag. For en ordens skyld må jeg fortælle, at jeg aldrig nogen sinde tidligere i mit liv har interesseret mig for yoga. Jeg anede dårligt nok, hvad det var, ligesom jeg heller aldrig før har interesseret mig for åndelige ting, såsom meditation med mere, og jeg følte nu, at jeg måtte skaffe mig en større viden om disse emner, hvorefter jeg gik på biblioteket for at låne, hvad der fandtes af bøger om yoga. Der fik jeg fat i en bog med illustrationer og fandt så ud af, at det var Hatha yoga, Sai Baba underviste mig i. Jeg blev også her klar over, hvordan de forskellige, meget enkle, øvelser gavnede. Ligeledes læste jeg en del om Indien og hinduismen.

Min tilværelse ændrede sig gradvist, idet jeg mere og mere tabte interessen for det materielle liv. Oplevelserne med Sai Baba fascinerede mig så meget, at de overskyggede alt andet, og nu nærmede tiden sig, hvor jeg skulle rejse til Indien for første gang.

Sai Baba lærte mig nu den hinduistiske hilsen og førte mine håndflader sammen, hver gang Han talte til mig. Han sagde altid: "Husk, intet er tilfældigt. Der er en mening med alt, hvad der hænder dig. Baba udvikler og forbereder dig og har en gerning til dig, som jeg ved, du kan bestride og som du vil blive glad for. Du skal være med til at sprede mit budskab, men husk, al begyndelse er svær, men begyndelsen må vi have med for at komme videre."

De sidste fjorten dage, inden jeg rejste, trænede Sai Baba mig i at sidde med korslagte ben, den stilling man sidder i til darshan, lige som Han fik mig til at holde op med at ryge. I Prasanthi Nilayam er spiritus og tobak nemlig bandlyst.

Så oprandt endelig dagen, da jeg for første gang skulle rejse til Indien til min guru og Mester, som Sai Baba jo var blevet, og som fra den anden side af jordkloden ganske gradvis havde forandret min tilværelse.

14

Indien

Min første rejse til Indien i 1979 gik via Bombay til Bangalore, hvor jeg overnattede. Den næste dag tog jeg en taxa til Puttaparthi. Jeg vidste, at Sai Baba var i Prasanthi Nilayam, det havde Han sagt til mig. Prasanthi Nilayam, Sai Baba's ashram, betyder "Den højeste freds bolig."

Aldrig i mit liv har jeg oplevet noget mere spændende, end da jeg den næste morgen kørte gennem de små indiske landsbyer. Alt virkede så fremmedartet med de hellige køer, der altid i sidste øjeblik veg til side. Det var, som var jeg med i en filmoptagelse, sådan virker Indien på en, første gang man er der. Det øsregnede, jeg spurgte chaufføren, om monsunen var begyndt, hvilket han sagde nej til og fortalte mig, at den begynder i juni måned, men det regnede så voldsomt, at man ikke kunne se ud gennem bilruderne, og da vi endelig ankom til Prasanthi Nilayam, druknede alt i regn. Dette var den første skuffelse; siden skulle der komme flere.

Jeg fik et chok, da jeg så, hvordan jeg skulle bo. Jeg havde jo aldrig før været i Indien og anede ikke, hvad en ashram var, men det gik nu i al sin gru op for mig. Alt var så meget anderledes, end jeg havde forestillet mig. Jeg pustede min luftmadras op og var grædefærdig. På mig virkede mit logi, som var det en celle med gitter for vinduet. Sai Baba så jeg ikke noget til, og alle de fremmede mennesker, hinduer med streger i panden, forekom mig mærkelige. Mad fik jeg ikke noget af. Det var en knugende fornemmelse.

Baba sagde nu til mig: "Slap af og husk nu, al begyndelse er svær, der er en mening med alt. Intet er tilfældigt. Du har brug for Baba, og Baba har brug for dig."

Jeg gik ud i regnen, for jeg måtte se Sai Baba og Hans tempel; jeg stod foran det i øsende regn og måtte til sidst gå hjem, gennemblødt til skindet, og prøve på at få sovet lidt. Næste morgen skinnede solen, morgenmad fik jeg ikke noget af. Jeg havde kun i tankerne at komme til darshan og se Sai Baba. Darshan betyder synet af og være sammen med Mesteren. Normalt giver Baba darshan to gange hver dag, hvor alle kan se og eventuelt få kontakt med Ham. Selvfølgelig ventede jeg, at Han ville kalde mig ind til en samtale, eftersom jeg havde rejst det halve af jorden rundt for at møde Ham.

Den eneste lange kjole, jeg havde med, var blevet gennemblødt aftenen i forvejen, så jeg iførte mig en kort, helt uvidende om, hvor vigtigt det

er at være rigtigt påklædt til darshan. Arme og ben må være tildække-
de og her var en sari, som jeg selvfølgelig ikke ejede, løsningen. Jeg an-
kom som før nævnt i min korte kjole og var heldig af få en plads i for-
reste række. Men nu kom en af Baba's kvindelige disciple hen til mig
og sagde, at jeg ikke måtte sidde i den påklædning, ligesom jeg måtte
tage skoene af, da jeg befandt mig på hellig grund. Hun foreslog mig
at gå hen og købe en sari og komme igen til darshan om aftenen. Da fik
jeg et helt hysterisk anfald og svarede hende, at jeg, da jeg havde rejst
så langt, var blevet gennemblødt af en styrtende regn aftenen i forve-
jen, og måtte gå fra en aflyst darshan, og nu endelig havde mulighed
for at møde Sai Baba, ikke havde i sinde at flytte mig, men ville blive
siddende, hvor jeg sad. Hun måtte opgive mig og har sikkert rystet på
hovedet af en så uvidende vesterlænding.

Nu kom imidlertid en sød indisk kvinde mig til undsætning, idet
hun lånte mig et sjal, som kunne dække mine arme. Jeg takkede hende
og blev, hvor jeg var.

Så oprandt endelig øjeblikket, hvor Sai Baba kom ud. Han gik først
hen til mændene. I Indien er kønnene adskilte således, at mændene
sidder til den ene side og kvinderne til den anden under darshan. Baba
gik langsomt rundt, modtog breve der blev rakt op mod Ham, standse-
de nu og da, velsignede nogle, sagde et par ord til andre, og nærmede
sig nu det sted, hvor jeg sad. Jeg følte det, som skulle jeg besvime og
nu stod Baba lige foran mig, men Han henvendte sig ikke til mig. Han
talte i stedet til en indisk kvinde bag mig, hvorefter Han gik videre
uden så meget som at værdige mig et blik.

Hvad jeg følte kan ikke beskrives. Alt kørte rundt i hovedet på mig.
Jeg var rasende på Baba og havde mest lyst til omgående at rejse. Jeg
kunne slet ikke fatte, at Han var gået forbi mig. Baba fortsatte darshan
og gik derefter ind i templet. Det første jeg gjorde, var selvfølgelig at
gå hen og købe en sari, som jeg i øvrigt slet ikke kunne få til at sidde,
så det måtte jeg opgive. Senere har jeg dog lært kunsten. Det næste var
at undersøge, hvad tid kantinen havde åben. Jeg havde i et helt døgn
hverken fået vådt eller tørt.

Først måtte jeg hen at købe nogle bons, hvorefter jeg stillede mig i
en lang kø. Pludselig er der en der siger til mig: "Denne kø er kun for
mænd." Hvorefter jeg måtte gå over og stille mig i en anden kø. Det
havde jeg selvfølgelig ikke tænkt på. Vi vesterlændinge tænker jo ikke
i de baner.

Endelig blev det min tur. Jeg stod med et fad, hvorpå jeg fik en masse forskelligt øst op på én gang med ris i midten, men lugten af maden med de fremmedartede krydderier fik det til at vende sig i mig. Ydermere så jeg til min forfærdelse, at man spiste med fingrene. Dog besluttede jeg mig til at prøve, hvis jeg da ikke ville dø helt af sult, jeg forsøgte, men lugten alene fik det til at kvalme for mig, jeg forlod kantinen uden at have fået noget at spise. I stedet gik jeg hen og købte noget frugt. Men inderst inde følte jeg, at jeg aldrig ville kunne komme til at spise maden, og aldrig med fingrene. I dag bliver der lavet mad specielt for vesterlændinge, og uden de stærke indiske krydderier, ligeledes er der bestik. Jeg gik nu hjem og prøvede på at hvile mig et par timer, indtil jeg igen om aftenen skulle til darshan.

Baba talte beroligende til mig og sagde: "Du må have tålmodighed, og husk, der er en mening med alt, og alt går som det skal." Jeg tænkte ved mig selv, at Baba med vilje ikke havde kaldt mig ind ved den første darshan, for selvfølgelig måtte jeg lære tålmodighed. Til denne darshan om aftenen var jeg overbevist om, at Han ville kalde mig ind.

Jeg havde nu taget min lange kjole på, som var blevet tør. Sarien kunne jeg jo som sagt ikke få til at sidde, men jeg følte, at jeg med min lange kjole var anstændigt påklædt. Om eftermiddagen gik jeg igen til darshan, men kom denne gang til at sidde i anden række. Alle ventede spændt. Der har vel været 2-3000 mennesker, og så skete det igen. Baba kom ud og denne gang gik Han først til kvinderne. Alt gentog sig. Baba modtog breve, velsignede ting, der blev rakt op imod Ham, standsede nu og da og talte med nogle og nærmede sig nu stedet, hvor jeg sad. Mit hjerte holdt næsten op med at slå, så spændt var jeg, og Baba kom nu langsomt hen imod mig og ... gik forbi.

Da blev jeg grebet af et afsindigt raseri. Min tålmodighed var bristet, og jeg tabte i dette øjeblik alt for Baba. Jeg fattede slet ikke, hvad meningen var. Her havde Sai Baba ledet mig hver eneste dag, lært mig den indiske hilsen og at sidde i skrædderstilling, undervist mig i yoga, kaldt mig til sig. Var alt dette blot sket for, at jeg skulle se Ham gå forbi mig? "Nej Baba," tænkte jeg, "Her bliver jeg ikke en eneste nat til. Her har jeg ikke mere at gøre, jeg er totalt færdig med Dig og Puttaparthi. Jeg rejser til Bangalore i aften."

Baba talte nu til mig og sagde: "Du bliver, du rejser ingen steder." Jeg skulle have været der i otte dage, men jeg ignorerede Baba's ord og ville ikke have mere med Ham at gøre, og jeg var helt sikker på, at jeg havde været i Puttaparthi for både første og sidste gang. Alt havde været én stor skuffelse.

Jeg rejste nu til Bombay og flyttede ind på et luksushotel til 350 rup-eer per nat, mindre kunne ikke gøre det. Jeg havde ikke fået ordentlig mad ej heller noget at drikke i to dage, men fik nu til gengæld alt, hvad hjertet kunne begære, og jeg nød det. Det mærkelige var nu, at Baba ikke slap mig. Han talte til mig og sagde: "Du vil komme til Prasanthi Nilayam igen. Husk al begyndelse er svær, men begyndelsen må vi have med for at komme videre. Det er i begyndelsen, vi begår vore fejl og det er dem, vi skal lære af".

Alt var nu som før. Om morgenen underviste Baba mig i yoga, hvorefter jeg gentog ritualet efter Ham, og hver gang Han talte til mig, førte Han mine håndflader mod hinanden til den indiske hilsen. Dog skete det altid kun, når jeg var alene. Baba kan altid se mig. Han ved, hvad jeg tænker og foretager mig, og jeg må indrømme, at den kærlige måde, Baba talte til mig på, lærte mig yoga og så videre, bevirkede, at jeg syntes, jeg slet ikke kunne leve mit liv uden Baba, endskønt jeg intet rigtigt forstod af det hele. Jeg kom hjem otte dage senere endnu mere forvirret, end før jeg rejste. Men det gik som Baba havde sagt. Jeg kom igen til Prasanthi Nilayam. Dog skulle der ske flere mærkelige ting, inden jeg ti måneder senere igen rejste til Indien. Ja, når Baba kalder, så kommer man, uanset om man vil eller ej. Man kan simpelthen ikke andet.

Tegningerne

En aften, et stykke tid efter jeg var kommet hjem, var jeg sammen med et par venner til en spiritistisk gudstjeneste; det var mit første besøg der. Mediet kom hen til mig og sagde: "De skulle prøve at tage papir og blyant frem, når De er i fred og ro; jeg ser det tydeligt." Hun må åbenbart have syntes, jeg så noget desorienteret ud, for hun sagde igen: "Jeg ser det tydeligt. Prøv nu at være lidt imødekommende." Jeg slog det hen, og da vi kom udenfor, morede vi os lidt over det. Jeg sagde til mine venner: "Det bliver åbenbart mere og mere morsomt. Først undervises jeg i yoga med mere af Baba og nu vil man have mig til at tage papir og blyant frem. Hvad bliver mon det næste?" Som sagt var det mit første besøg der; mediet kendte mig overhovedet ikke, og anede intet som helst om mit forhold til Sai Baba, ligeså lidt som hun vidste besked om min rejse til Indien. Mine venner syntes imidlertid, at jeg skulle prøve og vi fandt det faktisk spændende.

Så en af de første dage, hvor jeg sad i min stue og slappede af, lagde jeg en blok og en blyant ved siden af mig; og hvad skete? Min hånd tog blyanten, og jeg begyndte at tegne cirkler. Jeg blev yderst forbavset, for det var jo i virkeligheden ikke mig, der tegnede, min hånd blev ført. Efterhånden tog det mere og mere form, for så pludselig at blive til indiske gudinder, fisk, blomster og fugle.

Jeg behøver vel næppe at fortælle, at jeg ikke har kunstneriske talenter og at jeg aldrig nogensinde har kunnet tegne. Aldrig i mit liv er jeg blevet mere forbavset, end da jeg så, hvad min hånd frembragte på papiret.

Tegningerne blev smukkere og smukkere, og jeg blev selv helt betaget af dem. Baba begyndte nu at blande sig i det. Han sagde til mig: "Det du tegner er smukt. En dag bliver du Baba's store kunstnerinde og discipel; gennem dine tegninger skal du være med til at sprede mit budskab, men husk, al begyndelse er svær."

Jeg var nu så fascineret af, hvad jeg tegnede, at alt andet gled i baggrunden. Jeg levede i den grad mit liv med Sai Baba. Så snart en ny tegning var færdig, sagde Han til mig: "Sæt den op i rammen, så jeg rigtig kan se på den." Jeg satte den op og Baba og jeg så på den sammen. Det var efterhånden blevet helt naturligt for mig at blive ledet af Baba til mindste detalje. Altid sagde Han til mig: "Pas på dine tegninger, de får stor betydning en dag. Lad dem ligge i mappen med dato og nummer, pas på, de ikke bliver snavsede og forær ikke nogen væk. Og husk så, at alt går i en ganske bestemt rækkefølge. Alt hvad jeg lærer dig, får du brug for. Intet er tilfældigt, der er en dyb mening med alt."

Nu nærmede tiden sig, hvor jeg for anden gang skulle rejse til Indien. Jeg var ikke helt tryg ved situationen og havde både lyst og ikke lyst. Min sidste rejse, som var blevet så stor en skuffelse, havde jeg i tydelig erindring. Men længslen efter Sai Baba var altoverskyggende, skønt jeg ikke forstod, hvad der var sket, og vel næppe forstår det den dag i dag. Baba sagde da til mig: "Denne gang kommer du med dine tegninger." Jeg blev straks opmuntret og følte, at jeg nu havde en grund til igen at rejse den lange vej til Indien.

Tegning nr. 134 fra 1981

Til Indien igen

Jeg rejste så for anden gang til Indien i september 1980. Jeg havde afsat otte dage til rejsen, og denne gang gik alting meget bedre. Intet kom bag på mig. Jeg var rustet siden mit forrige besøg, så alt føltes naturligt for mig. Solen skinnede denne gang og Baba modtog mig på så smuk en måde, som jeg aldrig nogensinde vil glemme. Jeg ankom om efter-middagen, så jeg kunne nå at være med til darshan om aftenen. Der var ikke mange vesterlændinge; langt de fleste var indere. Jeg kom i god tid for at få så god en plads som muligt.

Ja, så sad jeg der igen, forstå det, hvem der kan, og denne gang iført sari. Selv forstod jeg det ikke, men jeg måtte sidde her, hvad enten jeg ville det eller ej. Endelig oprandt det øjeblik, jeg i ti måneder havde ventet på. Sai Baba kom ud og gik ganske langsomt hen mod en disci-pel, der sad foran i tempelsøjlehallen, talte et par ord med ham og gik så ind igen. Der var mange, der den aften slet ikke nåede at se Baba, og nogle troede, Han overhovedet ikke havde givet darshan, men det havde Han; for mig. Jeg havde set Baba på afstand, det syn jeg havde ventet længe på og der faldt en ro over mig. Hvis Baba denne gang var gået forbi mig uden så meget som at værdige mig et blik, eller Han eventuelt var standset og ikke havde henvendt sig til mig, ved jeg ikke, hvordan jeg ville have taget det. Men Han gjorde ingen af delene, og det var jeg lykkelig for.

Lidt efter begyndte man at synge bhajans, der er hellige indiske sange. Nu gjorde Baba noget, som jeg aldrig i mit liv glemmer. Mens bhajans lød ud over hele Prasanthi Nilayam, kom Baba ud, stillede sig med front mod mig, førte lige så stille mine håndflader mod hinan-den, den hilsen Baba havde lært mig, og sagde: "Velkommen hjem til Prasanthi Nilayam, her er dit virkelige hjem. Det skal du bruge de otte dage til at finde ud af."

Tak, elskede Baba.

Disse otte dage blev vendepunktet i mit liv. Alt blev der vendt op og ned på. Intet var som før og vil aldrig blive det igen. En smukkere modtagelse end den Baba gav mig, kunne ingen få.

Hver eneste dag i de otte dage jeg var i Prasanthi Nilayam, gjorde Baba et eller andet for, at jeg skulle føle mig hjemme. Den første dag til darshan om morgenen, kom Han kun lige ud, for derefter at køre til studenterkollegiet. Baba har kollegier og skoler forskellige steder i

Indien, og Han gør en stor indsats for at gennemføre en renæssance i det indiske undervisningssystem.

Der blev ikke givet darshan, så da Baba var kørt, rejste folk sig og gik. Jeg følte mig lidt usikker; vidste ikke rigtigt, om jeg skulle blive siddende eller rejse mig og gå. Da sagde Baba til mig: "Du kan ganske roligt blive siddende og slappe af, inden længe er jeg tilbage igen." Da jeg jo var så vant til at modtage ordrer fra Baba, blev jeg selvfølgelig siddende. Der gik heller ikke mere end cirka en halv time, før Baba kom tilbage, og man hørte folk råbe: "Han kommer gående, Han kommer gående!" Baba var nemlig stået ud af sin bil og kom langsomt gående ind på pladsen. Da Han var omkring to meter fra mig, standsede Han brat op, vendte sig langsomt om og så direkte på mig. Det var så direkte og personligt, at en indisk kvinde, der sad lige i nærheden af mig, udbrød: "Baba så på dig, Han ved, du er her."

"Ja, det håber jeg minsandten, Han ved."

Altså, undlod Baba også denne gang at komme direkte forbi mig og jeg følte mig mere og mere afslappet, fordi jeg følte jeg efterhånden forstod Baba's handlemåde. Hver dag talte Baba til mig og når Han nærmede sig mig, så Han kærligt på mig og vendte derpå om. Ikke en eneste gang i de otte dage, jeg var der, kom Han direkte forbi mig. I stedet for gik Han efter darshan ind i en bygning, der ligger lige ved templet og talte til mig derinde fra. Mange har sikkert undret sig over, hvorfor Han mon pludselig gik derind hver dag.

Baba sagde til mig: "Du er nu kommet hjem, hjem efter en lang rejse; Prasanthi Nilayam er dit virkelige hjem. Men husk, al begyndelse er svær og der er en mening med alt. Intet af det, jeg lærer dig, er tilfældigt, alt får du brug for senere, men det hele går i en ganske bestemt rækkefølge. Jeg forbereder og udvikler dig til en gerning. På den måde skal du være med til at sprede mit budskab. Dine tegninger får stor betydning. Pas godt på dem. Når du denne gang rejser hjem, tæller vi sammen dagene til du er hos mig igen. Du ved nu, hvad du har at gøre, når du kommer hjem." Det vidste jeg helt sikkert.

Da de otte dage var gået, sagde Baba: "Al din tvivl vil være ude af dit sind, når du denne gang forlader Prasanthi Nilayam." Og det var den. Da jeg kørte, holdt jeg et øjeblik stille, idet jeg passerede Baba's tempel, og Han sagde: "Kan du se, det er rigtigt, hvad jeg sagde. Når du forlader Prasanthi Nilayam, vil al tvivl være ude af dit sind."

Det tog mig cirka tre måneder at afvikle mit hjem. Da jeg i julen 1980, sammen med min sekstenårige søn Kenneth, forlod Danmark for at begynde på en ny tilværelse i Indien hos Sai Baba i Prasanthi Nilayam, havde jeg mine tegninger med. De tegninger, som Sai Baba gang på gang sagde, var så vigtige. Det var nu blevet til 125 styk; den ene smukkere end den anden.

Prasanthi Nilayam

Vi ankom til Prasanthi Nilayam første juledag 1980 og nåede at være med til julefesten om eftermiddagen. En meget smuk fest, som Baba holder for både østerlændinge og vesterlændinge. Der var mange tusinde mennesker af alle nationaliteter. Jeg vil mene der har været mellem 7-8000 mennesker. Alt var meget forvirret i de dage, ikke mindst jeg selv. De første fjorten dage måtte vi på grund af de tusindvis af mennesker bo sammen med mange andre i en stor hal, da det var umuligt at få en lejlighed for sig selv. Det var lidt af en prøvelse. Baba sagde da til mig: "Husk nu, al begyndelse er svær, vi begynder nu forfra på en helt ny måde. Du skal lære at vænne dig til synet af mig og falde til ro og forstå, at Prasanthi Nilayam nu er dit hjem."

Det var svært for mig at fatte og at falde til ro under de forhold, som jo for os vesterlændinge er så fremmedartede. Jeg følte, at jeg nok skulle igennem en hel del, som jeg åbenbart skulle lære af. Efter nogen tid fik vi en lejlighed med eget toilet og bad for tre Rupeer hvilket svarer til 1,50 kr. per dag. Det vil sige, en indisk lejlighed med en vandhane, en spand og en øse, men det var helt i orden. I dag er lejlighederne dog mere moderne.

Baba talte til mig hver dag og sagde: "Du må have tålmodighed og huske på, der er en mening med alt, og det går i en ganske bestemt rækkefølge, måden Baba gør tingene på, er rigtig. Du skal ikke prøve at forstå, men blot acceptere det." Det prøvede jeg så på. En af de første dage flyttede et par unge danskere ind næsten ved siden af os. De præsenterede sig som henholdsvis Boye og Poul Erik. De rejste rundt i Indien og var nu havnet her i Prasanthi Nilayam. Det blev jeg glad for, især da Baba var så godt som ukendt i Danmark på det tidspunkt. De fik begge stor betydning for mig.

I begyndelsen af januar måned ankom et svensk rejseselskab til Prasanthi Nilayam. Boye og Poul Erik tog da Kenneth ved hånden og de sluttede sig til mændene i selskabet, så de sad samlet til darshan. Umiddelbart efter blev mændene i gruppen kaldt ind til interview, og Kenneth, Boye og Poul Erik fulgte med. Baba materialiserede en medaljon til min søn, Boye fik en magen til, og Poul Erik fik en ring. Jeg var aldeles rasende på Baba over, at Han kun kaldte mændene ind, men jeg var selvfølgelig glad på min søns vegne. Jeg måtte også huske på, hvad Baba sagde til mig: "Husk der er en mening med, hvad jeg gør, og måden jeg gør det på, er rigtig." jeg var dog vred alligevel.

Tegning nr. 112 fra 1980

Under interviewet havde Baba spurgt: "Hvad er der i vejen med drengen her?" Det var min søn, Baba mente. Nogle svarede, at de mente han var retarderet. "Nej, nej," sagde Baba, "han fejler ikke noget mentalt, men han har en dyb depression og der er også noget galt med hans ben." Med hensyn til hans ben, ved jeg ikke af, der skulle være noget galt. Dette blev fortalt af Boye bagefter. Jeg må her indskyde, at min søn er talehæmmet og klarer sig med meget få ord, som han til gengæld klarer sig så godt med, at han ikke er særlig interesseret i at komme videre. Han er under sin opvækst blevet undersøgt af utallige læger, dels på Rigshospitalet og dels på andre hospitaler, men ingen har kunnet påvise noget konkret og ingen har rigtig kunnet forstå, hvorfor han ikke siger mere, end hvad der lige er nødvendigt. Men han er en utroligt glad og udadvendt dreng og altid i balance, så det med depressionen forstår jeg ikke rigtigt. Men Baba siger til mig, at tiden vil udvikle ham, og at jeg ikke må presse på. Da det tilsyneladende slet ikke er noget problem for Kenneth, vil jeg heller ikke gøre det til et. En overgang troede jeg, at det var på grund af Kenneth, at Baba havde kaldt mig til sig, men det var ikke tilfældet.

Sai Baba rejste nu til Whitefield, tæt ved Bangalore. Han har et universitet i Puttaparthi og et i Whitefield, hvor Han opholder sig en del af året. Også der giver Han darshan morgen og aften. Baba rejste videre til Madras, hvor Han skulle indvie et tempel. Vi rejste med og fik en meget smuk oplevelse. Der var tusinder af mennesker. Her gjorde Baba igen noget for at glæde mig. Vi sad tæt række efter række, mændene til venstre, kvinderne til højre. Jeg kunne se fra, hvor jeg sad, at Kenneth, Boye og Poul Erik var kommet i første række. Og langt om længe viste Baba sig. Han standsede og materialiserede vibhuti til blandt andet min søn, men Kenneth skubbede Baba's hænder væk, han kunne ikke lide vibhuti. Dette morede Baba sig over; det har nok været første gang, nogen har skubbet Baba's hænder væk og sagt nej tak til vibhuti. Senere begyndte Kenneth dog alligevel at tage lidt af det hver morgen. Nu rejste Baba igen til Whitefield. Vi andre fulgte med.

Endnu et problem meldte sig; mit visum. Det hang mig over hovedet og mindede mig om, at jeg aldrig havde gjort noget ordentligt ved mit engelsk. Baba sagde til mig: "Du skal ikke være bekymret. Dit visum bliver ordnet. Alt hvad der sker med og omkring dig er ikke tilfældigt, så du kan være ganske rolig." Det var jeg så, og mit visum blev virkeligt ordnet. Boye ordnede alt, uden jeg så meget som havde bedt ham om det. Det virkede, som var det den mest naturlige ting i verden for Boye at gøre. Samtidig sagde Poul Erik til mig, at han havde tænkt på, om han ikke skulle undervise mig lidt i engelsk, vi kunne jo tage en time om dagen. Det syntes jeg var en god ide, så vi startede allerede næste dag. Det var ikke så lidt endda, Poul Erik fik lært mig i de to måneder, vi tilbragte sammen i Prasanthi Nilayam. Da de senere rejste, var jeg meget bedre i stand til at klare mig på egen hånd. Jeg fik visum for et helt år. Det gik som Baba havde sagt.

Baba kan alt.

Farvel til Boye og Poul Erik

Boye og Poul Erik var efterhånden overbeviste om, at det ikke var tilfældigt, vi var hos Baba på samme tid, og at vore veje krydsede hinanden og de gjorde alt for at støtte mig. Jeg kan roligt sige, at havde de ikke været der, var jeg for længst rejst i raseri, fordi Baba blot blev ved at sige, at jeg skulle have tålmodighed, at måden, Han gjorde tingene på, var rigtig, at jeg, selv om jeg ikke kunne forstå det, blot skulle acceptere det, og Han gentog, hvad Han så ofte havde sagt, at al begyndelse er svær, at alt foregår i en ganske bestemt rækkefølge, og at jeg skulle fortsætte med at tegne. Gennem de tegninger, som senere skulle få så stor betydning, ville jeg være med til at sprede Hans budskab. Han fortalte mig, at jeg ikke var der for at få et interview, idet min baggrund var en anden. Jeg var der, fordi jeg havde brug for Baba, og Baba havde brug for mig, og alt hvad Han lærte mig, ville jeg få brug for senere, og at jeg måtte huske på, der var en dyb mening med alt.

Alt dette måtte jeg høre på hver dag, og jeg tænkte til sidst, at det vel nok måtte være rigtigt, når Baba sagde det. Så jeg tegnede og tegnede, og tegningerne blev smukkere og smukkere, hvilket glædede mig meget. Men hvad var meningen med det hele? Det fik jeg på dette tidspunkt ikke noget at vide om. Derfor blev jeg ind imellem vred på Baba. Jeg mente godt, Han kunne kalde mig ind og fortælle mig, hvad meningen var, så jeg forstod lidt mere af det hele, men det gjorde Han ikke. Jeg skulle blot tegne og tegne og forstå, at hvad Han gjorde var altid rigtigt. Tålmodighed og tro var to ting, jeg simpelthen måtte lære, hvad enten jeg ville det eller ej. Det med tålmodighed var det værste, det har jeg aldrig haft for meget af, men den blev sat på en hård prøve, og jeg var inderst inde klar over, at jeg ikke kunne forlade Baba.

Når jeg for alvor blev virkelig vred på Baba og mest af alt havde lyst til omgående at rejse, sagde Boye og Poul Erik til mig: "Du må gøre som Baba siger og forstå, at der må være en mening med det hele." Så faldt jeg ned på jorden igen og tegnede videre. Baba roste mig for tegningerne og sagde, de var blevet meget smukke, og at jeg endelig måtte passe på dem. Så blev jeg i godt humør igen. Det var et hårdt psykisk og fysisk pres, jeg var udsat for, men hvad jeg måtte gennemgå, var nødvendigt, hvilket jeg blot ikke forstod dengang.

Der var en meget pudsig ting. Hver gang jeg tænkte: "Nu rejser Boye og Poul Erik, og når de er rejst så rejser jeg også fra Baba, hvis jeg ikke får ordentlig besked." Jeg syntes nemlig ikke, jeg kunne være bekendt at rejse, så længe de var der. De havde gjort så meget for mig og været mig til så stor hjælp. Når jeg var i det humør, sagde Baba: "Du rejser ingen steder." Det gjorde jeg heller ikke, for hver gang udsatte de nemlig deres hjemrejse. Jeg tror, jeg sagde farvel til dem tre gange. Jeg måtte blive hvor jeg var, og Baba sagde da til mig: "Alt hvad der sker med og omkring dig er ikke tilfældigt." Og det var det nok heller ikke.

Hjem til Danmark

Det var blevet maj måned og varmen var blevet ulidelig. Boye og Poul Erik var lige rejst, så Kenneth og jeg var nu alene igen. Vi var igen i Prasanthi Nilayam. Jeg tegnede hver dag, jeg havde kun få ark tilbage i min tegneblok, hvilket bekymrede mig lidt, da man i Indien ikke kunne få den slags papir. Men Baba sagde: "Det skal du ikke spekulere på. Når du ikke har flere ark i blokken, får du en ny." Jeg var spændt på, om dette ville komme til at passe. Hver dag tegnede jeg og mine tegninger blev stadig smukkere. Baba sagde nu til mig: "Nu rejser du hjem, du skal tegne, tegne og atter tegne. Hjemme skal fuldføre den gerning, jeg har udviklet dig til gennem lang tid. Dine tegninger vil komme til at hænge i mange hjem, og gennem dem vil du være med til at sprede Baba's budskab. Du kan roligt rejse hjem og trygt se fremtiden i møde. Du vil gå den vej, Baba viser dig, og husk at intet er tilfældigt; alt er der en dyb mening med."

Jeg begyndte nu at forberede hjemrejsen, og pudsigt nok, da vi rejste ud af Indien i slutningen af 1981, tegnede jeg på mit sidste ark papir. Det skete ganske rigtigt, som Baba havde sagt. Da vi kom hjem, gik jeg blot hen og købte en ny blok. Baba siger: "Dit virkelige hjem vil altid være her i Prasanthi Nilayam. Her vil du komme, når Baba kalder og samle kræfter og styrke til igen at rejse hjem og sprede mit budskab."

Jeg havde en meget levende drøm, en af de sidste måneder, jeg var i Prasanthi Nilayam. Jeg drømte, at jeg havde arvet. Drømmen stod meget levende for mig. Det var inden Boye og Poul Erik var rejst, så jeg fortalte den om morgenen til dem. Vi morede os lidt og blev i øvrigt enige om, at det ikke ville være så dårligt, om den gik i opfyldelse. Derefter glemte jeg alt om drømmen, lige indtil jeg satte mine ben på dansk jord. Det første jeg fik at vide var, at der var en arv til mig, fuldstændig som jeg havde drømt.

Det var virkelig fantastisk. Her kom jeg hjem til stor arbejdsløshed. Det var så at sige umuligt at få et job, men arven satte mig i stand til at skabe mig en levevej ved køb af en forretning, og senere fik jeg en lejlighed. Baba havde jo sagt til mig, at jeg trygt kunne se fremtiden i møde. Jeg ville få noget at bestille, og jeg ville igen få mit eget hjem, og det kom jo til at passe.

Hvad min søn angik, kom det også til at gå, som Baba havde sagt. Han havde selvfølgelig syntes det var spændende at rejse til Indien til Baba og bo i Prasanthi Nilayam, og han nød at gå til bhajans, men da det gik op for ham, vi skulle hjem til Danmark igen, glædede han sig til det. Han regnede selvfølgelig med, han kunne komme tilbage på det skolehjem, hvor han var inden vi rejste, ja han tog det som en selvfølge, at der var en plads til ham. Jeg var selv ikke helt så sikker, da jeg ved, der er ventelister på alt i Danmark. Men her gik det ligeledes, som Baba havde sagt. Han fik sin plads igen på det samme skolehjem, hvor han havde mange kammerater. Han gled ind i det hele, som havde han aldrig været i Indien. Da vi var kommet hjem, ringede jeg til forstanderen på skolehjemmet. Det første han sagde, var: "Velkommen hjem til velfærdsstaten. Vi har en plads og den får Kenneth. De er meget heldig, for havde det været bare en måned før eller en måned senere, havde der ingen plads været til ham." Ja," tænkte jeg, "han skulle bare vide." Og glad blev Kenneth.

Mine tegninger udvikles stadig. De er nu smukkere end nogensinde, som fra en anden verden, og Baba siger: "Du vokser med opgaverne, og opgaverne vokser med dig." Jeg fortæller nu min beretning til mennesker, der er interesseret i Baba's lære og viser samtidig mine tegninger frem, så man kan se den fantastiske udvikling, der er foregået. Der er i dag tegnet over 200 tegninger, hvoraf ikke to er ens, da jeg jo aldrig på forhånd ved, hvordan de bliver. Jeg bestemmer det ikke selv, men er blot et redskab for Baba, og det er jeg lykkelig for at få lov til at være. Måske er de om et år eller to helt anderledes, hvad ved jeg? Baba siger i øvrigt, at enhver der har en tegning hængende vil være med til at sprede Hans budskab.

På mit bord har jeg stående et billede af Baba, et ganske almindeligt billede, som jeg har købt i Puttaparthi, og som der sælges i tusindvis af. Jeg lagde mærke til, at der var begyndt at komme lidt vibhuti på det. Derfor betragtede jeg hver eneste dag billedet gennem en lup for at se, om der skulle komme mere. Da jeg dagen efter min halvtredsårs fødselsdag i november 1981 om morgenen som sædvanlig stod og betragtede billedet, fik jeg næsten et chok. For ved Baba's højre side tonede et lille fint ansigt frem. Aldrig er jeg blevet mere forbavset. Jeg betragtede det igen og igen og fattede ikke, hvad meningen var. Da sagde Baba til mig: "Dette er Baba's fødselsdagsgave til dig, du skal altid være ved min højre side. I denne inkarnation har du billedet at glæde dig over. I din næste inkarnation behøver du ikke et billede, da vil du blive født i Indien og fysisk få nær tilknytning til mig. Men husk, vi er kun ved begyndelsen af det arbejde, Baba udvikler dig til og al begyndelse er svær. Husk også, intet er tilfældigt, alt er planlagt og forudbestemt. Du går den vej, Baba viser dig. Jeg udvikler og former dig, og alt sker i en ganske bestemt rækkefølge. De vigtige ting tager Baba sig af, de små ting skal du selv klare, og aldrig et sekund må du glemme, hvor du hører til. Dit hjerte og dine tanker skal altid være hos Baba." Jeg håber, det en dag bliver sådan, at jeg helt kan hellige mig tegningerne og derigennem fortælle mange mennesker om min elskede Mester,

Sai Baba.

Tegning nr. 113 fra 1980

Den sidste lektie om mine cigaretter

Jeg har aldrig røget særlig meget, men kunne godt lide en cigaret, især efter morgenkaffen. Det var i begyndelsen af mit forhold til Baba engang i 1979. Jeg havde lige drukket morgenkaffe og skulle til at ryge en cigaret. Min lighter og cigaretter lå på bordet foran mig. Jeg tog lighteren og ville tænde en cigaret, men i det samme lagde jeg den tilbage på bordet igen. Jeg tænkte ved mig selv: "Hvad skal det forestille?" og tog den igen, men det samme gentog sig, jeg fik stadig ikke cigaretten tændt. Nu syntes jeg det var mystisk; hvad i alverden var meningen? "Det skulle vel aldrig være Dig, Baba, der blander Dig?" tænkte jeg. "Nej, det her er for galt," sagde jeg til mig selv. "Jeg skal nok selv bestemme, om jeg vil ryge eller ej; nu skal jeg have tændt den cigaret." Jeg tog et fast greb om lighteren og fik endelig ild på cigaretten. Dejligt. Jeg lænede mig tilbage og nød det. "Her er det mig, der bestemmer," sagde jeg til mig selv. Men her tog jeg fejl. Jeg havde dårligt nok tænkt tanken til ende, før jeg pludselig følte mig syg. Jeg blev frygtelig svimmel og var nær ved at besvime. Jeg kunne næsten ikke rejse mig op og dårligt nok stå på mine ben. Jeg nærmest kravlede ind i min seng, og der måtte jeg blive hele dagen. Hver gang jeg prøvede på at rejse mig op, svimlede det for mig, og hele sengen kørte rundt. Først hen under aften kunne jeg stå på mine ben igen, men jeg var stadigvæk lidt svimmel.

Da sagde Baba til mig: "Det er ikke godt for dig at ryge, så det er bedst, du holder op med det og ikke ryger mere." En lektie, der var til at forstå. Jeg behøver vel næppe at tilføje, at det blev min sidste cigaret.

Tak, Baba.

To drømme engang i 1979

Den første drøm

Jeg var barnepige på et engelsk gods, hvor jeg havde været i en år-række og tilsyneladende var et helt faktotum. Jeg var meget afholdt af børnene, som kendte mig bedre end deres forældre, da jeg havde passet dem fra de var små. Ligeledes satte herskabet stor pris på mig. For dem var jeg åbenbart helt uundværlig. Men pludselig blev deres livsrytme forandret. Der var nemlig sket det mærkelige for dem, at jeg skulle rejse. Børnene græd, herren og fruen bønfaldt mig om at blive. Men jeg var ubøjelig, de kunne ikke overtale mig.

Jeg skulle til at skrive et brev til en ven om min afrejse, men standse-de brat med pennen i hånden og tænkte: "Hvor rejser du egentlig hen? Det er da mærkeligt, du ikke ved, hvor du rejser hen." I det samme ringede telefonen. Fruen kom og sagde: "Det er herren, der ønsker at sige farvel til Dem." Men da jeg tog telefonrøret, var det ikke herrens stemme, jeg hørte, men et pragtfuldt kor, der sang OM, OM, OM. Til sidst sang vi alle sammen med.

I det samme vågnede jeg med OM på mine læber. Jeg følte, jeg nok sagde farvel til det verdslige liv, og at jeg nu skulle gå den åndelige vej med Baba ved min side. Og det gør jeg stadig.

Den anden drøm

Jeg var til en stor selskabelighed med mange festklædte mennesker. Jeg sad helt for mig selv, sådan lidt i baggrunden, og iagttog det hele på afstand, og undrede mig over, hvordan menneskene opførte sig. Der blev drukket og røget tæt, og alle snakkede i en uendelighed i munden på hinanden. Jeg sad og tænkte ved mig selv: "Hvad gør du egentlig her? Jeg tror jeg går." Men i det samme kom der en kvinde til selskabet, elegant påklædt og omringet af en sværm af mænd. Alle havde et glas i den ene hånd og en cigaret i den anden. De snakkede, drak og røg og var i det hele taget meget højrøstede. Dog var de ikke berusede, men jeg syntes de var meget ukultiverede og støjende. Jeg havde absolut ikke lyst til at blive længere og tænkte, at jeg ville forla-de selskabet. Da ser jeg nærmere på kvinden.

Jeg synes, jeg kender hende, og ser endnu en gang på hende. Da får jeg et mindre chok. Nej, det kan ikke være rigtigt, det er umuligt. Jeg ser nu intenst på hende. Jo, det er rigtigt, denne kvinde er mig selv. Fy dog. Jeg ser på hende med dyb foragt. "Jamen, det er dog forfærdeligt, sådan har du dog aldrig opført dig." Jeg er flov på hendes vegne og tænker endnu en gang: "Nu går du, dette her er for pinligt og ubehageligt." Men i det samme ser jeg op, og der foran mig ser jeg nu en film, der langsomt kører med forskellige billeder af mig.

Det første billede lignede den kvinde i selskabet, dum, syntes jeg hun så ud. Kvinden på det næste billede var lidt mere sympatisk, hun havde hverken cigaret eller glas i hånden. På det tredje billede var hun stilfærdig at se på, hende kunne jeg bedre lide. På det fjerde billede var hun totalt forandret. Her sad hun med hovedet bøjet i bøn og med håndfladerne mod hinanden, den indiske hilsen.

Da, med et forstod jeg og blev dybt bevæget. I det samme ser jeg ned, og der på gulvet kommer en ring trillende imod mig. Jeg bukker mig ned for at tage den op, men idet jeg skal til at gribe om den, vågner jeg. Jeg lå og tænkte, at det var ærgerligt, jeg ikke nåede at se, hvordan ringen så ud, men det var trods alt af mindre betydning.

Jeg tvivler på, om jeg i dag har lært lektien fuldt ud, men jeg er på rette vej, takket være Baba's grænseløse tålmodighed. Hvornår mon jeg bliver som hende, den fjerde kvinde? Det ved kun Baba.

Tegning nr. 134 fra 1981

En ud-af-kroppen-oplevelse

Det var engang i 1980 i begyndelsen af mit forhold til Sai Baba. Det var over midnat og jeg var lige gået i seng, havde slukket lyset og lukket øjnene. Jeg sov dog ikke, for i det samme så jeg pludselig ind i en mørk tunnel, og ligeså pludselig svævede jeg ude i rummet. Alt var så stille, jeg så tydeligt stjernerne, et øjeblik svævede jeg ved siden af en flyvemaskine.

Lige med et var jeg inde i et overjordisk skønt tempel. Jeg svævede ganske langsomt i en vidunderlig atmosfære. Da så jeg at der lå en gammel helgen til venstre for mig. Først troede jeg det var en statue, men i det samme rejste han sig langsomt op, og idet jeg passerede ham, nikkede og smilede han til mig: "Du er på vej, du er på vej," og så lagde han sig ganske langsomt ned igen. Han havde en fantastisk udstråling, der ikke kan beskrives.

Jeg havde nu passeret ham, men blev ved med at vende hovedet mod ham og ønskede at blive der noget længere, men jeg svævede automatisk videre.

Da udbrød jeg: "Baba, Baba, tak for synet, tak for synet." Omgående var jeg tilbage i min seng. Men hans ansigt vil jeg aldrig glemme.

Rejsen til Pondicherry

Det var i marts 1980. Min søn og jeg levede stadig i Prasanthi Nilayam hos Baba. Den indiske sommer var begyndt og det var ved at blive for varmt i Puttaparthi. Baba tog til Whitefield og rejste videre rundt i Sydindien. Jeg besluttede derfor at tage til Pondicherry nogle uger og besøge Aurobindo's ashram. Pondicherry ligger ved havet, så jeg regnede med, at der ville være lidt køligere. En forunderlig ting hændte der.

Vi påbegyndte en ulidelig rejse i bus fra Bangalore til Madras. Det at køre i bus i Indien er til tider noget, man godt kan være foruden, men det hører nu engang med, når man opholder sig i Indien. Vi kørte hele dagen. Ind imellem stoppede vi ved små indiske landsbyer og spiste nogle besynderlige indiske retter. Endelig, sent på aftenen kom vi til Pondicherry. Vi tog ind på et hotel, og tænkte kun på at komme i seng. Vi var dødtrætte efter den lange, anstrengende rejse.

Vi havde to kufferter med, der lå i bussens bagagerum. Jeg havde kun et indkøbsnet og min håndtaske med mig i bussen. På det tidspunkt havde jeg lige fået læsebriller og havde kun ét par med, da det var forholdsvis nyt for mig med briller, men det var altså blevet nødvendigt. Jeg havde således mine briller, en bog og et par bananer liggende i mit net. I min taske havde jeg, hvad enhver kvinde har i en håndtaske. Min søn havde nogle Baba-bøger og ligeledes lidt frugt i sin taske. Intet andet havde vi med os i bussen.

I den periode tegnede jeg meget. Mine tegninger havde efterhånden udviklet sig utroligt. Jeg tegnede hver dag, og da var mine læsebriller selvfølgelig uundværlige, ligesom når jeg skulle læse.

Vi havde fået vores bagage. Jeg stod ved skranken, hvor jeg skulle udfylde den sædvanlige hotelformular. Jeg stak hånden med i mit net efter mine briller, men kunne ikke finde dem. Jeg blev forvirret og tager det op, jeg har liggende i nettet. Mine briller var væk. Det var dog forfærdeligt, tænkte jeg. Hvad skal du gøre? Uden dem kan du hverken læse eller tegne, og så i Indien. "Mangler De noget?" spurgte portieren.

"Ja, mine briller; dem må jeg have tabt, for de er her ikke. Så jeg kan desværre ikke udfylde den formular. Jeg kan hverken læse eller skrive uden dem."

"Har De kigget efter i Deres taske?" spurgte han.

Tegning nr. 215 fra 1982

"I min håndtaske kan de slet ikke være, jeg har dem altid i mit ind-købsnet. Men jeg må have tabt dem enten i bussen eller i en af lands-byerne, hvor vi stod af bussen hver gang, og mit net lå oppe på baga-gehylden. Det har jeg taget ned og lagt op mange gange, så det er ikke godt at vide, hvor de er havnet. Men de er her ikke, så jeg må have tabt dem."

"Det er forfærdeligt kedeligt, men jeg skal nok udfylde den for Dem. Måske kan De få et par andre briller her i Indien," sagde han.

"Ja," tænkte jeg, "men det skal nok vise sig at være temmelig kom-pliceret."

Så skete der noget, der kom fuldstændig bag på mig. Næste morgen spurgte jeg portieren: "Er der et godt hotel her i Pondicherry; gerne ved havet?"

"Ja, så skal De bo på Aurobindos Guestparkhouse. Det er et dejligt hotel og det ligger lige ved havet."

"Jamen, det lyder som det er der, vi skal hen," sagde jeg og betalte. Der blev ringet efter en taxa.

På vej ud af døren sagde portieren: "Jeg håber, De får et par nye briller her i Pondicherry."

"Ja, det håber jeg sandelig også," svarede jeg og håbede inderligt, at det ikke ville være alt for besværligt.

Vi kørte ud til hotellet, som viste sig at være pragtfuldt. Vi kom ind i portieren og fik et værelse. Jeg måtte beklage, at jeg desværre havde tabt mine briller, så jeg ikke kunne udfylde den sædvanlige hotelfor-mular tilfredsstillende.

"Det betyder intet," sagde portieren, "bare jeg får Deres pas, så skal jeg nok ordne det," hvad han også gjorde. Vi fik anvist vores værelse, det var virkelig henrivende med balkon direkte ud til havet.

Jeg havde lukket altandørene op, den friske havluft strømmede ind, og det var en vidunderlig udsigt. Det bankede på døren, jeg lukkede op. Der stod portieren, som sagde i en venlig tone: "Madame, your glasses," og væk var han.

Jeg stod med mine briller i hænderne. De briller, jeg havde tabt for to dage siden. Jeg var som lamslået. Hvordan var det gået til? det var jo helt vanvittigt. Jeg var totalt forvirret og kunne simpelt hen ikke forstå det. Jeg sad og sundede mig et par minutter med mine briller i hænderne. Jeg kikkede nærmere på dem - jo, det var mine. Da sagde Baba til mig: "Dine briller må du passe på, dem kan du ikke undvære." Jeg blev så dybt bevæget, tårerne løb mig ned ad kinderne, og samtidig følte jeg mig meget lykkelig, men stadigvæk forvirret. "Tak, elskede Baba." Jeg kunne nu tegne videre, hvad der var umådelig vigtigt for mig på det tidspunkt.

Vi havde en dejlig tid der, og nåede også at se Aurobindo's ashram. Han var filosof og mystiker. Han levede fra 1872 til 1950, men det var og blev Baba, der var i mit hjerte.

En drøm i 1981

Da min lille bog, som jeg skrev i 1981 om mit møde med Sai Baba, og som i øvrigt begyndelsen til denne bog, var trykt, ville jeg selvfølgelig gerne have Baba til at velsigne og signere mit første eksemplar. Så da jeg rejste til Puttaparthi i 1982, havde jeg et eksemplar med mig. Da kom Baba til mig i en drøm den sidste nat, før jeg rejste til Indien.

Drømmen

Jeg stod i en boghandel. Ind ad døren træder en usædvanlig kunde; det var nemlig Baba. Han sagde til mig: "Jeg vil gerne have den lille orange bog, der ligger nederst." Det var min lille bog. "Ja," sagde jeg og måtte flytte en masse tunge bøger, der lå ovenpå, men jeg fik fat i min lille bog og rakte den til Baba. Baba lagde den nu på et bord for sig selv. Han hævede hånden over den og velsignede den, idet Han sagde et eneste ord, nemlig "respekt." I det samme vågnede jeg; utrolig glad. Ikke alene velsignede og signerede Baba min bog, da jeg kom til Prasanthi Nilayam, men jeg var også inde til en samtale og blev endda fotograferet med Baba. Det billede glæder jeg mig over hver dag. Ligeledes købte jeg et meget stort billede af Ham, som Han også signerede, da jeg kom ind til samtale anden gang. Det blev et meget dejligt ophold, som betød meget for mig.

Tegning nr. 217 fra 1982

Min forretning blev solgt

Da jeg var kommet hjem fra Indien sidst i 1981, havde jeg som sagt købt en forretning, så jeg havde noget at leve af. Men det var blevet hårdt at drive detailforretning i Danmark. Der var ofte en arbejdsdag på ti timer, og fortjenesten var ikke særlig stor på grund af afgiften til staten, men sådan var betingelserne på det tidspunkt.

Desuden havde jeg min søn hjemme hver lørdag og søndag, så i weekenden var jeg selvfølgelig sammen med ham. Han var på skolehjemmet de andre dage i ugen. Jeg tegnede stadig nu og da, men havde ikke så meget tid, og heller ikke overskud, så på et tidspunkt blev jeg træt af at drive forretningen og tænkte på at sælge.

Baba sagde da til mig: "Du må have tålmodighed, tiden er ikke inde." "Ja," tænkte jeg, "altid det med tålmodighed." Der gik en måneds tid, så tænkte jeg på det igen. Det var på den tid højsommer i Danmark og meget varmt, jeg ringede alligevel til ejendomsmægleren. "Nej," sagde han, "det kan ikke lade sig gøre at sælge på denne årstid. Folk holder sommerferie, og slet ikke med det vejr. Der er ingen, der tænker på at købe forretning i øjeblikket."

Men jeg var stædig. "Jeg vil have den solgt nu. Jeg har ikke lyst til at stå her længere." Så måtte han selvfølgelig gøre, som jeg sagde og den blev annonceret til salg. Der kom en del mennesker og så på den i begyndelsen, men ingen købte, og det var stadig højsommer.

Jeg havde næsten glemt, den var til salg, men så en dag kom en herre ind i forretningen. Jeg regnede med, det var en kunde og sagde: "De ønsker?"

"Deres forretning," sagde han. Jeg blev helt forbavset, for jeg havde i øjeblikket glemt alt om det.

"Kommer De fra mægleren?"

"Ja, det er en smuk forretning, De har."

Jeg kunne se, han var udlænding, så jeg spurgte: "Hvor er De fra?"

"Fra Indien."

"Jeg har selv været i Indien," sagde jeg, men nævnede dog ikke Sai Baba.

"Må jeg have lov at se ind bag ved?

"Ja, vær så god," sagde jeg og viste ham ind.

"Sai Baba," udbrød han meget bevæget og gik hen til et bord, hvor jeg havde et lille billede af Baba stående. Han stod foran billedet med håndfladerne mod hinanden, den indiske hilsen, dybt bevæget og sagde: "Jeg ved, at Sai Baba har sendt mig; dette er det rigtige for mig. Jeg køber Deres forretning med det samme. Må jeg ringe til min kone?"

Det hele var gået så hurtigt og var kommet helt bag på mig. Jeg var selv lige så bevæget og helt rundt på gulvet. Jeg kunne næsten ikke fatte det, og atmosfæren var med et fuldstændig forandret.

Hans kone ankom med en ældre indisk herre. Alle tre stod de med håndfladerne mod hinanden foran Baba's billede og sang ganske stille arathi. Arathi er en hellig indisk sang, der synges på sanskrit, når Sai Baba har sluttet sin tale. Det var helt højtideligt. Der var blevet indisk stemning i min forretning. Helt utroligt. "Baba, Baba," tænkte jeg endnu en gang. Forretningen blev solgt og jeg kunne igen rejse til Baba.

Et ophold i Puttaparthi i 1983

Jeg havde været hos Baba i Prasanthi Nilayam nogle uger og sad i hyggelig samtale med en gammel tilhænger af Baba. Vi sad og talte om min søn, som har diabetes. Hun foreslog mig at gå til Baba's hospital og få noget pulver, der stammer fra et helligt træ i Indien, det skulle virke helbredende på mange sygdomme, blandt andet diabetes. "Baba har en naturlæge på hospitalet, som du kan tale med om det."

Dette hospital eksisterer ikke mere, i dag er der et større moderne, og meget smukt hospital. "Hvis du er interesseret, vil jeg gerne gå med dig," sagde hun. Nu ved jeg til enhver tid, hvad Baba siger til mig, og Han siger det faktisk igen og igen. Han siger: "Lyt kun til Baba. Jeg gør, hvad der skal gøres, alt ligger i Baba's hænder." Det sad jeg nu og tænkte på, men det kendte hun jo ikke noget til, og det var ment som en venlighed fra hendes side. Samtidig tænkte jeg, at det jo godt kunne være noget Baba havde arrangeret, så min søn virkelig skulle have det pulver, som man altså kunne få på Baba's eget hospital. "Hvad gør du?" tænkte jeg, men sagde alligevel, at det ville jeg gerne og tænkte ved mig selv, at jeg næste morgen ville tage det med til darshan og håbe på at få det velsignet af Baba. Så ville jeg være klar over, om det var rigtigt at give det til min søn. Måske var det vejen?

Vi gik til hospitalet og talte med lægen, som var meget venlig. Hun kom med en pose med pulveret og forklarede, at jeg blot skulle give min søn lidt af det, morgen, middag og aften. Det ville virke helbredende på hans diabetes. Næste morgen til darshan kom jeg minsandten i første række og sad med pulveret i en stor pose. Baba nærmede sig nu og standsede foran mig. I Hans fysiske form så Han meget strengt på mig og spurgte i en vred tone: "Hvad er det, du har der i posen?"

"Det er helligt pulver, Baba," sagde jeg.

Baba så igen strengt på mig og sagde højt: "Madness." Det betyder vanvid. Jeg blev flov, fordi alle morede sig, men det gjorde jeg ikke. Men Baba havde givet mig et svar, der ikke var til at tage fejl af, og det var det vigtigste for mig.

Jeg må dog sige, at mange mennesker brugte pulveret mod forskellige sygdomme, så pulveret er selvfølgelig godt nok. Jeg skulle blot ikke bruge det.

Baba leder mig direkte. Siger og gør med mig, hvad der skal siges og gøres. Hvad enten Han siger det i Hans fysiske form, eller på det indre plan, eller Han kommer til mig i en drøm; det kommer ud på et.

Det er blot det eneste, jeg skal rette mig efter, uanset hvad andre siger eller gør. Inderst inde vidste jeg det godt, men jeg måtte ligesom prøve det af. Den lærestreg var jeg selv ude om.

Hvis blot vi lytter til Baba's ord og prøver på at efterleve det, Han siger, så godt vi nu kan, vil det aldrig gå helt galt.

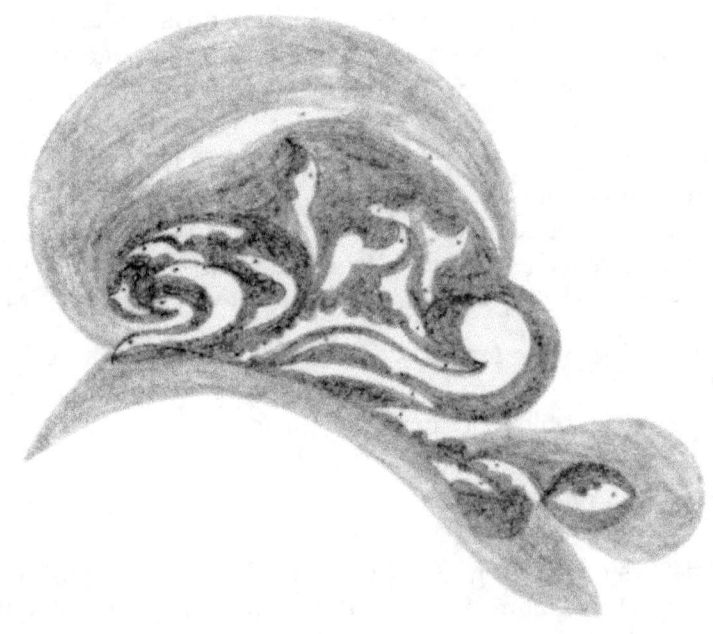

Mine og Baba's billeder

Mine tegninger eller måske rettere sagt, Baba's tegninger, var virkelig blevet smukke, næsten guddommelige, som fra en anden verden. Mange mennesker så dem, og alle blev de betaget af dem, men det var og blev Baba's kraft og styrke, der var i dem, ikke min. Jeg kan ikke tegne og har ingen talenter i den retning.

Mange inviterede venner og bekendte og spurgte, om jeg ville komme og vise dem frem, hvad jeg selvfølgelig gjorde. Ligeledes kom en del mennesker i mit eget hjem og så dem, og alle var begejstrede. Mange sagde ofte til mig: "Tror De ikke, de skal være med farver?" "Det ved jeg ikke noget om," sagde jeg, og det vidste jeg virkelig ikke. En dag ville jeg alligevel prøve. Jeg tog nogle af min søns farveblyanter og begyndte forsigtigt at lægge farver på en af dem, men det så helt forkert ud, så jeg lagde det fra mig igen. Jeg sad et øjeblik og tænkte: "Nej det kan ikke lade sig gøre." Da sagde Baba til mig: "Prøv nu at se på din første tegning og se så på din sidste." Det var ordene fra Baba.

Da forstod jeg, at jeg skulle begynde at arbejde med farver, men jeg er jo ikke kunstner, så jeg vidste ikke, hvordan jeg skulle gribe sagen an, indtil jeg en nat fik en inspirerende drøm.

Drømmen

Jeg stod på en stor plads og så mig omkring. Der var mange store runde søjler, og jeg så, at malingen var skallet af på mange af dem og tænkte, at det så grimt ud. Samtidig bemærkede jeg, at der var store huller i en mur ved siden af. Da med et hørte jeg en høj stemme, som kom den fra rummet. Den sagde: "Ja, du skal male; male rigtigt med pensel."

Jeg spurgte: "Jamen, hvad så med hullerne i muren?"

"Dem skal du ikke tage dig af, dem har Sai Baba ikke noget at gøre med," sagde stemmen.

Jeg vågnede og var da helt klar over, at jeg skulle begynde at male med pensel og farver. Jeg kendte intet til det at male, jeg havde aldrig haft en pensel i hånden, hvad jeg også tydeligt fik at mærke, da jeg tog det første penselstrøg, som dog senere blev til mange. Nogle dage efter drømmen gik jeg ind og købte akvarelfarver. Jeg regnede med, det var det rigtige, men da jeg begyndte at lægge farver på et af mine billeder, flød alt ud i vand og billedet blev ødelagt. Jeg blev klar over, at det var i hvert fald ikke den slags farver, jeg skulle bruge og lagde det til side. Jeg havde absolut ikke lyst at tænke mere på det lige i øjeblikket. Jeg var godt ærgerlig.

Der gik nogle uger, jeg tænkte stadigvæk ind i mellem på det. Måske er det tusch, du skal bruge? tænkte jeg og købte noget tusch og håbede, det var det rigtige. Jeg tog på ny et af mine andre billeder, men det samme skete igen, alt flød ud i vand, endnu et billede ødelagt. Nu blev jeg for alvor irriteret, lagde det hele fra mig og havde slet ikke lyst til at eksperimentere mere med farver. "Det er også komplet tåbeligt at påbegynde noget, du ikke har spor begreb om," sagde jeg til mig selv. "Det overlader jeg til de mennesker, der har forstand på de ting. Drøm eller ej, jeg vil ikke have mere med det at gøre."

Jeg tænkte ikke mere på det, indtil en dag jeg dumpede ind i en farvehandel og skulle købe noget, ikke særlig vigtigt. Jeg stod og ventede lidt og fik så øje på nogle tuber i forskellige farver, der var flot arrangeret lige foran mig. I det samme kom ekspedienten, og jeg spurgte ham: "Hvad er det for farver, De har der?"

"Det er kunstnerfarver, det er akrylfarver."

"Nå, er der noget, der hedder det?"

"Ja, de skal bare blandes med vand, der er mange kunstnere, der maler med dem."

"Jeg tror, jeg vil prøve det. Jeg tager en rød."

Jeg betalte og gik. Da jeg kom hjem, kom jeg i tanke om, jeg faktisk havde glemt at købe det, jeg var gået derind efter.

Jeg gik dog ikke umiddelbart i gang med den røde farve. Jeg var ikke så forfærdelig ivrig efter de første mislykkede forsøg, men en dag tog jeg fat på det; blandede farven op med vand og begyndte så småt på det tredje billede. Aldrig så snart jeg var begyndt, blev jeg klar over, at her var farverne, jeg skulle bruge. Jeg blev så inspireret, at jeg næste dag gik ind og købte alle farverne, og først da begyndte det hele at tage form. Med Baba's vejledning er alt muligt.

Jeg kom nu ind i en periode, hvor jeg malede meget og det blev virkelig bedre og bedre. Baba sagde til mig: "Husk, du vokser med opgaverne og opgaverne vokser med dig."

En dag kom et par venner på besøg og da de så billederne med farver udbrød de: "Nej, hvor er de smukke, du skulle næsten holde en udstilling."

"Nej, nej, jeg er ikke kunstner og aner intet om, hvordan man holder en udstilling." Jeg var heller ikke særligt interesseret og tænkte ikke i de baner. Men det besynderlige skete, at ugen efter fik jeg et brev med en indbydelse til en udstilling fra en kvinde, jeg ikke mente at kende.

Jeg tog ind og så udstillingen, da jeg nu var blevet indbudt. Det viste sig, at hun engang havde set mine tegninger. Hun holdt udstillingen, som i øvrigt var meget smuk.

"Du skulle prøve at udstille her," sagde hun. Det var et godt lokale og lige midt i byens centrum, desuden var det gratis.

"Du skal tale med kunstforeningens bestyrelse i banken på den anden side; det er deres lokale, og de tager stilling til, hvem der må udstille. Prøv at tale med dem."

Jeg havde ikke nævnt udstilling med et eneste ord, og jeg havde heller ingen planer i den retning, men det var der tilsyneladende en anden, der havde. Jeg følte, at alt blev ligesom lagt til rette for mig, uanset, hvad jeg mente. "Så måske skal du holde en udstilling," tænkte jeg. "Vi får se."

Min udstilling i 1984

Der gik nogle uger, hvor jeg ikke tænkte særligt over det med udstilling, men når jeg malede, dukkede tanken op ind i mellem.

Så pludselig en dag tog jeg en rask beslutning, lagde ti, tolv billeder i en mappe og tog ind for at få en samtale med den person, der havde med det at gøre. Jeg blev vist ind på hans kontor. Det første han sagde, da jeg kom ind ad døren, var: "Hvor er De uddannet? Hvor har De udstillet før? Og hvad har De af presseomtale?"

Spørgsmålene ramte mig som et slag i ansigtet, selv om de blev sagt i en høflig tone, så kom det helt bag på mig.

Jeg stod et øjeblik og sagde så ganske roligt: "Jeg er ikke uddannet noget sted, jeg har ikke udstillet før, og jeg har heller ingen presseomtale."

Han kiggede lidt på mig og sagde så: "Jamen, De må da have lært at male et sted."

"Nu skal jeg fortælle Dem noget," sagde jeg. "Jeg har en indisk Mester, det er Ham, der inspirerer mig og Ham, der vejleder mig. Det er Hans kraft og styrke, der er i billederne, ikke min. Billederne symboliserer Universet."

Endnu en gang så han på mig, denne gang med betydelig mere interesse. "Det må jeg nok sige. Aldrig har jeg hørt noget mere interessant, de billeder vil jeg meget gerne se. Vil De ikke nok lægge dem frem her på bordet, det lyder meget spændende."

"Det vil jeg meget gerne," sagde jeg og bredte dem ud på et stort bord.

Da han så billederne, blev han omgående begejstret og sagde: "Jeg har faktisk aldrig set noget så specielt før, de er meget smukke og harmoniske. Deres Mester må være noget ganske særligt."

"Det er Han skam også. Uden Ham var billederne aldrig blevet til."

"Ved De hvad? De skal simpelthen udstille. Vi finder en tid til Dem og jeg vil selv komme og fotografere udstillingen. De vil modtage et brev om tidspunktet, De kan holde Deres udstilling."

Jeg blev meget glad, takkede og gik, og tænkte på, hvordan jeg mon egentlig kom i gang med det, helt uvidende som jeg faktisk var med de ting. Dog skulle det vise sig, at de tanker var helt overflødige.

Tegning nr. 203 fra 1982

Baba ikke blot viser vejen, Han arrangerer alt til mindste detalje. Der gik et par uger, så fik jeg brev fra arrangøren vedrørende udstillingen, og han skrev: "Vi tilbyder med glæde vores lokale til Deres udstilling. De får lokalet de første otte dage i februar 1984." Han sluttede med ordene: "Jeg håber De vil få succes med Deres meget smukke værker i fremtiden." (Jeg har gemt brevet). Ja, ordene var unægtelig noget anderledes, end da jeg nogle uger tidligere var trådt ind på hans kontor. Jeg ringede ind og takkede og fik nu travlt. Der var ikke mere end tre måneder til. Jeg havde tyve, tredive billeder færdige, men de skulle også indrammes til udstillingen, så jeg fik nok at se til. Det eneste, der ærgrede mig var årstiden. Det er vinter i Danmark på den tid og som regel meget koldt og gråt, man bliver helst inden døre. Men da jeg aldrig havde udstillet før og ikke var en anerkendt kunstner, kunne jeg ikke tillade mig at klage.

Der gik vel tre uger, så fik jeg et nyt brev fra kunstforeningen. Man spurgte, om jeg havde noget imod at vente med min udstilling til først i maj, da der var kommet en kendt kunstner, som kun kunne udstille i København lige i de otte dage i februar, som de havde reserveret til mig. Jeg blev forbavset, men glad, for det var lige, hvad jeg behøvede. Jeg meddelte, at det var i orden, og alle var tilfredse. Jeg havde nu fået ikke kun otte dage men to uger i stedet for, og ikke i februar, men til maj, når foråret springer ud, det kunne ikke være bedre. I den periode både malede og indrammede jeg, for da jeg nu havde mere tid, satsede jeg på at få flere billeder med på min udstilling.

Lige fra jeg var begyndt at male rigtigt, malede jeg i stærke farver, jeg havde slet ikke pastelfarverne med i mine billeder, så en nat kom Baba til mig i en drøm.

Drømmen

Baba sad i sin stol og kaldte mig hen til sig. Jeg satte mig for hans fødder. Han smilede til mig, idet Han løftede pegefingeren og sagde: "Du skal ikke male så meget i mørke farver, du må også have de lyse farver med."

Fra den dag fik jeg pastelfarverne med i mine billeder. Jo, Baba bestemmer alt, næsten. Jeg malede nu også i lyse farver og jeg nåede at få en del billeder i pastelfarver med på udstillingen, takket være Baba.

Vi nærmede os nu maj måned, hvor jeg skulle udstille. Hvad mine billeder angik, var jeg godt forberedt. Men det med selve udstillingen anede jeg intet om, og billederne, hvem skulle hænge dem op? Jeg behøvede dog ikke at bekymre mig. En tilhænger af Baba ringede mig op og sagde, han havde hørt jeg skulle udstille: "Jeg føler, det er min pligt at hjælpe dig, så hvis du ønsker det, vil jeg hænge billederne op for dig og være behjælpelig med, hvad der ellers skal gøres."

Jeg blev glad og sagde selvfølgelig ja tak til tilbuddet og blev helt lettet. Nu så det hele ud til at lykkes, trods min uvidenhed på alle områder. Han gjorde virkelig et stort arbejde og fik alle billederne hængt op. De tog sig godt ud med den rigtige belysning. Vinduet pyntede jeg selv med et stort billede af Baba og en stor buket orange roser, arrangeret på en orange silkesari og et par af mine egne billeder.

Udstillingen blev en succes, og der kom mange besøgende, nogle endda flere gange. En dame kom tre gange. "Aldrig har jeg set så skøn en farveharmoni, hvor får De dog den inspiration fra?"

"Fra min Mester i Indien."

Hun kiggede længe på et af billederne og stod og græd. Hun sagde meget bevæget: "Jeg har aldrig hørt noget så smukt, jeg vil købe Deres lille bog og købe, hvad jeg kan få af bøger af Sai Baba på dansk. Det har været en stor inspiration at se Deres billeder og tale med Dem, jeg vil glæde mig til at læse om Deres Mester."

Ja, det var sandelig også en inspiration for mig selv.

Mange, der kom for at se udstillingen, hørte for første gang om Baba, og det var virkelig dejligt at være med til at sprede Baba's budskab på den måde, og jeg havde mange smukke oplevelser. Det gik nøjagtigt, som Baba havde sagt til mig for få år tilbage i 1980, da jeg begyndte at tegne og ikke anede, hvad det skulle blive til. Så ind i mellem, når jeg ikke kunne se noget formål med det, sagde Han ofte til mig: "Det er fint, det du tegner. En dag bliver du Baba's store kunstnerinde og dine billeder vil komme til at hænge i mange lande. Gennem dem skal du være med til at sprede mit budskab."

Mine billeder hænger faktisk i dag i mange lande. Ja, i hele tre kontinenter. Der hænger et i Malaysia, et i San José i Californien, et i Seattle i staten Washington og et i New York. Desuden et i London, to i Wien, fire i Sverige, tre i Norge, og selvfølgelig flere i Danmark. Alle der købte, følte de måtte eje et billede. Et guddommeligt billede. For jeg er kun redskab for Baba og er meget lykkelig for at få lov til at være det.

"Baba, Baba, hvad skal jeg sige?"
Ord er overflødige.

Skrevet af en ven ved min udstilling i 1984:

Gennem den smukke harmoni
af disse former og farver,
føler vi et symbol på en kosmisk kraft
af blide melodiers rytmer
og yndefuldt spillede lyde.
Vi er alle dele af Helheden,
en gnist af Evighedens Spejl.

- Nenne

Brev fra Californien

En kvinde i Californien havde købt et billede. To år efter sendte hun mig et smukt brev, jeg fik dagen før, jeg skulle rejse til Baba. Hun skrev:

"Dette brev skulle De have haft for længe siden, men da jeg har været meget syg, har jeg ikke kunnet skrive før nu. Som De kan se, vedlægger jeg et lille billede af vores stue. På kaminhylden står et billede af Sai Baba. Oven over hænger Deres billede, men der hænger det ikke mere. Det hænger nu i mit soveværelse over min seng."

"En nat havde jeg så frygtelige smerter. Jeg bad inderligt til Sai Baba, alt imens jeg så intenst på Deres billede. Pludselig gik der som et lyn igennem min krop, og jeg var rask. Jeg græd og græd og takkede Sai Baba igen og igen. - Deres billede hænger stadig over sengen. Jeg er fortsat rask, så rask at jeg nu kan skrive til Dem. Jeg håber inderligt, vi mødes igen."

Jeg har gemt brevet, og hendes billede står fremme i min stue. Jeg skrev til hende fra Indien. Jeg håber, hun må blive ved med at være rask. Desværre har jeg dog ikke hørt fra hende siden. Men det var en smuk oplevelse.

Tegning nr. 210 fra 1982

En rejse til Indien med forhindringer

Rejsen foregår i 1985. Jeg forbereder altid mine rejser til Indien i god tid. Der er meget, der skal gøres, da jeg som regel er i Indien et par måneder ad gangen. Ligeledes er der meget, der skal huskes: Billetter, pas, visum, vaccinationer også videre; og ikke mindst rejsechecks. Det var nemlig dem, der skete noget højst mystisk med på denne rejse.

Jeg går altid i min bank en uges tid før rejsen og bestiller mine rejsechecks, det gjorde jeg også denne gang. Dagen før afrejsen, tog jeg til banken for at hente rejsecheckene. Jeg havde fået dem udleveret, havde lige underskrevet dem alle, og var på vej hen til en kasse, da jeg samtidig skulle hæve nogle penge. Jeg havde lagt mappen med checkene lige ved siden af mig et øjeblik, mens jeg lagde pengene ned i min taske. Da jeg i det samme skulle tage mappen med mine checks, var den væk. Den var som forsvundet op i den blå luft. Jeg blev godt nervøs, så efter endnu en gang, men væk var de, og der var kun mig ved kassen på det tidspunkt. Damen ved kassen spurgte: "Er der noget i vejen?"

"Ja, mine rejsechecks er væk, jeg lagde dem her et øjeblik, imens jeg hævede penge."

Hun kaldte straks på damen, der havde ekspederet mine checks. Hun ledte alle vegne, de vendte bunden i vejret på papirkurvene, men uden resultat; de var og blev væk. Der blev omgående ringet til *American Express* og spærret, så de ikke kunne hæves.

Banken bestilte så nogle andre til mig, som jeg lige kunne nå at få til næste dag. Det var heldigt, jeg først skulle rejse klokken 16, ellers havde det ikke kunnet lade sig gøre. Jeg kom dog af sted til tiden med andre rejsechecks.

Der kom flere forhindringer. Da vi ankom til Bombay, var min kuffert væk. Vi var tre, der rejste sammen, min søn og en ven, Christian. Deres kufferter kom nok så nydeligt rullende ud på båndet, men ikke min, skønt vi havde tjekket dem ind samtidigt i København. Da vi ankom til Bangalore, minsandten om ikke alle tre kufferter var der, og glad var jeg.

Næste dag tog vi til Puttaparthi. Jeg lukkede min håndtaske op for at tage noget. Og hvad lå der øverst i tasken? Rejsecheckene, der var blevet væk endnu før jeg var kommet ud af banken. Jeg var helt forvirret, hvordan kunne det gå til? Nu havde jeg to checkhæfter. Det tilsyneladende stjålne har jeg gemt som et minde.

"Jeg tror Baba driller dig," sagde Christian.

"Ja, det tror jeg også."

Senere kom jeg ind til interview med en lille gruppe danskere. Min søn og jeg kom ind bagved med Baba. Jeg sad for fødderne af Baba. Det første, Han sagde, idet Han smilede, var: "Er din økonomi nu i orden?"

"Ja, det blev den, Baba," svarede jeg. Men inderst inde var jeg godt forvirret.

Så sagde Han i en drillende tone: "Ja, du får din ring, når tiden er inde, og din søn får en ny medaljon."

Jeg fik dog ikke ringen, så tiden var åbenbart ikke inde.

Jeg må her tilføje, at Baba, helt tilbage til omkring 1982, under et interview har sagt: "En dag får du en ring af Baba med hele Universet inden i din lille ring, men først når tiden er inde."

Kun Baba ved, når tiden er inde til både det ene og det andet. Ringen som sådan er ikke vigtig for mig. Det vigtigste for mig er det, Baba er for mig i hverdagen. Det er altoverskyggende og foregår mest på det indre plan. Da kom Baba til mig i en drøm om natten.

Drømmen

Baba kom og gav mig en lille pakke og sagde: "Pak den op; den er ikke vigtig."

Jeg pakkede den op. Det var en utrolig smuk ring med diamanter, rubiner og andre ædelstene. Jeg beundrede den smukke ring. Da kom Baba i det samme med endnu en lille pakke og sagde: "Pak så denne op; den er vigtig."

En lille ny pakke, som jeg pakkede op. Det viste sig at være endnu en ring, men denne gang var den helt anderledes. Denne ring forestillede en kobraslange, ganske smal, lyseblå og perlemorsagtig, og øjnene var to diamanter.

"Ih, hvor er den smuk, Baba. Er det den ring, du vil forære mig?"

"Ja, men ikke nu, når tiden er inde."

I det samme vågnede jeg. Baba ville have mig til at forstå, at det ikke var ringen, der var vigtig eller betydningsfuld, men det guddommelige. I hinduismen symboliserer kobraslangen det guddommelige. Det med ringen vender Baba ofte tilbage til i drømme, når Han kommer til mig, og hvor ringen stadig har en betydning på en eller anden måde.

Drøm engang i 1985

Jeg deltog i et overdådigt middagsselskab, hvor bordet med de kulinariske retter var så langt, så jeg ikke kunne se, hvor det begyndte og hvor det endte.

Der var nok at vælge imellem og noget for enhver smag. Der var lam og kylling tilberedt på forskellige måder, oksesteg, stegte duer, høns og fasaner. Alle havde de måtte lade livet for denne fest. Alt var flot anrettet. Der var også hummer, laks og kaviar. Der var simpelthen alt. Jeg så ud over dette madorgie og fik serveret fjerkræ af en eller anden slags. Jeg begyndte at spise, men følte at noget var galt. Der var et eller andet, lige som et lille ben, der ikke rigtigt ville ind i munden på mig. Jeg baksede med det, men det lykkedes ikke; det ville stadigvæk ikke med ind. Samtidig havde jeg besvær med at fordøje maden, jeg tyggede og tyggede.

"Hvad er dog det?" tænkte jeg. Jeg syntes jeg hørte en lyd; nu lød det igen. Til min skræk hørte jeg nu ganske tydeligt et lille pip, pip. Jeg blev rædselsslagen og spyttede omgående maden ud på min tallerken og så ned på det med væmmelse.

På min tallerken lå en lille fugl, bidt næsten midt over. Jeg fik det ubehageligt og råbte: "Tjener, tjener, tag det væk, jeg vil ikke se på det"

Al maden blev nu båret ud, jeg havde totalt mistet appetitten.

Til min undren så jeg nu den yndigste lille fugl i alle regnbuens farver komme flyvende hen mod mig og lande lige foran mig. I det samme vågnede jeg. I lang tid havde jeg så småt tænkt på at blive vegetar, men det var blevet ved tanken. Men efter den drøm spiste jeg ikke kød i lang tid. I dag er jeg så godt som vegetar.

Tegning nr. 164 fra 1981

I Puttaparthi med endnu en lektie

Opholdet foregår i 1986. På det tidspunkt jeg var der, talte jeg med en mand, der havde fået en linga af Baba. Lingaen er en ellipsoide. Hans kone var syg, Baba havde sagt, han skulle lægge den i et glas vand hver dag, så hans kone kunne drikke det, vandet virker helbredende. Ligeledes kunne han også hjælpe andre med det, havde Baba sagt.

Han spurgte, om jeg ville have en flaske med vandet, måske var det noget for min søn, mente han. "Jah," tænkte jeg, "men hvad mener Baba?" Jeg takkede og tog dog mod en flaske med vandet, man kunne jo aldrig vide.

Næste morgen tog jeg flasken med vandet med til darshan, hvor jeg naturligvis gerne ville have det velsignet af Baba. Det fik jeg nu ikke, da jeg kom til at sidde på sidste række. Da Darshan var overstået, blev jeg siddende. Baba gav interview, og jeg sad i mine egne tanker.

Pludselig så jeg Baba komme ud. Han kom langsomt hen imod mig, standsede lige foran mig og så kærligt på mig. Så sagde Han i en tone, som om Han talte til en lille pige: "Hvad har du der?"

"Det er helligt vand, Baba."

Baba tog flasken, holdt den op så alle kunne se den, morede sig gevaldigt, smilede igen kærligt til mig og sagde så i en morsom tone: "Only water, only water."

Kastede den lille flaske tilbage til mig, idet Han sagde i samme tone: "Hvad skal du med det? Only water, only water," smilede, vendte om og gik ind.

Vandet fra lingaen skulle den syge kvinde selvfølgelig drikke, som Baba havde sagt, ligesom andre syge, der eventuelt fik det tilbud, men jeg skulle ikke bruge det til min søn. Baba ville igen vise mig, at jeg kun må lytte til Ham. Han giver mig, hvad jeg skal have, når tiden er inde, og Han gør, hvad der skal gøres, nøjagtig som med pulveret i forrige kapitel. Ind imellem glemmer jeg det og lytter i stedet til andre. Derfor fik jeg denne lektie. Det er hele tiden gennem vore fejltagelser, vi kommer et lille skridt videre.

Vi skulle rejse nogle dage efter, og det blev den smukkeste afsked, Baba nogensinde har givet mig. Dagen kom, da vi skulle rejse. Vi skulle køre lige efter darshan. Jeg havde pakket, taxaen holdt for døren og bagagen var anbragt på taget. Vi var klar til at rejse fra Puttaparthi hjem til Danmark. Jeg havde lige et par sidste indkøb at gøre inden afrejsen, men endelig var vi klar til at tage af sted.

Vi kørte langsomt ud af ashramen, men da vi kom til porten, hvor Baba selv kører ud, måtte vi holde tilbage, for i dette øjeblik kom Baba's røde bil til syne; vi ventede lidt og kørte nu direkte efter Baba. Han sad alene bag i bilen. Baba's bil kørte langsomt ud ad vejen, vi var lige bag efter, jeg tænkte ved mig selv, at Han eventuelt ville køre til hospitalet. Men Baba kørte forbi hospitalet.

"Han skal selvfølgelig til universitetet," sagde jeg til chaufføren. Men Baba kørte også forbi universitetet. Nu var det ved at blive spændende, for nu var vi helt ude af Puttaparthi, kun Baba's bil og vores taxa var på vejen og ingen bebyggelse, kun marker på begge sider. Baba's bil kørte ganske langsomt.

Nu kunne jeg se Baba sige noget til chaufføren, og i det samme svingede han bilen helt til venstre, kørte ind på marken, vendte bilen og holdt nu helt stille. Baba så hen mod os. Jeg blev klar over, Han ville noget, så vi holdt ind til siden og steg ud. Vi stillede os med front mod Baba med håndfladerne mod hinanden og ventede på, hvad der skulle ske. Først da gav Baba chaufføren besked på at starte bilen. Baba kom nu kørende ganske langsomt hen imod os. Da Han var lige ud for os, rullede Han vinduet ned, smilede utroligt kærligt og vinkede farvel til os.

Baba vidste nøjagtigt på hvilket tidspunkt, vi forlod ashramen. Ja, selvfølgelig, for Han ved alt. Baba vinkede hele tiden, mens bilen langsomt kørte tilbage til Puttaparthi. Nu vinkede jeg igen til Baba. Jeg kunne se Hans arm, der vinkede, lige til bilen svingede.

Et sidste farvel, mens tårerne løb mig ned ad kinderne. Vi satte os ind i bilen og fortsatte turen til Bangalore. Baba, Baba, jeg glemmer det aldrig. Men der lå noget meget dybere i det, at Baba vinkede farvel til os, som jeg slet ikke fattede på det tidspunkt, men først et par år senere.

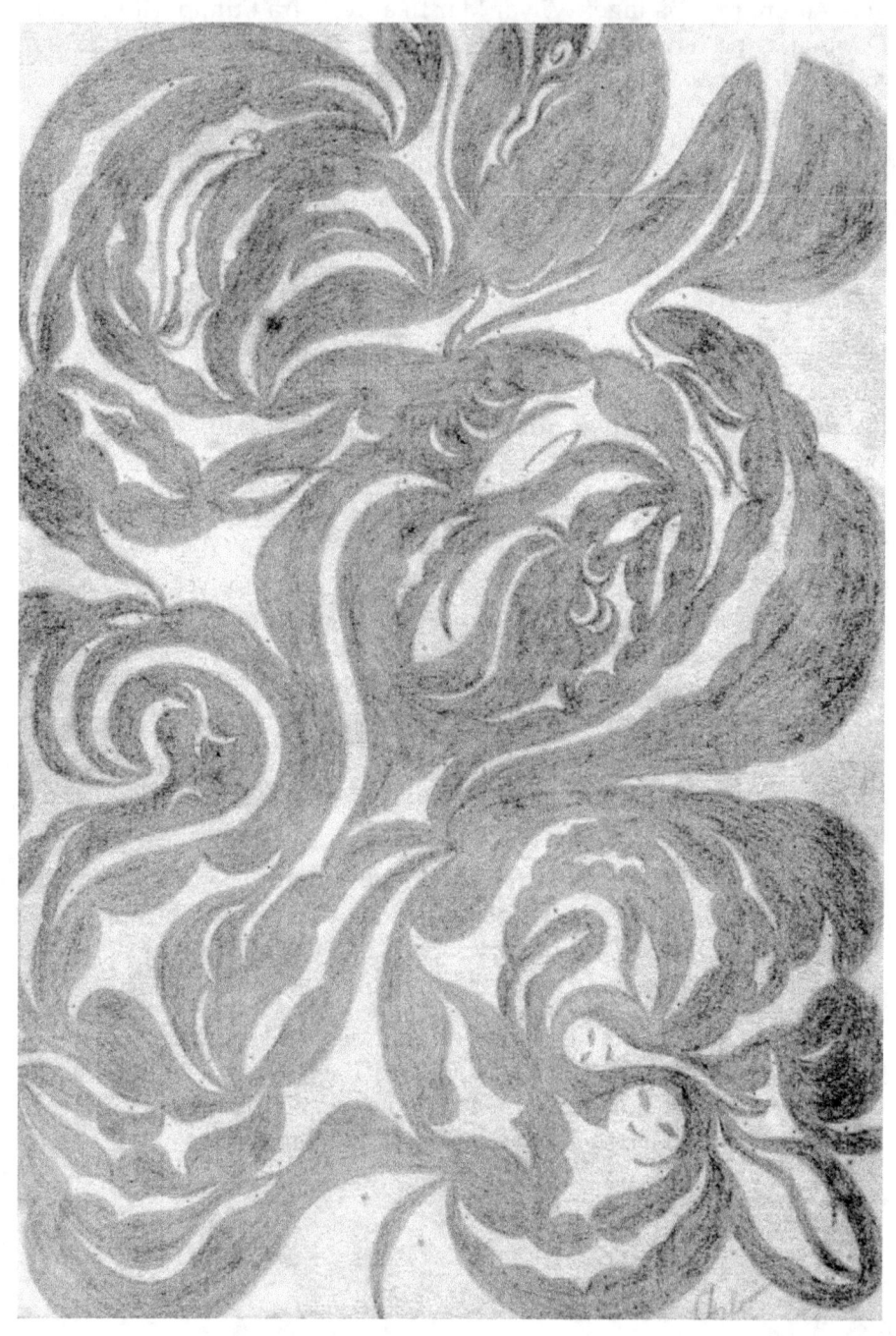

Tegning nr. 128 fra 1981

To drømme i Puttaparthi i 1987

Det blev et ikke særlig behageligt ophold, da det var fyldt med problemer fra første til sidste dag. Det kan man egentlig godt undvære, og dog? Den første nat i Prasanthi Nilayam kom Baba til mig i en noget usædvanlig drøm. Det var noget med en lektie, jeg ikke havde lært.

Den første drøm

Jeg kom ind i klasseværelset den første dag i det nye skoleår. Jeg skulle sidde helt oppe foran. Noget betuttet så mig jeg omkring, for jeg kendte ingen af mine klassekammerater fra sidste år. Jeg blev mere og mere desorienteret og tænkte: "Hvor er de alle sammen henne?"

De var alle fremmede. Baba stod da som min lærer oppe ved katederet og så meget alvorlig ud. I det samme så Han strengt på mig, og idet Han pegede på mig med linealen, sagde Han meget vredt: "Ja, du har ikke lært lektien endnu, så derfor skal du gå en gang til i samme klasse."

Jeg blev helt flov og samtidig ked af det. Alle så på mig, og jeg tænkte: "Hvad er det mon for en lektie, du ikke har lært?"

I det samme vågnede jeg. I dag har jeg dog lært den lektie. Senere fulgte andre lektier. Hele livet er en lektie. Vi bliver aldrig færdige med at gå i skole. Selve livet her på Jorden er en lang skole.

Den drøm kom ligesom til at præge hele opholdet, for alt gik faktisk galt, og jeg tænkte en del på, hvad det mon var for en lektie, jeg ikke havde lært. Baba overså mig totalt, det kunne jeg ikke undgå at mærke, og jeg tror, vi flyttede fire gange på en måned., Det havde jeg dog aldrig været udsat for før; det var utroligt besværligt. Samtidig blev min søn syg af diabetes. Det gjorde det ikke lettere, men man må jo tage det, som det kommer, hvad jeg selvfølgelig også gjorde.

På denne tur til Indien havde jeg tænkt mig at kombinere opholdet i Puttaparthi med en tur til Sri Lanka. Jeg havde tænkt mig at være hos Baba en måned og så rejse videre til Sri Lanka, når Shivaratri nærmede sig. Shivaratri er en hellig indisk fest for guden Shiva. Det var netop for at undgå at være der på den tid, hvor det strømmer til med mennesker. Allerede otte dage før Shivaratri var der så mange mennesker, at jeg tænkte: "Nu er det vist på tide at rejse videre." Jeg glædede mig også til at nyde livet på stranden. Da havde jeg en drøm om natten, der fik mig på andre tanker.

Den anden drøm

Jeg opholdt mig i ashramen blandt tusindvis af mennesker og kunne hverken komme frem eller tilbage; det var rædselsfuldt. Jeg blev mast og puffet fra alle sider og tænkte: "Du må ud herfra!"

Jeg begyndte at mase mig igennem menneskemængden hen mod den ene udgang. Endelig kunne jeg skimte porten og var lykkelig ved tanken om snart at være ude af trængslen. Nu var porten kun få meter fra mig, men så, ligesom jeg skulle til at gå igennem porten, tårnede der sig to kæmpestore kobraslanger op foran mig og spærrede vejen. Jeg blev så forskrækket, at jeg omgående veg tilbage; jeg kunne ikke komme ud.

"Nå, så går jeg bare ud ad den anden port," tænkte jeg og begyndte nu at mase mig tilbage mod den anden port og nåede den endelig.

"Her kan du komme ud," tænkte jeg. Men nej, det samme gentog sig. To store kobraslanger tårnede sig igen op foran mig, det var umuligt at komme ud. Da forstod jeg, at jeg måtte blive. I det samme vågnede jeg.

Jeg rejste selvfølgelig ikke til Sri Lanka; jeg forstod godt meningen med drømmen.

Lige straks var jeg vred på Baba. Jeg havde virkelig ikke lyst til at blive i det menneskemylder og havde glædet mig til opholdet på Sri Lanka. Samtidig forstod jeg godt, hvad Baba ville lære mig. At det guddommelige er vigtigere end det at nyde tilværelsen, uanset hvor mange mennesker, der var. Det burde være indlysende. Endnu en tak, Baba.

Næste morgen til darshan kom jeg i første række. Baba standsede foran mig, smilede drillende til mig, mens Han så kærligt på mig og morede sig gevaldigt; det gjorde jeg ikke, men lektien havde jeg ikke helt lært endnu, skulle det senere vise sig. Kun gennem vore prøvelser vokser vi åndeligt.

Da vi havde været i Puttaparthi i en måned, og jeg havde fået mere end nok, rejste Baba til Whitefield og videre til Ooty der ligger omkring 300 kilometer sydvest for Whitefield. Vi rejste til Bangalore og havde haft nogle afslappende dage der, da jeg besluttede at tage til Ooty. Det er en lang tur, vi kørte tidligt om morgenen i taxa og var først i Ooty om aftenen, kun for at få at vide, at Baba lige var rejst til Bangalore. Vi kørte tilbage til Bangalore dagen efter; da var jeg efterhånden godt sur på Baba.

Da vi havde været nogle dage i Bangalore, blev min søn igen syg af diabetes og kom på hospital; han var der en uges tid. Da han var frisk igen, rejste vi hjem. "Nu har jeg fået nok, der skal gå flere år, før jeg rejser til Indien igen," sagde jeg til mig selv. Men der gik kun et år, så var jeg igen hos Baba.

Nogle helt vidunderlige oplevelser

Baba gav mig nogle helt vidunderlige oplevelser i perioden januar til april 1988.

En vision den 20. januar

Det var tidlig morgen, jeg var vågen, men lå stadig i sengen. Jeg så Baba i et blændende hvidt lys. Han kaldte på mig, og pludselig stod jeg foran Baba i lyset.

Han svarede mig her på et meget personligt spørgsmål, som jeg havde stillet Ham utallige gange i de mange år, jeg havde været tilhænger af Ham, hvor Han havde ledet mig så direkte og stadig gør det. Det var en utrolig smuk og bekræftende oplevelse.

En vision den 1. februar

Baba kom til mig som Moder Sai.

Jeg var sammen med Baba på et helt vidunderligt sted, overjordisk skønt, jeg mangler ord, der kan beskrive det.

Der var så blændende lyst og en atmosfære så smuk, at den findes ikke her på Jorden. Der var en del mennesker. De var alle så fyldt med kærlighed, at det simpelthen strålede ud af dem.

Jeg havde min søn med mig, og vi nærmest svævede rundt i det vidunderlige lys. Baba kaldte nu min søn og mig ind til en samtale. Han satte sig ved et smukt bord; min søn og jeg sad over for Baba. Pludselig udbrød min søn: "Hvor har Du dog en flot mund, Baba."

Jeg kiggede nu direkte på Baba's mund. Jeg så da, at Baba havde røde læber, nøjagtig som en kvinde. Han var også lidt frodigere at se på.

Jeg forstod med et, at Baba var Moder Sai, det kvindelige aspekt af det guddommelige.

Vi var udenfor igen. Jeg kiggede op og så et ubeskriveligt lyshav. Ganske langsomt kom der svævende et henrivende, bevinget væsen; jeg vil nærmest beskrive det som en engel.

Hun svævede stille ned mod os, og jeg så nu, der blev rakt en smuk krystalskål med vand op mod hende. Hun drak lidt af det og svævede videre. Jeg var dybt betaget af dette syn.

Baba kom nu ud og kaldte mig hen til sig. Han smilede kærligt og sagde til mig: "Han skal ikke have det vand fra lingaen."

Baba hentydede til det, Han havde sagt tidligere i sin fysiske form i Prasanthi Nilayam. Der havde jeg siddet med en lille flaske med vand fra en linga, som Baba havde materialiseret, og som jeg troede, min søn skulle have. Der var en, der havde givet mig det, derfor sad jeg med flasken med vandet.

Dengang havde Baba udtalt nøjagtig de samme ord og holdt den lille flaske med vandet fra lingaen i hånden, og drillende sagt: "Hvad skal du med det vand, only water, only water."

Han havde moret sig meget og givet mig flasken tilbage. Nu bekræftede Han det her på dette skønne sted, som Moder Sai med de røde læber.

Jeg vågnede da og lå og tænkte på den helt ubeskriveligt smukke drøm, som jeg troede det var. "Hvor får du dog den fantasi fra?" tænkte jeg, for jeg var helt sikker på, det var en fantasidrøm.

"Nu må du vist hellere passe lidt på, at ikke fantasien løber helt af med dig," tænkte jeg og faldt så i søvn. Da kom Baba til mig i en drøm.

Drømmen

Baba sad i sin stol i Prasanthi Nilayam. Jeg sad i lotusstilling lige bag ved Baba. Han vendte sig om mod mig og havde stadig de røde læber. Han løftede pegefingeren og sagde formanende: "Nej, det var ingen fantasidrøm, det er rigtig nok."

Stadig i drømmen gik jeg lidt efter ind på tempelpladsen i Prasanthi Nilayam, Baba kom i det samme hen imod mig. Han standsede, smilede og klappede mig på skulderen. Nu havde Han ikke længere de røde læber, men var som vi ser Ham hver dag.

Jeg vågnede da og kunne ikke sove mere. Det var så utrolig en oplevelse, den er prentet dybt i mit sind, jeg vil aldrig glemme den.

Hvad Baba end giver mig af oplevelser på det indre plan, tvivler jeg aldrig på rigtigheden af, hvad jeg oplever, ligeledes tvivler jeg aldrig på, hvad Han siger til mig. Jeg må hver eneste dag prøve at leve op til det.

En vision den 15. februar

Baba kom til mig som min ven.

Baba gik med mig i vandkanten langs en skøn strand; små bølger skyllede ind over vore fødder. Der var så utroligt smukt, og så stille, så stille. Ingen mennesker; kun Baba og mig alene på dette vidunderlige sted. Atmosfæren kan ikke beskrives. Der lå en lille fiskerbåd med bunden i vejret, som om der engang havde været et lille fiskerleje på stedet.

Baba var min gode ven og Han gik med sin arm om min skulder og talte til mig om åndelige ting. Jeg følte mig meget lykkelig. Jeg sagde da til Ham: "Baba, det eneste jeg ønsker mig er at være i din nærhed." Baba smilede kærligt til mig.

Jeg vågnede i det samme og kunne næsten mærke duften fra havet. Det var vidunderligt smukt.

En drøm den 22. februar

Baba kom til mig som min tjener.

Jeg var på en rejse og kommer om morgenen ind i en restaurant for at indtage min morgenmad.

Baba kommer hen til mit bord som min tjener. Han stiller en tallerken med to kager foran mig og siger: "Tak, det bliver fem rupeer."

"Jeg har desværre sovet for længe, jeg kom så hurtigt ud af døren, at jeg glemte min tegnebog," siger jeg til Baba.

Baba smiler sødt til mig og siger: "Ja, det er fordi du ligger og drømmer om Baba."

Ja, tak for alle de skønne drømme, Baba.

En vidunderlig drøm den 1. marts

Jeg ankommer højgravid til fødeklinikken, og undrer mig meget, hvordan dette dog er sket, da jeg lever helt alene. "Det kan umuligt passe," siger jeg til lægen.

"Jo, det er rigtig nok; De er gravid."

Jeg tænker, at det her er vanvittigt, og jeg siger i en spøgefuld tone: "Nå, så må det være Helligånden."

Vi morer os alle.

Drømmen fortsætter den 6. marts

Jeg havde født et guddommeligt barn. Den lille baby, jeg holdt i mine arme, var intet mindre end Baba. Han var den mest vidunderlige baby, jeg nogensinde havde set. Han havde en lille orange kappe på, og Han havde de dejligste krøller og store brune øjne.

Han faldt i søvn i mine arme og jeg lagde Ham forsigtigt på et tæppe ved siden af mig. Han sov nu trygt. Til sidst sad jeg med Baba's kappe i hænderne og sagde til en ung kvinde ved min side: "Jeg har lyst til at sy noget til mig selv af Baba's kappe, men jeg tør ikke begynde at klippe i den, for tænk hvis Han ville have den tilbage."

Symbolikken må være: En gnist af det guddommelige var født i mig.

Det var en utrolig smuk drøm.

En drøm den 10. marts

Jeg kommer til et lille hus, der næsten er skjult af ukrudt. Jeg føler, at jeg har noget at gøre med dette hus. Jeg låser mig ind og går på opdagelse i huset. Det er fyldt med smukke ting og jeg mener, at jeg kender det hele.

Til sidst kommer jeg til et lille klædeskab, som jeg åbner. Der hænger noget meget smukt tøj i skønne farver og i pragtfuldt silke. Jeg føler, det engang har tilhørt mig.

Der var en vidunderlig stille og rolig atmosfære i hele huset. Jeg forlader nu huset igen, og kommer ud på en støvet landevej. Da bliver jeg med det samme klar over, at det er i Indien. En bus kommer kørende, overfyldt med indere. Jeg når lige at komme med.

En drøm den 13. marts

Baba er ved at holde et foredrag. Da det er forbi Han kommer ud. Idet Han går forbi mig, siger Han: "Kom ind på mit kontor; du skal i byen for mig."

Baba begynder at skrive ned, hvad jeg skal købe til Ham. Alt imens Baba skriver, går jeg lidt udenfor og ser mig omkring.

Der kommer nu en person hen til mig og siger: "Du skal med her ind."

Jeg kommer med ind i et værelse, hvor jeg bliver viklet ind i en masse silke. Til sidst får jeg sat noget på hovedet. Derpå ser jeg mig i et spejl og ser, jeg er forvandlet til en kvinde fra Tibet; det ved jeg.

Jeg følte mig så lykkelig i den påklædning, at jeg helt glemte, jeg skulle i byen for Baba. Jeg kom dog i tanke om det og skyndte mig ind til Ham. Han løftede hovedet, kiggede op og ned af mig og sagde: "Sikke fin du er blevet."

I det samme gav Han mig sedlen, hvor Han havde skrevet, hvad jeg skulle købe til Ham.

"Se så at komme af sted," sagde Han.

Jeg skyndte mig ud for at købe ind, men blev så optaget af den smukke påklædning, jeg var blevet iført, at jeg helt glemte, jeg skulle i byen for Baba.

Han kom nu ud fra sit kontor og så mig aldeles optaget af mig selv, hvorpå Han myndigt, men dog blidt sagde: "Hvad, er du ikke kommet længere? Kan du så se at få fart på."

Det fik jeg omgående.

En oplevelse den 8. april

Vidunderlig oplevelse ved midnat.

Jeg lå i min seng og kunne ikke sove. Jeg lå og tænkte på alt, hvad Baba var for mig, men endnu har jeg ikke lært det vigtigste af det hele, nemlig at kontrollere mine tanker, ej heller har jeg lært at styre mit temperament. "Det er simpelthen for dårligt. Baba, det må du virkelig hjælpe mig med," tænkte jeg

Pludselig, som et lyn fra en klar himmel, blev min krystallysekrone tændt af sig selv, jeg havde nær fået et chok, og fattede ikke, hvordan det kunne ske.

Da jeg havde sundet mig lidt, stod jeg op og slukkede den, og gik i seng igen. Lidt efter sagde Baba nogle søde ord til mig, jeg aldrig vil glemme. Det var en hilsen fra Baba.

Utroligt! Tak for den smukke hilsen, Baba.

Rejsen til Sri Lanka

Endelig kom jeg da til Sri Lanka i 1988, men det skulle jeg nok aldrig have gjort. Året før, i 1987, skulle jeg have været af sted, men kom det ikke. En drøm natten før sagde mig tydeligt, jeg skulle blive i Prasanthi Nilayam, og selvfølgelig blev jeg til Shivaratri, trods menneskemængden, og det var det, jeg ville have undgået. Jeg forstod udmærket, hvad Baba mente med drømmen, og derfor blev jeg. Næste morgen til darshan var det, at Baba standsede foran mig, smilede og så drillende på mig. Han så ud til at more sig, mens jeg morede mig knap så meget. Det havde jo ikke været min mening at blive længere, men det var åbenbart Baba's mening.

Men nu skulle det altså være. Jeg havde lyst til at se Sri Lanka i forbindelse med et ophold hos Baba; det syntes jeg ville være en fin kombination. Med åndelig lekture i kufferten, som jeg kunne fordybe mig i, kunne jeg samtidig nyde badelivet og naturen.

Vi ankom til Sri Lanka. Jeg havde min søn med mig, og vi blev hentet af Shiva, en gammel tilhænger af Baba, der bor på Sri Lanka. Han havde lovet at være behjælpelig med hotel og så videre. Shiva var meget venlig og hjælpsom. Han havde reserveret værelse til os på et usædvanligt smukt hotel, der lå lige ned til stranden. Der havde jeg tænkt mig, vi skulle blive nogle uger, og derfra tage videre til Indien og Baba.

Shiva kørte med ud til hotellet, der lå en times kørsel fra Columbo. Da vi var ankommet, takkede jeg Shiva og sagde, at nu kunne jeg klare resten selv. Men det ville Shiva ikke høre tale om. "Nej, Swami har sendt dig;, jeg vil se jer installeret først, før jeg tager tilbage."

Det var jo utroligt opmærksomt af ham. Vi ankom til hotellet, der som sagt var meget smukt. Det var i hvidt marmor og lå omgivet af en eksotisk vegetation og spejlede sig i havet; det så indbydende ud. En restaurant, ligeledes i hvidt marmor, omgivet af tropiske planter og med en swimmingpool i baggrunden. Skulle jeg have valgt, havde jeg afgjort ikke flyttet ind på så dyrt et hotel, for det var faktisk ikke luksus, jeg søgte, men Shiva havde arrangeret alt så godt for os, og han havde gjort det så godt han kunne, så vi fulgte bare med og jeg nød det i øjeblikket. Jeg takkede Shiva for hjælpen og regnede så med, han ville køre tilbage, men Shiva sagde: "Nej, jeg kører ikke tilbage, før jeg ved, alt er i orden. Swami har sendt dig, det er min pligt at hjælpe. Nu går vi ind i restauranten, hvor jeg vil tale med inspektøren. Senere følger jeg jer til jeres værelse, så jeg ved alt er i orden. Før tager jeg ikke tilbage."

Vi gik ind i restauranten. Shiva kaldte på inspektøren og sagde, at vi skulle bo på hotellet nogle uger, og vi var tilhængere af Sai Baba. Han spurgte, om man kunne få vegetarretter på hotellet.

"Nej, men vi vil gerne lave det specielt til fruen og hendes søn," sagde inspektøren, Derpå fik han tilkaldt en kok. De lavede nu i fællesskab et lille menukort med fire forskellige vegetarretter til os. Shiva var meget tilfreds på vores vegne.

På dette tidspunkt syntes jeg, det var ved at blive for meget af det gode. Det hele blev ligesom bestemt hen over hovedet på mig. Sagen var nemlig den, at ganske vist var jeg ikke den store kødspiser, men jeg var sandelig heller ikke vegetar, og jeg havde absolut ikke noget imod at nyde, hvad dette hotel havde at byde på, når vi nu endelig var kommet her. Men Shiva må have fået det indtryk, at jeg var vegetar, og som sagt havde han gjort alt i Baba's ånd og i den bedste mening. Så jeg ville ikke på dette tidspunkt sige noget, men det slog mig, at det blev vist ikke helt, som jeg havde tænkt mig. Men jeg tænkte, fra i morgen gør du blot, som du har lyst. Shiva takkede inspektøren på mine vegne. Vi gik til vores værelse, der jo selvfølgelig var meget smukt. Shiva spurgte, om alt var i orden og jeg kunne kun sige ja. Jeg takkede ham for den store hjælp, han havde ydet. Han ønskede os god ferie og kørte derpå tilbage til Columbo.

Ja, det var et virkelig smukt værelse, vi havde fået. Det var i stueetagen og lå lige ud til havet. "Det var et perfekt sted til at slappe af og få fred i sjælen," tænkte jeg, idet jeg åbnede dørene ud til balkonen. Der kom en frisk brise fra havet, og naturen var vidunderlig. Vi gik en tur ved stranden, hvor vi blandt andet kunne få den fornøjelse at ride på en elefant. Min søn skulle dog ikke nyde noget. Havluften var dejlig, og vi samlede appetit til middagen.

Da vi kom ind i restauranten, var alt så utroligt overdådigt. Jeg havde regnet med, at gæsterne var indere og selvfølgelig turister, men det var udelukkende turister, der kun kom for én ting, nemlig at nyde livet på deres måde. De var festklædte og jeg følte mig med det samme helt forkert påklædt i min sari, og i øvrigt i helt forkert selskab. Et orkester spillede taffelmusik, og tjeneren kom og viste os hen til vores bord. Jeg studerede menukortet og tænkte, jeg måske ville nyde et glas vin. Men i det samme kom tjeneren med det lille menukort, de havde lavet specielt til os med nogle få vegetarretter, jeg kunne vælge imellem. Samtidig stillede han en flaske mineralvand på bordet. Alt dette blev gjort utroligt venligt. De havde helt fået det indtryk, at jeg åbenbart hverken drak vin eller øl, hvad der absolut ikke var tilfældet. Men de forsøgte at gøre alt så godt som muligt. Inspektøren havde givet besked. Han havde jo selv fået besked fra Shiva, der havde arrangeret alt så godt for os i Baba's ånd.

Der sad vi så, og jeg følte mig lidt underligt til mode og kunne intet andet gøre end bestille en af vegetarretterne og drikke mineralvand til. Det var så malplaceret på dette sted, som noget overhovedet kunne være. Jeg kunne kun takke for den helt personlige service, vi fik. Men alt er jo relativt.

Inderst inde var jeg rasende, for der var faktisk vendt op og ned på alting og det her syntes jeg, var gået for vidt. "Det her er for meget af det gode. Jeg vil og skal nok selv bestemme, hvad jeg skal spise og drikke. Jeg finder et andet hotel i morgen."

Jeg betalte og vi gik. Jeg havde absolut ikke lyst til at blive siddende i den fornemme restaurant mellem alle de festklædte mennesker, der nød de udsøgte retter med ligeså udsøgte vine, alt imens jeg følte, jeg var sat på vand og brød.

I morgen ringer jeg til Shiva, tænkte jeg, og undskylder for al den ulejlighed, jeg har forvoldt. Jeg vil sige, at hotellet ikke er noget for mig. Og så er det nok bedst, jeg selv ordner tingene. Det følte jeg efterhånden, jeg var bedre tjent med.

Ja, jeg var sandelig kommet til Sri Lanka. Men hvem var det egentlig, der styrede dette her? Jeg syntes ikke helt, det var mig selv. Næste morgen, da vi havde drukket morgenkaffe, besluttede jeg at ringe til Shiva for at sige, at vi rejste, det syntes jeg han burde vide. Men jeg trak det ud. Jeg kunne simpelt hen ikke få mig selv til det, når jeg tænkte på al den tid, han havde ofret på os, så jeg udsatte det og sagde til mig selv, at vi vil blive der i otte dage, så jeg bedre kan være bekendt at rejse.

Det hele gentog sig til frokost, hvor der var et sandt orgie af mad. Det var så overdådigt, at jeg aldrig havde set noget lignende. Vi kunne blot ikke tage for os af retterne. Det blev mere og mere ulideligt at være der, og atmosfæren brød jeg mig heller ikke om, selv om betjeningen var upåklagelig, og alle var meget venlige. Og midt i al dette, tænkte jeg kun på Baba, som var og blev det vigtigste i mit liv.

Der gik tre dage på den måde, så kunne jeg ikke holde ud at være der længere. Jeg ringede Shiva op: "Shiva, hvor er Baba nu?"

"Han er i Kodaikanal."

Hvad gør jeg så egentlig her."

"Hvad er det egentlig, du ønsker?"

"Jeg ønsker kun at være der, hvor Baba er. Forstår du ikke det?"

"Very, very clear, Marguerite."

"Det her er en hel fejltagelse, vi rejser i morgen til Columbo, og derfra videre til Indien."

Shiva var igen behjælpelig: "Jeg sender en taxa og ligeledes vil jeg hjælpe med billetterne til Indien."

Shiva var igen kommet på arbejde. Stakkels Shiva. Jeg pakkede og var allerede i tankerne i Indien hos Baba.

Jeg tænkte på, hvorledes jeg selv og mit liv havde ændret sig. For blot seks, syv år tilbage havde det været helt i orden at holde ferie på et hotel som dette. Men nu sagde det mig intet, skønt det er det liv, de fleste mennesker gerne vil opleve og betale i tusindvis af kroner for. For mig var det tomt. Det var det, Baba ville vise mig, og det lykkedes fuldt ud. Taxaen kom, og vi kørte til Columbo. Shiva hjalp endnu en gang med billetterne, der igen skulle laves om. Og endelig var vi i Indien. Baba var i Whitefield, og jeg længtes utroligt efter at se Ham igen. Vi tog en taxa fra Bangalore, hvor vi boede på hotel, og derfra ud til Whitefield, hvor Baba gav darshan.

Men aldrig er jeg blevet mere skuffet. Der var mange mennesker og vi kom i sidste øjeblik. Baba var ikke begyndt sin darshan endnu. Åh, hvor dejligt, tænkte jeg, vi kan lige nå det. Men det var ganske ligegyldigt, om vi havde nået det eller ej, for i det samme kom Baba kørende ud ad porten og gav overhovedet ingen darshan. "Baba, hvor kunne Du gøre det? Kunne Du ikke have givet darshan, før Du kørte?" tænkte jeg. Alle var selvfølgelig skuffede. De fleste tog tilbage til Bangalore, og vi påbegyndte også turen tilbage i vores taxa, jeg var godt sur på Baba. Men så skete der noget morsomt, så mit humør steg adskillige grader.

Det var allerede halvmørkt, da vi begyndte tilbageturen til Bangalore. Og pludselig var det helt mørkt; det går hurtigt i Indien. Nu var det kun bilernes lygter, man kunne se. Der er omkring en halv times kørsel til Bangalore. Jeg sad i mine egne tanker, da lyset i taxaens loft pludselig blev tændt. Jeg blev revet ud af mine tanker og spurgte chaufføren, om han manglede noget.

"Næ, det gør jeg ikke."

"Nå, det troede jeg, siden De har tændt lyset."

"Jeg har ikke tændt lyset. Jeg troede det var Dem, der havde tændt det, og at De måske manglede noget."

"Nej, jeg har ikke tændt lyset, og jeg mangler ikke noget."

"Det var da mærkeligt," sagde han og trykkede på kontakten for at slukke lyset. Men da han havde trykket kontakten ned, var lyset stadigvæk tændt. Han trykkede nu kontakten op og ned, men intet hjalp, lyset ville ikke slukke.

"Det forstår jeg ikke, der må være noget i vejen med en ledning," sagde han.

"Det gør ikke noget for min skyld," sagde jeg.

Så vi kørte videre med lyset tændt. Der gik nogle minutter. Da sagde Baba et par søde ord til mig; det var vidunderligt. Det var Baba's velkomsthilsen til mig. Det er en hel vidunderlig følelse, der ikke kan beskrives. Jeg blev meget glad og rørt og blev omgående i godt humør igen.

Efter at chaufføren endnu en gang forgæves havde trykket på kontakten, sagde han: "Jeg forstår ikke, lyset ikke vil slukke, skal jeg standse og se lidt nærmere på det?"

"Nej, endelig ikke for min skyld," sagde jeg og lod som ingenting.

Det var også den eneste opmærksomhed, Baba gav mig under det ophold. Aldrig har Han ignoreret mig så effektivt og så grundigt dag efter dag, som Han gjorde der. Dog kun i Hans fysiske form. Mit forhold til Baba på det indre plan er altid uforandret. Det ligger helt tilbage fra 1978, hvor Baba kaldte direkte på mig, og med det samme begyndte at lede mig direkte, uden at jeg havde ønsket det eller bedt om det - ja, ikke en gang søgt det. Men i dag kunne jeg ikke leve foruden.

Baba havde ikke været i Puttaparthi i tre-fire måneder på grund af varmen og samtidig var det galt med vandforsyningen. Derfor blev Han i Whitefield. Vi boede på hotel i Bangalore. Endelig gik der rygter om, at Han ville tage til Prasanthi Nilayam. Vi tog i forvejen, dels for at være der, når Han kom og dels for at få en lejlighed, inden der kom for mange mennesker. Vi havde da også fået en dejlig lejlighed og alt åndede fred og ro. Vi ventede alle på, at Baba skulle komme.

I Puttaparthi forberedte de modtagelsen af Ham, og både min søn og jeg glædede os til at være i Puttaparthi den sidste måned, vi havde i Indien. Det har altid været i Puttaparthi, jeg har følt mig mest hjemme.

Vi havde ventet en uges tid og der var allerede kommet mange mennesker. Det forlød nu, at Baba ville komme næste dag, og jeg glædede mig til at se Ham igen. "Måske ville jeg blive taget til nåde igen," tænkte jeg da jeg mente, at jeg havde lært meget af mit ophold på Sri Lanka. Jeg følte, at jeg helt og fuldt ud forstod, at den åndelige vej, som Baba viste mig, var den eneste jeg skulle følge, og intet andet. Det måtte jeg prøve at leve op til, så godt jeg kunne.

Så skete det uheldige, at aftenen før Baba skulle komme, fik min søn høj feber, og jeg måtte køre til Bangalore om natten, hvor han blev indlagt på hospital. Det var kompliceret på grund af hans diabetes. Det var jeg selvfølgelig meget ked af, men der var intet andet at gøre. Så da vi var på vej til Bangalore, var Baba på vej til Puttaparthi. Jeg følte, det var ligesom Han sørgede for, at jeg aldrig fik en eneste darshan i Puttaparthi. Og det var det, jeg mest af alt havde set hen til, lige fra vi rejste fra Danmark og under vores ophold på Sri Lanka, og mens Baba var i Whitefield, hvor vi boede på hotel i Bangalore. Allerede på det tidspunkt følte jeg, at vi ikke kom tilbage til Puttaparthi i denne omgang, hvad vi heller ikke gjorde. Så da vi sent om aftenen kørte fra Puttaparthi til Bangalore, kørte Baba tidligt om morgenen fra Bangalore til Puttaparthi. Ja, sådan skulle det altså være.

En af de sætninger, Baba ofte siger til mig, lyder: "Det er igennem dine prøvelser, du vokser åndeligt. Uden dem ville du ikke komme videre. For megen opmærksomhed fra Baba får kun dit ego til at vokse. Det har vi ikke brug for." Det var lige nøjagtig, hvad jeg fik at mærke. Baba giver os hver især, hvad vi har brug for. "Det gjorde Du sandelig effektivt, Baba."

Da min søn blev udskrevet fra hospitalet, rejste vi hjem. Jeg havde hverken lyst til at se Baba eller Puttaparthi igen. Men sådan gik det selvfølgelig ikke. Kun Baba ved, hvad der er bedst for os, men jeg syntes alligevel, det var hårdt.

En drøm Julenat 1988

Jeg var sammen med nogle vidunderlige mennesker. De var alle guddommelige. En af dem var Mesteren Jesus, som jeg dog inderst inde vidste, var Baba.

Vi skulle til at spise, og jeg dækkede bord. Der var flere små borde. Jeg vidste at Jesus skulle sidde ved et specielt bord, så jeg tænkte ved mig selv: "Her ved bordet hvor Jesus skal sidde, kan du ikke dække op til dig selv." Jeg følte ikke, jeg var værdig til at sidde ved samme bord som Jesus.

Jeg besluttede derfor at dække til mig selv ved et af de andre borde. Da kom Jesus hen til mig, klappede mig på skulderen og sagde: "Jo, det må du gerne." Jeg dækkede da til mig selv ved samme bord og spiste ved Jesus højre side. I det samme vågnede jeg. Det var en usædvanlig, og meget smuk drøm.

Endnu et ophold i Prasanthi Nilayam

I 1989 havde vi været omkring en måned i Prasanthi Nilayam, og det havde på alle måder været et meget harmonisk ophold.

Jeg havde bedt Baba svare mig på et spørgsmål, jeg havde stillet Ham og sad nu og slappede af mellem darshan og bhajans, da en af Baba's lærere kommer hen og sætter sig ved siden af mig, idet hun sagde et par ord om vejret. Hun tager derpå sit hindumærke af panden og sætter det i panden på mig med ordene: "For you." Hun smilede lidt til mig, rejste sig og gik tilbage til sin plads. Jeg blev lidt forbavset, men tænkte. "Nå ja." Det var i øvrigt et smukt hindumærke i lyseblå sten, det forestillede en kobraslange.

I det samme kom Baba ud, stillede sig med front mod mig, så intenst på mig, idet Han sagde på det indre plan: "Ja, det er svar fra Baba." Først fra denne dag satte jeg hindumærket i panden. Baba siger ofte til mig: "I hjerte og sjæl er du hindu." Det føler jeg også selv.

Dagen før vi skulle rejse hjem, gik jeg helt alene på en grusvej i det yderste af ashramen. Alle var nemlig på universitetet, da Baba holdt foredrag der, men jeg havde ikke været til foredraget og var på vej hjem, da Baba kom kørende. Han havde sluttet foredraget og var nu på vej tilbage, og kørte en runde lige nøjagtig, hvor jeg gik. Jeg blev så paf, men samtidig glad, og idet Baba passerede mig, rullede Han vinduet ned og vinkede til mig, samtidig med at Han, for mig at se, strøede lidt vibhuti ud mod mig og smilede kærligt.

Da vi rejste, vidste jeg helt præcist, hvad det var for en lektie, Baba ville lære mig. Jeg havde virkelig noget at gå i gang med, men gjorde det desværre ikke sådan lige med det samme.

Baba siger ofte til mig: "Du tager et trin ad gangen, på hvert trin du står, har du noget at lære. Men husk, du kan ikke springe et eneste trin over."

Ja, jeg havde minsandten noget at lære. Jeg synes bare, jeg var meget længe om at lære det. Ak ja, vejen er lang at gå, men jeg går ikke forgæves.

En drøm engang i 1989

Jeg sad mellem en del mennesker og ventede på Baba. Endelig kom Han bærende på nogle pakker, alle i forskellige størrelser og pakket ind i fint papir. Vi rejste os alle op og flokkedes omkring Ham. Han begyndte nu at dele pakkerne ud. Alle gik de glade med hver sin pakke. Den eneste, der ikke havde fået nogen pakke, var mig. Jeg gik hen til Baba: "Baba, jeg har ingen pakke fået, skal jeg ikke have nogen?"

Baba så kærligt på mig, gav mig derpå et kys på kinden og væk var Han. I det samme vågnede jeg.

En vision engang i 1989

Jeg var på et overjordisk skønt sted, hvor alt var lys. Der var jeg sammen med nogle dejlige mennesker, som jeg følte, var mine venner.

Vi stod og beundrede det smukke hvide silke, jeg holdt i mine hænder. Alle vidste vi, det var stof til min brudekjole. De var meget glade på mine vegne. Samtidig stod vi med en stor kalender foran os og sagde i kor: "Hvornår skal det være, hvornår skal det være?" Alt imens vi morede os dejligt. Pludselig pegede vi alle sammen på en gang på den samme dato som jeg desværre ikke kan huske. Ja, den dato skulle brylluppet være. Da, med et tænkte jeg: "Hvem skal du egentlig giftes med? Hvem er egentlig din tilkommende mand?" Det tænkte jeg meget over.

En vision engang i 1990 hvor Krishna velsignede mig

Jeg stod og så ud af et stort vindue. Jeg bøjede hovedet et øjeblik. Da så jeg op igen, var vinduesruden blevet forvandlet til den skønneste mosaik i farver. Det var Krishna med sin fløjte. I al sin glans stod Han der og smilede til mig. Jeg bøjede hovedet igen, en tåre løb ned ad min kind.

Jeg vidste, jeg var blevet velsignet af Krishna. Da så jeg op, var ruden igen normal. I det samme vågnede jeg.

Krishna velsignede mit hjem i en drøm engang i 1990

Jeg sad i min stue. Det var aften. Pludselig var der kommet to tyve ind i min lejlighed. De stod til min skræk midt i stuen. De begyndte nu at tage forskelligt af værdi for dem og lægge det ned i en pose.

Jeg sagde forgæves til dem: "Se at komme ud af min lejlighed, I har ikke noget at gøre her, og I må ikke tage noget, der ikke tilhører jer; det er mine ting."

De morede sig blot og ignorerede mig totalt. Til sidst gik de hen og tog en stor statue af Krishna og skulle til at lægge den ned i posen.

Da rejste jeg mig omgående, gik hen til dem og sagde strengt: "Nej, den statue må I ikke tage, det er Indiens store Gud, Krishna."

De kiggede forskrækket på mig og sagde: "Er det Indiens store Gud, Krishna?"

"Ja, det er det."

De satte forsigtigt Krishna på plads igen samt alt det andet, de ville have stjålet og forlod skyndsomt mit hjem. Jeg har faktisk en stor smuk statue af Krishna stående på mit husalter. Han står der stadig. Det regner jeg også med, at Han bliver ved med. Denne gang følte jeg, Krishna havde velsignet mit hjem.

Krishna

Min søn

Vi kom hjem fra Indien. Jeg vidste nu, der skulle ske en omvæltning i vores tilværelse. Nemlig den, at min søn skulle til at leve sit eget liv. Han var nu syvogtyve år og skulle altså flytte hjemmefra.

Det var ikke helt så ligetil. Hvor skulle jeg begynde og hvor skulle jeg ende? Man må tage i betragtning, at min søn er tilbage i mental udvikling, så han flytter ikke bare sådan hjemmefra og begynder at leve sit eget liv, som andre unge gør.

Vi har her i Danmark et virkeligt godt socialsystem, det vil altså sige, at jeg måtte begynde der. Hele det sociale apparat måtte jeg i gang med for at se, hvad der var af tilbud til ham.

Når og hvis jeg fandt det rigtige til Kenneth, hvilket jeg selvfølgelig troede og håbede på, så var det næste skridt, at jeg skulle have min ejerlejlighed solgt. På det tidspunkt var det så godt som umuligt, og dernæst kom så et andet stort problem: Hvor skulle jeg flytte hen? Hvor ville jeg i dagens Danmark finde en god og billig lejlighed? Det ville være næsten håbløst, der er mange års ventetid på en lejlighed i København. Hvis jeg endelig skulle være så heldig at få en, så skulle det helst være på samme tidspunkt, som min søn eventuelt fik et godt sted at bo. Af økonomiske grunde var det simpelthen nødvendigt. Og ventetid er der på alt, ligegyldigt hvad det drejer sig om.

Det så sandelig ud til, at jeg skulle have heldet med mig, hvis det hele skulle gå op i en højere enhed. Men jeg måtte tage en ting ad gangen, og inderst inde vidste jeg, at med Baba's hjælp ville tingene på en eller anden måde falde på plads, det var jeg ikke et øjeblik i tvivl om. Hvordan, det kunne jeg ikke overskue i øjeblikket, men jeg begyndte så småt at tænke i de baner.

Jeg fik en invitation til en rund fødselsdag fra en af mine venner. Under middagen sad jeg og talte med en af gæsterne, som jeg dog ikke kendte nærmere. Vedkommende sagde pludselig til mig: "Ved De hvad, vi kender nogle mennesker, der har en søn, der meget ligner Deres søn og er på samme alder. Han er for nogen tid siden flyttet hjemmefra og bor i et dejligt bofællesskab med otte-ni andre unge. Han er fantastisk glad for det og deltager i så mange ting. Han er blevet så aktiv, at hans forældre næsten ikke kan kende ham igen. De er så glade på hans vegne. Tror De ikke, det var noget for Deres søn?"

"Det var egentlig mærkeligt," tænkte jeg, for det var faktisk, hvad jeg havde i tankerne på det tidspunkt, og jeg havde ikke talt med vedkommende om min søn da vi som sagt ikke kendte hinanden. Jeg blev nu bestyrket i min tro, at det var det rigtige for Kenneth. Men et er at tænke det, noget helt andet er at føre det ud i livet.

Noget lignende skete omkring tre uger senere. En dame annoncerede i en avis et lille bord til salg, som jeg havde lyst til at købe. Jeg ringede og aftalte tid klokken 16, for som jeg sagde, kunne jeg ikke komme før, da jeg måtte vente på min søn, der gik på dagcenter og først var hjemme klokken 15. Jeg sagde, at jeg ville tage ham med, og at vi ville komme så hurtigt vi kunne. Det var i orden.

Da vi kom, blev jeg meget forbavset. Hun var meget venlig og modtog os, som var vi gamle venner. Hun havde dækket et fint kaffebord, hvilket var usædvanligt, når man tager i betragtning, at vi ikke kendte hinanden.

Vi satte os til rette, jeg regnede med, at vi skulle tale om bordet, da det var det, jeg var kommet for, men det blev slet ikke samtaleemnet. Hun henvendte sig derimod til Kenneth, og sagde: "Ved du hvad, Kenneth, jeg har en søn, der meget ligner dig og er på samme alder. Han er for nylig flyttet hjemmefra og bor nu sammen med otte-ti andre unge i et dejligt hus. Han deltager i forskellige aktiviteter hver dag og går blandt andet til svømning, motion og dans. Han er så glad for sin nye tilværelse, og jeg er så glad på hans vegne. Han har også fået mange kammerater. Kunne du ikke tænke dig at bo sådan et sted?"

"Jo," sagde Kenneth og så glad ud. Han havde lyttet meget interesseret til alt, hvad hun havde fortalt.

Jeg havde siddet og lyttet til hende uden at blande mig og kunne ikke undgå at tænke på, hvad Baba så ofte indprenter mig. Han siger: "Husk, alting går i en ganske bestemt rækkefølge og alt sker i Baba's ånd. Alt er som det skal være, og alt går, som det skal, så gør ikke tingene til problemer, alt ligger i Baba's hænder."

Det sad jeg nu og tænkte på, og følte faktisk, at Han havde lagt alt til rette, som Han ofte havde gjort med så mange andre ting. Jeg spurgte Kenneth: "Kunne du tænke dig at bo med andre unge mennesker i et bofællesskab og være med til en masse forskellige ting hver dag?"

"Ja, ja," sagde han og så virkelig begejstret ud ved tanken om al det nye og spændende, han skulle til at opleve. Jeg må sige, han på det tidspunkt var begyndt at kede sig lidt hjemme, så jeg følte samtidig, at det var det rette tidspunkt at ændre på tingenes tilstand til gavn for os begge.

Min beslutning var taget, jeg var ikke i tvivl et øjeblik. Jeg købte selvfølgelig bordet, det havde vi faktisk næsten glemt alt om, men det var egentlig også af mindre betydning. Jeg havde vigtigere ting at tænke på.

Der gik vel en uges tid, så ringede jeg til socialforvaltningen og spurgte, hvordan jeg skulle forholde mig, og hvor jeg skulle henvende mig. Jeg blev henvist til en person, der havde med det at gøre. Vedkommende ringede mig op, det var en meget venlig kvinde. Vi aftalte, hun skulle komme ud og tale med mig og samtidig hilse på Kenneth.

Hun kom ugen efter. Det første, hun sagde, da hun kom ind i stuen var "Sai Baba." Jeg har et stort billede hængende af Baba, og hun havde hørt om Sai Baba. Hun stod nu og kiggede på billedet. Det siger sig selv, det blev Baba, der kom til at præge samtalen, det hele kom til at foregå i en særdeles dejlig atmosfære.

Der var mange ting, der skulle falde på plads for slet ikke at tale om alle de papirer, der skulle udfyldes og underskrives. Dertil kom, hvor lang ventetid der var. Noget helt andet var, om Kenneth i det hele taget kunne komme i betragtning. Alt dette skulle undersøges.

"Men der er et virkeligt dejligt sted med mange gode faciliteter og dejlige omgivelser. Hvis det kan lade sig gøre, og hvis der er plads, vil jeg gøre alt for, at Kenneth kan komme derud at bo," sagde hun.

Kenneth var meget begejstret og tænkte ikke på andet. Vi talte sammen et par timer, og det lød lovende. Hun ville så ringe ugen efter, hvilket hun også gjorde, og sagde, at hun regnede med, det var i orden. Jeg ville blive ringet op af forstanderen fra det pågældende sted, vi havde talt om.

Han ringede i løbet af et par dage og sagde: "Jeg synes De og Deres søn skal komme ud og hilse på os. Jeg vil også gerne vise Kenneth lidt rundt, så han kan se, hvilke dejlige omgivelser vi har og hvordan han skal bo."

Vi tog derud, og der var virkelig usædvanligt dejligt.

Kenneth fik plads i et bofællesskab, de er ti i alt. Alle har egen stue og badeværelse og en fælles dagligstue. Samtidig er der et stort køkken, hvor en dame står for den daglige madlavning. Ligeledes er der fastansatte lærere til at tage sig af dem. Desuden er der en svømmehal, et motionscenter og en masse forskellige aktiviteter, han kan deltage i efter behov. Og hvad der er det vigtigste af alt: Der er en meget varm, menneskelig atmosfære.

Kenneth skulle flytte derud i løbet af to måneder. Men inden da skulle jeg som sagt have solgt min lejlighed, det overlod jeg til min sagfører. Samtidig skulle jeg selv have noget at bo i, men hvor? Ja, det var et spørgsmål, jeg stillede mig selv. Så kom jeg i tanke om en god ven, som bor i en speciel ejendom, hvor der kun er etværelses lejligheder; de er billige og har en dejlig beliggenhed. Jeg ringede hende op og spurgte, hvordan mulighederne var for at få en lejlighed der. "Skynd dig ind på kontoret og tal med dem," sagde hun. Det gjorde jeg omgående.

Det viste sig selvfølgelig, der også var venteliste, men jeg blev skrevet op, og hun lovede at ringe, så snart der blev en lejlighed ledig. Der gik vel to uger, så fik jeg brev, at jeg havde fået en lejlighed nøjagtig på samme tidspunkt, min søn skulle flytte. Minsandten kom det hele til at gå op i en højere enhed. Vi flyttede i september 1991, hver til sit og til glæde for os begge to. Jeg vidste godt, hvem der havde vist mig vejen og hvem jeg kunne takke for, at alt var gået i orden. Han kom nemlig til mig i en drøm og bekræftede det.

Drømmen

Baba sad i sin stol og kaldte mig hen til sig. Jeg satte mig for fødderne af Ham. Baba så kærligt på mig, idet Han tog min hånd og sagde: "Så rejser du hjem i næste måned, men det bliver to dage senere, end du regner med."

Han sad længe med min hånd i sin og talte til mig. Jeg vågnede langsomt og havde kun Baba i mit hjerte. Jeg vidste, jeg havde valgt det rigtige.

Samme dag ringede jeg til flyselskabet, hvor jeg havde bestilt billet til Indien og spurgte, hvorfor de ikke havde sendt en bekræftelse. "Det er fordi, De stadig er på venteliste, men vi har en plads to dage senere, vil De have den?"

Nu huskede jeg Baba's ord i drømmen og sagde: "Ja tak, den tager jeg."

Langt om længe havde jeg lært lektien og ført den ud i livet. Altså den lektie. Nemlig den, at tage mit liv med min søn op til revision og give ham sit eget liv, så han selv kunne udvikle sig og gå sin egen vej.

Før jeg havde gjort det, kunne jeg heller ikke selv komme videre i min egen udvikling. Nu, senere kan jeg se, hvor rigtigt det var. Han går sin vej og jeg går min, til gavn og glæde for os begge to.

Baba, tak for din grænseløse tålmodighed.

Min søn kom for at sige farvel

Kort efter at min søn var flyttet, kom han til mig i en vision for at sige farvel. Det vil sige den indre Kenneth. Den anden person, den fysiske Kenneth, går nu sin egen vej og udvikler sig i den retning han skal med Baba's hjælp. Det er hans højere selv klar over.

En vision den 5. januar 1992

Jeg lå og sov, da min søn kom frysende og våd ind i sengen til mig. Han havde tilsyneladende været i vandet. Jeg flyttede mig lidt og gjorde plads til ham, han var lidt forfrossen og lagde sig under dynen. Samtidig stod en anden Kenneth våd ved siden af sengen og viste mig sine badebukser.

Jeg sagde til Kenneth, der lå i sengen: "Kommer du for at sige farvel til mig?"

"Ja," sagde han, idet han lukkede øjnene. Han blev i det samme ligesom selvlysende og tonede langsomt bort.

Den anden Kenneth, der stod ved siden af sengen, gik nu ud af mit soveværelse med sine badebukser i hånden. Han viftede med dem, sådan lidt triumferende, som om han fortalte mig, han havde været ude at svømme. Han går nemlig til svømning. I det samme vågnede jeg.

Han havde lige aftenen før ringet til mig og var i øvrigt i strålende humør. Han ringede i nøjagtig samme sekund, som jeg ville have ringet til ham. Det sker ofte.

En drøm den 21. januar 1992

Jeg stod på en banegård og ventede på toget. Jeg skulle hente min søn, som var med. Det var meget forsinket og vi var mange, der ventede.

En mand, som også ventede, kom hen til mig og sagde: "Jeg venter også og jeg kender Deres søn, Kenneth."

"Nå. Ja, toget er jo meget forsinket, så han er nok godt træt."

"Ja," sagde han, "Deres søn er meget træt."

Da kom toget endelig til syne i det fjerne. Men jeg vågnede, inden det nåede frem.

Men jeg kan roligt sige, at han er ikke træt mere. Han har så travlt som aldrig før, og han har udviklet sig kolossalt. Takket være Baba.

Oplevelser i sommeren 1992

En drøm i maj måned

Jeg kom gående ned ad en lang hospitalsgang, og passerede et køkken, hvor der stod to personer og vaskede op. Den ene af dem var minsandten Baba. Han stod og tørrede tallerkener af. Jeg gik hen til Ham og sagde: "Baba, Du skal da ikke stå og vaske op, det kan jeg da gøre."

Baba så kærligt på mig, smilede og sagde: "Jo, jeg kan da sagtens vaske op."

I det samme vågnede jeg.

Jeg var for nylig kommet hjem fra Indien. Men jeg var næppe kommet inden for døren, før der var både det ene og det andet jeg skulle tage mig af. "Ja, straks er der ting, man bliver hvirvlet ind i, det er typisk," tænkte jeg.

Det er det med at forene det indre med det ydre. Det er ikke altid lige let, men det kan lade sig gøre. Det var dette, Baba ville vise mig med denne drøm.

En vision i juli måned

Jeg sad sammen med en kvinde ved et bord. Jeg sad på hendes venstre side. Pludselig faldt der en ring fra hendes venstre hånd ned på bordet og landede lige foran mig. Det var sandelig ikke nogen helt almindelig ring. Den var usædvanlig stor, og selve ringen forestillede to porte. Disse porte gled langsomt til side, idet ringen landede foran mig.

Og hvilket syn. Hele universet åbenbarede sig for mig. Jeg så et øjeblik ud i evigheden. Da gled portene langsomt sammen igen.

Jeg blev dybt betaget af dette syn og sagde, idet jeg gav hende den tilbage: "Det er dog en utrolig smuk ring. Har Baba materialiseret den?"

"Nej," svarede hun.

Vi så længe på hinanden.

"Har Han materialiseret den, De har på Deres højre hånd?" spurgte jeg. Det var en smuk ring med et billede af Baba.

"Ja, det har Han." sagde hun. I det samme vågnede jeg.

En vision i august

Jeg stod med en bog i hånden. Titlen på bogen var *Brev til min el-skede*. Glad og forbavset så jeg på denne smukke bog. Jeg åbnede den og på første side var der et billede af en person, som jeg ikke mente at kende, da billedet var meget dunkelt. Hen over billedet var der skrevet et brev på et sprog, jeg ikke forstod.

Jeg blev nu ligesom ganske langsomt draget hen imod en lysende skikkelse, der tilsyneladende ventede på mig. Idet jeg stod over for hende, viste jeg hende brevet i bogen og spurgte: "Har De skrevet dette brev?"

"Nej," sagde hun og smilede varmt til mig.

"Jamen, det er jo Dem, jeg har fået bogen af."

"Ja," sagde hun stadig smilende og så kærligt på mig. Vi så længe på hinanden; hun havde en vidunderlig udstråling.

Jeg vendte mig nu om, og i det samme så jeg et usædvanligt smukt syn. Baba gik rundt iført en hvid kappe, et overjordisk skønt sted, i blændende hvidt lys. Han kom tættere og tættere på mig og blev større og større. Til sidst så jeg kun Baba's ene øje. Da tonede det hele lang-somt bort igen.

Vidunderligt!

En vision og en drøm i 1993

En vision den 3. februar

Jeg var omringet af et helt hvidt lys og følte mig meget let, luftig og meget glad.

Pludselig kom der en lysende skikkelse hen til mig og spurgte: "Skal vi danse?"

"Ja."

Vi ikke dansede, men nærmest svævede rundt i det hvide lys til den skønneste musik. Musikken kendte jeg, det var *Santa Lucia*. Jeg vågnede i det samme med musikken brusende i mine ører. Det var en meget smuk oplevelse.

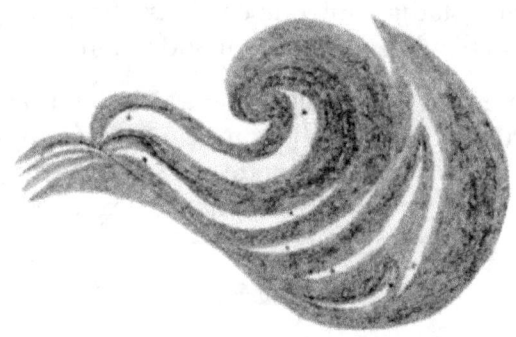

En drøm den 21. februar

Baba kom gående, meget langsomt, hen imod mig, smilende og standsede foran mig.

Jeg bøjede mig da ned og kyssede hans fødder. Han tog mig i hånden og rejste mig op. Derpå rakte han sin højre hånd frem, og jeg kyssede den. Jeg var helt omsluttet af Hans kærlighed.

Baba satte sig nu hen ved et bord, jeg satte mig hen ved siden af Ham. Han fik overrakt en hel del breve fra forskellige mennesker. Han gik nu brevene igennem et for et, jeg så med.

Baba så ind imellem hen på mig.

"Nej, det er ikke min håndskrift, heller ikke det. Jo, det der kunne godt ligne min håndskrift," mente jeg. Baba smilede blot og lagde så brevene til side.

Pludselig rejste Han sig op og jeg gjorde det samme. Baba havde nu tre hvide bolde i hænderne. Han kastede boldene hen til mig, og jeg kastede dem tilbage til Baba.

Der kom flere mennesker til. Det var nu blevet til en leg, en guddommelig leg og alt var morskab. Baba spillede bold med os. Til sidst kastede jeg de tre bolde hen til Baba. Han greb dem og smilede til mig. Legen var forbi for denne gang.

Symboliserer denne drøm, at alt er en leg? Ja, måske burde vi tage hele livet, som var det en leg, hvor svært det end kan være.

Men mennesker, der i dag lider over hele verden, ville uden tvivl ikke så let kunne sige: "Vi tager det hele som en leg." Det er et stort spørgsmål, hver især må stille sig selv.

Baba, Baba. Jeg mangler ord. Du ikke alene leder mig direkte dag efter dag. Du kommer til mig i smukke drømme, hvor Du giver mig både ris og ros. Du giver mig skønne visioner. Og ikke mindst store prøvelser. Du tegner og spiller bold med mig, som var jeg en lille pige. Du er alt for mig. Ikke et sekund kunne jeg undvære Din vejledning.

"Tak, Baba."

Baba's mirakler

At sidde foran Baba og se Ham udføre et mirakel, enten det er en ring eller noget andet, der bliver materialiseret, er i sig selv så fantastisk, at man mangler ord til at beskrive det. Han gør det så naturligt, og så udramatisk, og uden store ord, så det kommer totalt bag på en. Man kan næsten ikke tro sine egne øjne.

Jeg var engang med til et interview. Vi var vel omkring femten mennesker fra forskellige nationer. Jeg sad lige foran Baba's fødder, så jeg havde god mulighed for at se, hvad Baba eventuelt ville finde på.

Pludselig sagde Han til en ung mand fra Tyskland der sad helt nede bag ved: "Kom her op til mig."

Han kom nu op til Baba. Baba sagde til ham: "Hvad kunne du tænke dig at få af mig? En ring med et billede af Jesus eller en ring med et billede af Baba?"

Den unge mand svarede: "Jeg vil gerne have en ring med et billede af Dig, Baba."

"Det skal du få." Baba gjorde nu en lille roterende bevægelse i luften med højre hånd. Og i et nu holdt Han en stor ring i hånden med et billede af Ham selv. Man kan simpelthen ikke nå at se, hvad der foregår, før det hele næsten er overstået, det er fantastisk.

Baba satte ringen på hans finger og holdt en lille tale for ham, derefter bad Baba ham om at sætte sig ned på sin plads igen.

Baba holdt nu et foredrag for os alle. Pludselig holdt Han en pause og sagde til den unge mand, der lige havde fået en ring af Ham. "Giv mig din ring igen."

Baba sagde dette i en streng tone. Den unge mand tog ringen af fingeren og gav den til vedkommende, der sad ved siden af ham, hun gav den videre, til sidst fik jeg ringen i hånden og gav den til Baba.

Baba kastede nu simpelthen ringen op i luften og væk var den. Den unge mand fik den ikke tilbage. Derpå fortsatte Baba sit foredrag. Man var målløs. Baba kender folks tanker, så hvorfor Han tog ringen igen fra den unge mand, det ved kun Baba selv.

For år tilbage var jeg til et andet interview. Vi var vel omkring tyve mennesker fra forskellige steder i verden. Også denne gang sad jeg for fødderne af Baba.

Først materialiserede Han lidt vibhuti og gav det til os, der sad nærmest. Derefter spurgte Han de forskellige, hvor de kom fra. Så talte Han lidt om åndelige ting, og holdt derpå en pause.

Lynhurtigt materialiserede Han en ring og gav den til den kvinde, der sad på min venstre side. Hun blev så paf, at hun gav sig til at græde. Så gjorde Han minsandten det samme igen, og en anden ring kom til syne i Hans hånd. Denne ring gav Han til kvinden på min højre side, hun blev nøjagtig lige så overrasket, som den første kvinde og kunne heller ikke holde tårerne tilbage. Det kom bag på os alle.

Baba så et øjeblik på mig og smilede. Men der blev ikke materialiseret flere ringe. "Ja, ja," tænkte jeg, men bare det at overvære det er fantastisk.

For flere år siden, under et ophold i Puttaparthi, købte jeg et stort billede af Baba, som Han signerede. Det hænger i mit hjem. I begyndelsen kiggede jeg meget på det. Måske, tænkte jeg, at der kommer lidt vibhuti på det, men det gjorde der ikke, så det holdt jeg op med at tænke på, men på et lille billede, jeg har i min tegnebog, falder vibhutien som et vandfald fra Baba's højre hånd over hele billedet. Det er i sig selv et mirakel.

Men Baba selv, er det største mirakel.

Endnu en gang til Indien

Jeg rejste til Indien 2. marts 1993. Baba var i Puttaparthi. Det var dejligt at se Ham igen.

Jeg sad og tænkte på, engang under et andet ophold, hvor Han gav mig en meget speciel modtagelse. Efter min første darshan, da bhajans var overstået, kom en kvinde hen til mig med en yndig rød rose som hun gav mig den med ordene: "From Sai Baba to you." Det var jo smukt i sig selv.

Jeg gik hjem på mit værelse og lagde rosen foran Baba's billede. Tændte lys og en røgelsespind og satte mig lidt foran billedet.

Pludselig, oppe i venstre hjørne af billedet, kom en lille hvid sky til syne. Den cirkulerede ganske langsomt rundt på billedet i omkring fem minutter for til sidst at forsvinde ud i højre hjørne. Det var meget fascinerende at se på. En meget smuk velkomsthilsen.

Men tilbage til dette ophold. Efter en uges tid rejste Baba til Whitefield og jeg fulgte med. Der kom nu flere og flere mennesker, og det varede ikke længe, før jeg syntes, at var det for meget. Der kræves i dag meget af en at være i Baba's fysiske nærhed. Den fredelige atmosfære, der var omkring Ham for femten år tilbage, er der ikke i dag.

Jeg tænkte så småt på at besøge Ramana Maharshi's ashram, der ligger tre timers kørsel fra Madras. Han var en meget stor Mester, blandt andre Paul Brunton's Mester, forfatteren til *Bag Indiens Lukkede Døre*. Ramana Maharshi er forlænget død. Han blev født i 1879 og døde i 1950. Hans ashram eksisterer stadig. Den drives videre af Hans gamle disciple, og der skulle være en meget fin atmosfære der. Hans ånd lever der stadig.

Der gik en uges tid, hvor jeg gik og tænkte på, om jeg skulle rejse eller blive. Jeg var lidt i tvivl. Da kom Baba til mig i en drøm, og min tvivl forsvandt.

Drømmen

Jeg ankommer til et sted med smukke omgivelser og skøn natur. Foran mig, på en forhøjning, sidder en gammel, klog kone. Jeg ved inderst inde, det er Baba. Hun modtager mig med åbne arme.

Hun materialiserer nu et lille stykke papir fra luften; derpå en pen. Hun skriver noget på papiret og giver det til mig. Jeg læser det: "Ikke andre guruer."

"Nej," siger jeg og står med et stort billede af Baba i hånden. "Hvad så med Ham her?"

Hun smiler og nikker til mig. Derpå lægger hun sig op i en hængekøje og gynger frem og tilbage. Jeg forstår, at der er ikke flere spørgsmål at stille. Jeg kan rejse. Det gjorde jeg næste dag, den 23. marts, med Baba's velsignelse. For mig vil der altid kun være en Mester.

Jeg sad i transithallen i Bangalores lufthavn og ventede på at blive kaldt ud til flyet. Jeg skulle til Madras. Pludselig rejste jeg mig op og satte mig et andet sted, hvorfor ved jeg ikke. Men næppe havde jeg sat mig, før jeg i det samme fik øje på et stort billede af Baba, lige nøjagtig foran mig. Et stort billede, hvor Han står og vinker farvel. Jo, min rejse var velsignet, følte jeg, og blev helt varm om hjertet.

Jeg ankom til Madras og blev der natten over, for næste dag at tage videre til Ramana Maharshi's ashram i Tiruvannamalai. Om natten kom Baba til mig i en drøm.

Drømmen

Jeg står et sted og venter på noget; jeg ved ikke hvad. Pludselig ser jeg til min forfærdelse fire mennesker komme hen imod mig, bærende på Baba. De lægger Ham foran mig.

Jeg ser på Baba, som ligger der foran mine fødder, og bliver dybt ulykkelig, for Baba virker, som om Han er bevidstløs, ja måske endda død. Jeg udbryder forfærdet: "Er Baba død?"

Jeg får dog ikke noget rigtigt svar. I stedet siger de til mig: "Kom med os."

Jeg bliver nu ført opad, nærmest båret højere og højere op. Jeg ser ligesom en trappe, der langsomt forsvinder under os.

Vi befinder os i en fantastisk smuk, og meget stor foredragssal, vil jeg nærmest kalde den, for der sidder tusindvis af mennesker.

Og der sidder Baba lyslevende på første række. "Det er dog vidunderligt; Du lever i bedste velgående," tænker jeg. Jeg fornemmer at dørene bag mig lukker. Der bliver nu rakt en telefon hen til Baba. Han tager den, og idet Han ser intenst på mig, siger Han: "Ja, ja, hun er her

97

nu."

Baba ser nu utroligt kærligt på mig, men samtidig meget alvorligt. I det øjeblik forstod jeg, at det fremover ikke er den fysiske Baba, der nu vil få den største betydning for mig, men at den indre Baba.

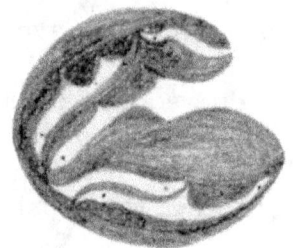

I Ramana Maharshi's ashram

Jeg ankom til Rahama Maharshi's ashram den 25. marts. Det var en drøj tur; fem timer i bus i cirka 40 graders varme.

Men det var alle anstrengelserne værd. Hans ashram er så smuk og så fredfyldt. Ens sind bliver omgående stemt derefter, det kan slet ikke undgås. Man fornemmer Hans ånd overalt. Atmosfæren er helt vidunderlig, en stilhed jeg mærker på krop og sjæl. Her føler man tydeligt, at man er på et meget helligt sted.

Jeg sad ofte en stund i den lille hal, hvor Hans sofa står endnu, og hvor Han gav darshan hver dag for over fyrre år siden. Det var nøjagtig den samme hal, hvor Paul Brunton sad for mange år siden. Det var en meget smuk oplevelse. Paul Brunton (27. november 1898 – 27. juli 1981) var en britisk journalist, forfatter, filosof og mystiker. Han rejste meget i orienten og stiftede bekendtskab med ældgamle spirituelle traditioner, som han derefter præsenterede i sine bøger på en måde, der var forståelig for læsere med baggrund i en europæisk kultur.

Jeg blev der en uges tid. Da følte jeg, at jeg skulle rejse til Kodaikanal, hvor jeg vidste, Baba ville komme først i april. Jeg fløj fra Madras til Madurai. Derfra med bus, tre timers kørsel til Kodaikanal. Jeg ankom til Kodaikanal den 1. april. Baba var endnu ikke kommet, men de ventede Ham hvert øjeblik, blev der sagt. Han kom næste dag. Det var vidunderligt. Jeg glædede mig til at se Ham igen og være i Hans fysiske nærhed nogle uger.

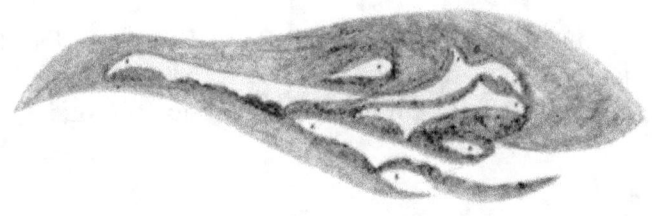

Med Baba i Kodaikanal

Dagene gik hurtigt i Kodaikanal. Baba holdt foredrag hver eftermiddag. Selv om man ofte kun forstår det halve af det, der bliver sagt, betyder det ikke noget. Blot det at se Baba, når Han taler, og ind i mellem synger, er i sig selv et så fascinerende syn, at det ville jeg aldrig have undværet, ligegyldigt hvor anstrengende det kan være at sidde og lytte i tre timer.

Baba taler på telegu, som er Hans modersmål. Det bliver så oversat til engelsk via en tolk. Selv om det er noget af en prøvelse at sidde i skrædderstilling så tæt som sild i en tønde i mange timer, gør man det alligevel. Det må jo nødvendigvis være sådan i dag, hvor tusindvis af mennesker kommer for at opleve Ham.

Samtidig er klimaet meget skiftende i Kodaikanal, da det er en bjergegn. Det er ofte iskoldt om natten. Den ene dag styrter regnen ned, den næste dag kan det være 30 grader. Og så op klokken fem om morgenen. Jo, der skal et godt helbred til.

Der kom nu flere og flere mennesker. Dertil larmen fra de mange busser med tilhængere og taxaer i lange baner, så man gang på gang sidder fast i en trafikprop. Det er lige før man overvejer at købe ørepropper. For slet ikke at tale om forureningen fra alle bilerne. Alt dette må man være indstillet på, hvis man ønsker at se Sai Baba. Og det kan man også, når man tænker på formålet med rejsen.

Men da jeg havde været der i tre uger, længtes jeg trods alt efter at komme hjem. Men det forlød, at Baba ville blive der en måned, så jeg tænkte: "Den sidste uge må du tage med."

Min plan var, at når Baba rejste til Bangalore og videre til Whitefield, ville jeg blive i Bangalore, slappe af på et hotel nogle dage og langsomt forberede min hjemrejse. Da kom Baba til mig i en drøm om natten.

Drømmen

Jeg var ansat på et stort teater. Jeg var efterhånden godt træt af at være der og sagde til en af mine kolleger: "Jeg tænker på at rejse, jeg bryder mig ikke om at være her længere. Jeg synes ikke, her er den rette ånd mere."

Hun siger da til mig: "Hvis du vil rejse, skal du med her ind på kontoret og sige, at du rejser."

I det samme kommer Baba ud af en dør og siger myndigt til mig: "Nej, du skal ikke derind. Du skal med mig herind."

Baba lukker døren op for mig, og jeg kommer med ind i Baba's privatbolig. Der sætter Han sig i en stol, og jeg sidder for fødderne af Ham. Baba smiler til mig, og jeg siger da til Ham: "Jamen, Baba, jeg har jo været ansat på teatret."

"Ja, men det er du ikke mere."

Han ser meget kærligt på mig, idet Han omfavner mig og kysser mig på kinden, som en far, der tager afsked med sin lille datter: "Nu rejser du hjem."

I det øjeblik føler jeg mig meget lykkelig. Så siger Han pludselig: "Se der."

Og foran os står der en helt anden Baba. Han er klædt i blåt fløjl og har lange sorte krøller, der hænger ned på hver side. Han står og smiler til os, denne gang som Krishna. Da vågnede jeg og vidste, jeg kunne rejse med Baba's velsignelse. Hvilket jeg gjorde næste dag.

Baba siger ofte i sine taler: "I er alle skuespillere på livets store scene. Hver især har I fået tildelt en rolle. Spiller I rollen godt, skaber I god karma. Spiller I rollen dårligt, skaber I dårlig karma."

Det er symbolikken i denne drøm.

Jeg ankom til Bangalore, flyttede ind på et hotel og slappede af. Jeg var så heldig at få en plads i flyet helt til Danmark den fjerde dag, så jeg havde altså tre dage til at tænke tilbage på tiden hos Baba og sige farvel. Ikke mindst tænkte jeg meget på drømmene.

Tiden nærmede sig nu, hvor jeg måtte tænke i andre baner. Nemlig på alt det praktiske vedrørende min hjemrejse. Da fik jeg en smuk vision den sidste nat i Indien.

Visionen

Jeg var på et sted, hvor alt var meget lyst, og jeg havde lidt halvtravlt, da jeg skulle nå et tog. Jeg begyndte nu at løbe for at nå toget.

Pludselig føler jeg, at vi er to, der løber. Jeg ser til min undren, at der løber en kvinde ved min side. Det er som vi kender hinanden. Det må være mit højere selv? Alt imens vi skynder os af sted, føler jeg der er noget, jeg absolut må fortælle hende, men det er mig umuligt at huske, hvad det er. Jeg anstrenger mig for at huske det, men det lykkes ikke. Det eneste, jeg ved, er, at det er noget med nogle drømme om Baba.

I det samme siger hun til mig: "Jeg har her de sidste billeder, der er taget af dig," hvorpå hun ligesom kaster billederne hen foran mig, tre-fire stykker, der et øjeblik svæver i luften. Jeg ser flygtigt på dem; ser endnu en gang, jo, det er rigtigt nok, det er mig, men sandelig noget forandret.

Jeg ser, at jeg er blevet til en lysskikkelse. Jeg har et afklaret udtryk i ansigtet. Løse, lysende gevandter hænger omkring mig. Mit hår er helt lyst og strøget tilbage. Jeg ser meget lykkelig ud. Jeg vil i det samme sige noget til kvinden ved min side om billederne, men da er hun væk.

Toget kom nu brusende ind på perronen. Og hvilket skønt syn. Det var det smukkeste tog, jeg nogensinde havde set. Det strålede i alle regnbuens farver. Det standsede og dørene gled op. Jeg kiggede ind i kupéerne. Forbavset så jeg ind i noget, der lignede skønne, blomstrende stuer. Der var vidunderlige farver og pragtfulde blomster overalt. Jeg var målløs.

Jeg råbte: "Hvor kører toget hen?" Men det var tilsyneladende ikke det tog, jeg skulle med; desværre, for dørene gled i og toget kørte videre. Jeg vågnede da op til virkeligheden, og det var lige før, jeg ønskede mig tilbage.

Jeg mangler de store ord, når jeg skal beskrive de skønne oplevelser. Men så tænker jeg på, hvad Baba så ofte siger til mig:

> Gør blot det, du skal gøre hver dag,
> så godt du kan, så gør Baba resten.

Hjemme igen

Jeg var hjemme igen. Det var først i maj. Det er altid dejligt at komme hjem til det lidt køligere klima, vi har i Danmark.

I går, den 15. juni 1993, satte jeg mig endelig til min skrivemaskine og renskrev første kapitel af denne bog. Da kom Baba til mig i en drøm om natten.

Drømmen

Jeg sad i et venteværelse og ventede tilsyneladende på at blive kaldt ind. Pludselig gik døren op, og Baba kom ud.

"Vær så god at komme indenfor."

"Skal jeg ind til en samtale?"

"Ja, det skal du."

Jeg sad nu ved Baba's side. Han smilede varmt til mig, idet Han gav mig en yndig lille bog. Den var indbundet i brunt skind med små guldroser over det hele.

Baba gjorde nu tegn til, at jeg skulle kigge i bogen. Jeg bladede forsigtigt i den, jeg så dog ikke, hvad der stod, og var nu kommet til sidste side.

Og der, bag i bogen, var der en lille plastiklomme. I den lå der nogle små poser med prasad, som er guddommelig føde. Jeg lukkede en af de små poser op og spiste lidt af det, imens Baba smilende så til.

Lidt efter rejste Han sig og fulgte mig hen til døren. Jeg gik da varm om hjertet og meget lykkelig med denne smukke bog i mine hænder, som jeg følte Baba havde velsignet.

Det er juni måned og det skulle efter kalenderen være sommer, men hvad vejret angår, tror man nærmest, det er efterår. Det er køligt med regn og blæst, men ind i mellem skinner solen dog. Alligevel er det kun 14-18 grader. Så jeg tænker på at tage en tur til en af de græske øer for at få lidt sol og sommer. Dernede er der cirka 30 grader og vejret er stabilt.

Samtidig ville jeg gerne fortsætte med at skrive, men jeg har ingen rejseskrivemaskine. Jeg har en bekendt, der har en forretning, dels med antikviteter, men også med alt muligt andet. "Det kunne jo være, han havde en rejseskrivemaskine," tænkte jeg. Så jeg ringede ham op og spurgte ad.

"Jo, jeg har et par stykker stående, blandt andet en dejlig lille, let en. Den kigger jeg på og gør den i stand til dig."

"Okay, jeg kommer ud til dig i næste uge."

Jeg tog ud til ham ugen efter for at se på den. Han havde gjort den i stand, så den var nu så god som ny. Den stod på et bord, jeg gik hen og satte mig ned for at prøve den. Og minsandten, den var orangefarvet. "Baba, Baba," tænkte jeg. Jeg var allerede på vej.

Det var blevet først i juli, og jeg skulle rejse til Grækenland om en uge, så jeg havde travlt med at pakke kuffert, ikke at forglemme den orangefarvede skrivemaskine. Det ville blive en kombination af arbejde og ferie. Det syntes jeg var dejligt. Den sidste nat før jeg rejste, kom Baba til mig i en drøm.

Drømmen

Jeg sad mellem en mængde mennesker og ventede på Baba. Pludselig kom en kvinde hen og satte sig ved siden af mig: "Må jeg ikke godt få lov til at røre ved den ring, du har fået af Baba?"

Jeg så på min hånd: "Næ, jeg kan ikke se nogen ring, så jeg har ikke fået en ring af Baba." Det er ringen, der spøger igen.

I det samme kommer Baba, standser og smiler til mig, men går videre. Pludselig vender Han resolut om og kommer tilbage, idet Han materialiserer en stor håndfuld vibhuti til mig. Derpå vender Han om og går. Jeg vågnede og vidste, jeg endnu en gang kunne rejse med Baba's velsignelse.

I dag er det den 17. august 1993. De sidste kapitler jeg skrev under min ferie i Grækenland, har jeg liggende her; de går nu videre til renskrivning. Jeg regnede med, at det var slutningen, men så i nat kom Baba til mig i en drøm.

Drømmen

Jeg sad mellem mange mennesker og ventede på Baba. Der var ingen, der rigtig vidste om Han kom; folk var meget i tvivl.

Først var vi mange mennesker, der ventede, men en efter en gik de. Til sidst var vi kun nogle få stykker tilbage. Og vores tålmodighed blev belønnet.

Pludselig åbnedes en dør ganske langsomt, og Baba's ene arm kom til syne. "Åh, Han kommer," tænkte jeg. Døren gik nu helt op og Baba kom ud. Han kom langsomt hen imod os, Han tog et par breve og nærmede sig nu det sted, hvor jeg sad ... men gik forbi, uden så meget som at se på mig. Jeg sagde da til Ham: "Baba, Baba."

Han vendte sig øjeblikkelig mod mig og sagde: "Åh," smilede og kom med det samme tilbage, og stod nu foran mig. Han tog sin kappe til side, og jeg fik da lov til at kysse Hans fødder. Derpå satte Han sig ned ved siden af mig.

Han holdt nu sin venstre hånd i vejret, alt imens Han så drillende på mig. Med højre hånd talte Han fingrene på venstre hånd: en, to, tre og fire, så standsede Han og smilede til mig. Jeg vidste, Han mente nummer fire er den finger, man bærer sin ring på.

Ego & temperament

En drøm den 2. september 1993

Jeg gik sammen med en mand i en meget smuk natur. Vi diskuterede ivrigt, emnet husker jeg dog ikke mere, men vi var dybt uenige. Han holdt stejlt på sit, og jeg selvfølgelig på mit.

Diskussionen steg efterhånden til uanede højder, for derefter at blive til et skænderi. Han blev til sidst aldeles rasende, blot fordi jeg havde en anden mening. Jeg syntes derimod, han var fuldstændig tåbelig.

Nu kunne han ikke beherske sig længere, temperamentet løb helt af med ham, og pludselig stod han med en slags haveredskab i hænderne; det var med skarpe tænder vendt direkte mod mig.

Da jeg så det, blev jeg bange og løb. Han løb efter mig og indhentede mig. Vi stod et sekund stejlt overfor hinanden. Da stod jeg pludselig med redskabet i hænderne. Idet jeg fik det, forvandledes det til blødt metal. Det blev mindre og mindre for til sidst helt at forsvinde.

Vi stod helt overvældet og så på hinanden. Jeg var dybt bevæget og sagde til ham: "Ja, Baba's evner er uden grænser."

Han så lidt uforstående på mig: "Det, her kan ikke imponere mig."

"Fatter du da slet ikke noget af det hele?"

"Hvad er det, du vil have jeg skal fatte?"

Nu blev jeg for alvor irriteret på ham, og inden længe var diskussionen i gang igen.

Det samme gentog sig, vi råbte i munden på hinanden. Og pludselig stod han igen med det faretruende redskab i hænderne. Jeg blev igen bange og begyndte at løbe, også denne gang indhentede han mig, og igen stod vi stejlt overfor hinanden.

Pludselig stod jeg igen med redskabet i mine hænder. Så snart jeg havde fået det i hænderne, forvandledes det til det yndigste lille spisebestik. En ske, en kniv og en gaffel.

Vi stod begge dybt betaget og så på dette mirakel alt imens vi beundrede det smukke bestik. Jeg var meget bevæget. Der var helt stille, vores diskussion var forbi, vi havde sluttet fred.

Jeg så da på ham, og tårerne løb ham ned af kinderne. Han var totalt forandret. I det samme sagde han til mig: "Ja, Baba's evner er uden grænser." Vi så på hinanden og havde kun Baba i tankerne.

Hvem af os der havde ret, var pludselig ikke så vigtigt længere. Jeg sagde da til ham: "Ja, det her må jo med i bogen." Det er det hermed kommet.

Her er vist noget, vi alle kan nikke genkendende til.

En drøm den 10. september 1993

Jeg stod og så på et stort billede af Baba. Da jeg kiggede nærmere efter, så jeg, at der fra Baba's højre hånd hang en yndig perlekæde i alle regnbuens farver. Den var meget lang og nåede helt ned til gulvet.

Måske symboliserer perlekæden, at hver en vision og drøm er en perle, og det er jo nøjagtig, hvad de er.

Jeg satte mig nu ned og begyndte at tegne og sagde til en ven, der var til stede: "Jeg kan i virkeligheden ikke tegne."

"Jo du kan," sagde hun.

Så snart jeg var begyndt at tegne, forandrede tegningen sig. "Skynd dig og kom ind og se; tegningen har forandret sig," sagde jeg. Hun skyndte sig ind til mig og kiggede med over skulderen. Idet vi begge så på tegningen, forandrede den sig igen. Denne gang til et portræt, et brystbillede. Det forsvandt hurtigt igen, vi nåede desværre ikke at se, hvem det forestillede. Da vågnede jeg.

Dagen før havde vi været sammen og havde gennemgået noget af manuskriptet til denne bog. I bogen er der skrevet om en vision og en drøm, hvori Krishna kom til mig.

Jeg havde spurgt min ven, om hun ikke kunne tænke sig at tegne Krishna, netop til den side, hvor visionen og drømmen er beskrevet. Hun kan nemlig tegne. "Jeg vil gerne prøve, men det er ikke sikkert, jeg kan," sagde hun.

Vi snakkede frem og tilbage om det. Det sidste jeg sagde, var: "Vi må nok hellere vente og se, hvor meget plads, der bliver til en tegning. Måske bliver det kun til et brystbillede af Krishna."

Slut på første del

Med Sai Baba ved Min Side
Anden del

af Marguerite Jalving

En usædvanlig beretning fortsætter

En tak (for anden del)

Først og fremmest er min tak rettet til Sai Baba for alle de smukke drømme og visioner ... her mangler jeg ord. Tak for den så helt igennem personlige vejledning. Uden den var denne bog aldrig blevet til.

En stor tak til Erik Istrup, der på forunderlig vis pludselig dukkede op på rette tid og sted for at påtage sig det store arbejde, det indebærer at udgive min bog nummer to. Ingen kunne have gjort det bedre end ham.

Ligeledes retter jeg en stor tak til Karin Valentin, som har udført et meget fint arbejde med at samle trådene og læse korrektur på en del af bogen.

Ligeledes retter jeg en tak til Erik Istrup, som har udført et stort arbejde med at læse korrektur og redigere bogen.

Men intet er tilfældigt; Baba leder alt.

SAI RAM

Marguerite Jalving

Indledning (for anden del)

Da min første bog, "Med Baba ved min side" udkom i juli 1994, regnede jeg ikke med, at jeg skulle skrive endnu en bog.

Men Baba fortsatte med at komme til mig i drømme og visioner. Og dem skrev jeg selvfølgelig ned, da de jo er ligeså fantastiske og smukke, som dem i min første bog.

Jeg blev da klar over, at Baba forventede, dette af mig. Så derfor kommer der endnu en bog, det er Baba's mening og derfor fortsætter jeg.

*

En dyb tak til Sai Baba, der giver mig disse guddommelige oplevelser, og samtidig giver mig dette dejlige arbejde.

*

Marguerite Jalving

Mester og elev

En smuk drøm engang i 1993

Jeg var en ung pige, der lige var flyttet hjemmefra, jeg havde en vidunderlig far, som jeg elskede højt og samtidig savnede meget. Han var bekymret for, hvordan det gik mig og kom derfor en dag på besøg.

Jeg var lykkelig for at se ham igen. Så jeg løb hen for at hilse på ham og ville lægge armene om halsen på ham, som jeg plejede at gøre. I det samme jeg løftede mine arme, standsede han mig, holdt blidt om mine håndled, så kærligt på mig og sagde: "Skal vi sige Mester og Elev?" idet han samtidig forvandlede sig til Baba.

Ved dette syn blev jeg dybt bevæget: "Ja, Baba."

Fra dette øjeblik var jeg elev af Baba. Først da lagde jeg mine arme om halsen på Ham: "Jeg elsker dig, Baba." Jeg følte mig som en meget lykkelig, lille pige.

Baba holdt mig et øjeblik lidt ud fra sig, samtidig så han ømt og kærligt på mig, og sagde: "Baba elsker dig endnu højere."

Jeg mangler ord til at beskrive, hvad jeg følte.

Vidunderligt!

Min søn forsvandt

På Baba's fødselsdag, den 23. november 1993, var der ingen, der anede, hvor min søn befandt sig fra klokken otte om morgenen til omkring klokken tyve om aftenen, undtagen min søn selv, og han fortæller jo ingenting, da hans ordforråd er meget lille. Kun Baba vidste det. Men det vidste jeg ikke på det tidspunkt. Min tro på Baba blev sandelig sat på en hård prøve.

Jeg blev ringet op ved 18-tiden og fik at vide, at min søn var forsvundet. Han var ikke kommet hjem fra værkstedet om eftermiddagen, som han plejede.

"Han er efterlyst i alle busser og taxaer. Ligeledes har vi ringet til alle hospitaler, men uden resultat. Vi må nu henvende os til TV, så han kan blive efterlyst i TV-avisen klokken 19." sagde hun. Det var lederen fra bofællesskabet, hvor Kenneth bor, der ringede. Alle var dybt rystede, ikke mindst jeg selv, da jeg fik meddelelsen.

Netop den dag var det et frygteligt snevejr, bidende koldt og meget glat. Det var forfærdeligt at tænke på, at man ikke anede, hvad der var hændt ham. Jeg kunne kun gøre én ting: Bede til Baba.

Tyve minutter senere blev der ringet. Han var fundet i god behold, midt på Rådhuspladsen, langt væk fra hvor han bor. Han var lidt forfrossen, men ellers okay. Det var en af vikarerne fra bofællesskabet, der fandt ham. Da min søn har diabetes og havde været væk hele dagen, tog lederen ham omgående på Rigshospitalet, da hun selvfølgelig var bange for, at der var et insulinchok på vej. På Rigshospitalet undersøgte de hans blodsukker, Det viste sig at være helt normalt, endda meget fint, og det til trods for, at han stadigvæk havde sin madpakke i tasken, som han har med sig hver dag. Altså havde han tilsyneladende ikke fået noget at spise hele dagen. Hvordan kunne det lade sig gøre, når man ved, at en diabetiker skal have sin mad til tiden, det er meget vigtigt for at undgå insulinchok? Kenneth får insulin både morgen og aften, så det virkede alt sammen meget mærkeligt.

Da de kom hjem, viste det sig, at han slet ikke havde været på værkstedet. Det fik de bekræftet næste dag. Det vil sige, at han i ti timer hverken havde fået vådt eller tørt, men besynderligt nok var blodsukkeret som sagt helt i orden. De forstod intet af det hele. Jeg selv forstod lige så lidt, men vi var alle lykkelige over, at han var hjemme i god behold.

Efter at jeg var kommet mig over forskrækkelsen og havde talt med

Kenneth i telefonen, og var blevet klar over, at han havde det godt, åndede jeg lettet op. Dog var der ingen af os, der kunne få andet ud af ham, end at han havde kørt i bus.

Jeg spekulerede en del over, hvad han mon egentlig havde foretaget sig. For det i sig selv at køre i bus en hel dag, uden at nogen lægger mærke til det, kan næsten ikke lade sig gøre. Desuden var han jo efterlyst i alle busser, så det hele virkede meget mystisk. Endnu mere mystisk blev det hele, da Baba kom til mig i en drøm to dage senere.

En Drøm den 26. november 1993

Vi var mange mennesker, der stod i en rundkreds i en stor smuk, rund sal og ventede på Baba. Vi så alle op på den skønneste krystallysekrone, der hang i loftet. Den var meget stor og strålede ud til alle sider i al sin glans.

Baba kom nu ind, standsede et øjeblik, og talte med nogle tilhængere på den modsatte side af, hvor jeg stod. Pludselig vendte Han sig om, kom direkte over mod mig og standsede lige foran mig.

En kvinde, ved min højre side, begyndte at spørge Baba om en hel masse på en gang. Baba så blot på hende. Hun spurgte i det uendelige om ligegyldige ting. Til sidst sagde jeg til hende: "Ti dog stille, kan du ikke se, at Baba vil sige noget vigtigt til mig". Hun så forbavset på mig og tav.

Baba sendte mig et strengt blik og sagde skarpt, idet Han pegede op på den store krystallysekrone: "Pas på du ikke får den ned i hovedet". Jeg vågnede i det samme og lå og tænkte: "Betyder det mon, at jeg skal have lysekronen ned i hovedet, før lyset går op for mig?

Den følgende weekend kom Kenneth hjem. Jeg tænkte, at jeg ville tale lidt med ham om hans besynderlige forsvinden.

"Kenneth, den dag hvor ingen vidste, hvor du var, og du var væk hele dagen, kørte du da rundt i bus hele tider?"

"Nej."

"Jamen gik du rundt i gaderne og så på vinduer?"

"Nej."

"Du må da have foretaget dig et eller andet, og din madpakke hav-

114

de du slet ikke spist? Sig mig, fik du mad et eller andet sted?"

"Ja," sagde han, og så ikke det mindste ked ud af det.

"Det lyder da spændende. Der kom måske en og bød dig på en god middag?" sagde jeg nærmest i sjov.

Til min store forundring sagde han højt og tydeligt: "Ja."

Jeg så lidt på ham: "Var det en dame, der bød dig på middag?"

"Nej, nej."

"Var det måske en mand?"

"Ja."

"Var det en gammel mand?"

"Nej, nej," sagde han og blev mere og mere ivrig.

"Var det måske en ung mand?"

"Ja, ja."

Det blev mere og mere mystisk.

På hele den besynderlige samtale forstod jeg, at da Kenneth havde siddet i bussen, var der kommet en ung mand hen til ham. De var så taget ind til byen og havde tilbragt dagen sammen. De havde spist middag sammen og set på juleudstilling, og senere havde de drukket te. Jeg forstod samtidig på Kenneth, at den unge mand kendte Baba. Han havde også set Kenneths medaljon, som Baba har materialiseret til ham for mange år siden. De havde haft en dejlig dag sammen, og Kenneth havde følt, at han havde været sammen med en god ven. Og denne gode ven havde sagt farvel til Kenneth på Rådhuspladsen, umiddelbart før han blev fundet.

"Og så blev du kørt i ambulance til Rigshospitalet, hvor dit blodsukker blev tjekket, og det var helt normalt."

"Ja," sagde han og grinede.

"Der har du altså en god ven helt for dig selv."

"Ja, ja," sagde han og så glad ud.

Hvad skal man dog tro? Og hvor mange mon der skulle lære noget af dette. Samtidig havde jeg drømmen med krystallysekronen i erindring. Det hele virker så utroligt, at man ikke ved, hvad man skal tro. Et par uger senere skete der noget højst besynderligt.

Mystisk

Søndag omkring klokken 14, den 12. december 1993

Jeg sad og læste korrektur på mit manuskript, da det ringede på døren. Jeg gik ud og lukkede op og blev højst forbavset, for uden for døren stod en ung mand, der meget høfligt spurgte: "Undskyld, bor her ikke en lille dreng ved navn Bent Bogèn?"

"Næ, det gør der ikke."

Vi så undrende på hinanden og smilede lidt begge to.

"Det må De meget undskylde," sagde han meget høfligt og gik igen.

Jeg arbejdede videre, men tænkte, at det egentlig var et højst besynderligt spørgsmål at stille.

Jeg tænkte på den unge mand og det, som han havde sagt. Bent Bogèn - BB – nej, det var for utroligt, men det endte med, at jeg skrev det hele ned. Senere skulle det vise sig at blive endnu mere mærkeligt.

Om eftermiddagen talte jeg i telefon med en veninde og fortalte hende om episoden. Hun syntes også, at det lød mærkeligt. Om aftenen ringede hun igen helt ophidset og sagde: "Nu skal du bare høre. Jeg har hele dagen tænkt på det, du har fortalt mig om ham, der kom og spurgte efter en lille dreng ved navn Bent Bogèn. Bent, Bent, tænkte jeg hele tiden; der er noget med navnet Bent. Til sidst gik jeg hen og slog op i et leksikon og fandt ud af, at Bent er en forkortelse af Benedictus og Benedictus betyder velsignelse"

Jeg lyttede dybt fascineret: "Og hvis man tænker over det, han sagde: Bent Bogèn, og fjerner apostroffen over e'et i Bogèn, så står der bogen."

Denne oplevelse måtte betyde at

min bog var blevet velsignet.

Det varede lidt, før det gik op for mig. Jeg kunne næsten ikke tro det. Var det virkelig Baba, i skikkelse af en ung mand, der havde været og velsignet min bog? Og var det i så fald den samme unge mand, som Kenneth havde været sammen med hele dagen, nemlig den 23. november på Baba's fødselsdag. Ja, så havde han i sandhed været sammen med en god ven.

Det overgår min fantasi, det er for fantastisk, selv om jeg ved, at Baba kan komme i alle skikkelser. Det er beskrevet mange steder. Om natten fik jeg en vision, der gjorde det hele endnu mere sælsomt.

En vision den 13. december 1993

Min søn og jeg var et sted sammen, jeg ved ikke, hvor det var, men der var mange mennesker, og det var meget varmt.

Pludselig så alle op samtidig med, at de råbte: "Se han kommer, se han kommer."

Alle så vi op i et fantastisk lyshav. Midt i dette strålende lys kom der langsomt en skinnende trappe til syne.

På trappen tonede en lys skikkelse frem. Han kom langsomt gående ned mod os. Det var en ung mand; guddommelig at se på. Han var omgivet af helt hvidt lys og klædt i en farvestrålende dragt.

Han var nu nået helt ned, og stod midt iblandt os. Der var dog så mange mennesker omkring ham, så det var umuligt for os at se ham. Det måtte vi helt opgive og gik derfor videre.

Da vi var kommet bort fra menneskemængden og gik et mere fredeligt sted, kom han pludselig hen imod os. Han havde favnen fyldt med farvestrålende blomster. Han kom nu helt hen til os. Så intenst på os, smilede hjerteligt og gav os hver en yndig blomst, smilede igen og gik videre. Han var vidunderlig ren at se på; ikke af denne verden. Derefter vågnede jeg og kunne stadig se ham for mig. Det var en utrolig smuk oplevelse.

En drøm den 16. december 1993

Kenneth og jeg var på vej hjem fra en rejse. Vi ankom til jernbanestationen med to tunge kufferter. Der var mange forskellige tog og utroligt mange mennesker. Det hele var meget forvirrende. Jeg standsede op et øjeblik og tænkte, "hvilket tog skal vi mon med?"

I det samme kom en sød kvinde hen til mig og spurgte: "Skal jeg ikke hjælpe Dem med bagagen?"

"Jo tak, det må De gerne."

Hun tog nu Kenneth ved hånden, og sammen gik de med bagagen i forvejen. Jeg mødte i det samme en ven, som jeg faldt i snak med. Vi talte lidt sammen. Pludselig så jeg, at kvinden og Kenneth var kommet langt væk fra mig. Jeg sagde farvel og fik fart på for at indhente dem. Jeg kæmpede mig igennem mængden, men da jeg endelig nåede frem, hvor jeg sidst havde set dem, var de væk.

Jeg så mig omkring, helt forvirret, men de var som forsvundet op i den blå luft. Jeg stod alene tilbage uden bagage.

Baba siger ofte: "I slæber rundt på for meget bagage."

Baba mener materiel bagage. Han sagde det engang direkte til mig under et interview.

En drøm den 20. december 1993

Jeg drømte, at jeg havde fået en lejlighed og gik nu rundt i lejligheden og så på den. Jeg var yderst tilfreds.

Jeg stod og så ud ad vinduet. Der var den skønneste udsigt. En vidunderlig vandmølle, hvor det dejligste, rene vand brusede fra hjulet, der løb rundt. Samtidig var naturen usædvanlig smuk, med blomstrende enge så langt øjet rakte.

Jeg spurgte da: "Hvem skal bo her?"

En stemme svarede. "Det skal …" mere hørte jeg ikke, og jeg så heller ikke, hvem der svarede.

Jeg ved ikke hvorfor jeg stillede spørgsmålet, da det jo skulle blive min lejlighed, men der kan ske underlige ting i drømme.

I det samme så jeg ind i et dejligt soveværelse. I sengen lå en kvinde, der lignede mig selv. Jeg gik derind, og hun spurgte mig: "Må jeg ikke godt blive boende lidt endnu?"

"Jo, det må du gerne, men højst nogle måneder."

Da vågnede jeg. Det var næsten ikke til at bære. Det var altså kun en drøm. Jeg håber den bliver til virkelighed, men desværre bliver det aldrig med den udsigt.

Hvor længe skal jeg mon vente?

Nogle fantastiske drømme sidst i december 1993

Jeg sad på en altan i en liggestol i et hus ved en skøn strand og så ud over havet. Jeg tænkte: "Du burde sidde helt nede ved havet." I det samme svævede stolen med mig ud over altanen og jeg sad omgående nede ved strandbredden. Jeg var forundret.

*

Jeg stod i et højhus på en altan og så ned. Langt nede så jeg en familie, der boede i et hus med en dejlig have. Hele familien kom ud i haven med pengekassen og flere regnskabsbøger.

De satte sig ned ved et stort bord. Det så ud som om de skulle til at gøre dagens salg op. Det virkede meget harmonisk. Da så jeg, at der på alle bøgerne var et billede af Baba. Det har nok været en lykkelig familie.

*

Jeg så himmelrummet fyldt med engle, der kom svævende; nogle i flok, andre alene. Det var et ubeskriveligt skønt syn i den mest vidunderlige lyseblå farve og alt var som dækket af diamantstøv, der gav det hele et funklende skær.

*

Jeg tilbad meget højtideligt en lille bitte figur. Der var en åndelig skikkelse ved min side.

*

Jeg trådte på en slags pedal, som jeg styrede med en lille kontakt, som jeg holdt i højre hånd. Jeg fløj da rundt i hele Universet.

*

En lille, henrivende balletpige kom løbende sammen med balletkorpset fra teatret på vej hjem. Hun havde danset i mange timer, var meget træt og sagde pludselig meget indsmigrende til mig: "Åh, bær mig resten af vejen," hvad jeg omgående gjorde.

*

Jeg så op på en smuk himmel og i det samme gled skyerne til side, så der blev en lille åbning. Der så jeg ind på en solbeskinnet strand. En stille, vidunderlig atmosfære strømmede ud mod mig.

I en liggestol sad en kvinde, der lignede mig selv; helt afslappet. Alt åndede fred og ro. Hun så ud på mig. Vi så et øjeblik på hinanden. Jeg begyndte at gå, men tænkte så, "jeg vil vinke til hende." Men da jeg vendte mig om for at vinke til hende, var skyerne gledet sammen igen.

*

Jeg svømmede længe neddykket i det mest vidunderlige klare vand med åbne øjne og undrede mig meget over, hvordan dette kunne lade sig gøre.

Endnu en usædvanlig oplevelse

Den sidste nat i 1993 skete der noget højst besynderligt. Midt om natten vågnede jeg ved en slags støj. Jeg rejste mig halvvejs op og ville tænde lyset, men min hånd gik lige igennem kontakten, uden lyset blev tændt. Samtidig følte jeg mig meget døsig.

Jeg kiggede ind i stuen og så, at min sofa var redt op helt i hvidt. Skinnende hvidt var det. I dette pragtfulde hvide sengetøj lå en dreng og sov. Den hvide dyne nåede helt ned til gulvet.

Idet jeg så derover, rejste han sig også halvvejs op, hvorpå jeg sagde: "Læg dig bare ned igen, Kenneth og sov videre. Det er for tidligt at stå op." Det gjorde han så, og jeg gjorde det samme.

Jeg lå lidt og blev efterhånden lidt mere vågen. Med et blev jeg helt klar i hovedet og tænkte: "Hvad er det her egentlig for noget? Kenneth er jo slet ikke hjemme på weekend." Når han er hjemme på weekend sover han nemlig på den sofa.

Jeg blev nu helt vågen og tændte lyset. Denne gang virkede kontakten. Jeg rejste mig helt op i sengen og så endnu engang ind i stuen. Og da var drengen i det hvide sengetøj forsvundet. Sofaen var som den plejede at være.

Ja, hvem mon det var, der lå på min sofa i det hvide skinnende sengetøj. Man kan kun gætte. Men min søn var det i hvert fald ikke.

En glædelig dag i januar 1994

Den 11. januar 1994 fik jeg et meget vigtigt brev. Af brevet fremgik det, at jeg havde fået en lejlighed, større og betydelig bedre end den, jeg havde.

Jeg skulle flytte den 1. februar 1994, hvilket betød, at der kun var tre uger tilbage, så jeg fik pludselig nok at se til.

Manuskriptet til min bog, *Med Baba ved min side*, var færdigt. Om nogle dage ville den så gå videre til trykning. Min opgave var da fuldført.

Det gik nøjagtigt som i drømmen, hvor jeg fik at vide, at jeg havde fået en lejlighed. Den fik jeg altså nu, cirka to måneder efter. Dog må jeg undvære udsigten med vandmøllen, men det gør ikke så meget.

Kom så ikke og sig, at noget er tilfældigt. Når man bliver ledet af Baba, er intet tilfældigt. Alt er fantastisk.

Samtidig tænkte jeg, at det egentlig var lidt vemodigt at give mit manuskript fra mig. I mange måneder havde jeg arbejdet på det, så det var blevet som en del af mig, og nu skulle jeg blot aflevere det til fremmede mennesker og håbe på, at det var det rette.

Et par dage efter, den 14. januar, skulle jeg ind med mit manuskript. Det skulle jo gerne trykkes når det nu, for mig at se, var Baba's ønske. Det måtte jeg overlade til forlæggere, forlag og så videre, men jeg var ganske rolig, for jeg vidste, at alt lå i Baba's hænder.

Så snart jeg var kommet ned på gaden, kom der en ældre herre hen imod mig. Han var klædt meget fint på, det kunne man ikke undgå at lægge mærke til. Han standsede og spurgte mig: "Undskyld, De har vel ikke set en uniformeret politibetjent, der patruljerer her i gaden?"

"Nej, det har jeg ikke."

"Så må De meget undskylde," sagde han og gik videre.

Jeg gik også videre, men tænkte, at det dog var et besynderligt spørgsmål at stille, eftersom vi ikke har haft politi gående i gaderne i mange år.

Jeg kom ind i en bestemt boghandel, der samtidig er et forlag og fik fat i den mand, jeg havde tænkt mig at tale med. Jeg gav ham mit manuskript. Han kiggede lidt i det og sagde: "Flot, flot, med tegninger og det hele, men har Sai Baba også materialiseret nogle kontanter til trykning af det?"

"Nej, det har Han ikke, men det regner jeg med, forlaget betaler."

"Det gør de kun, hvis det er et meget godt manuskript."

"Jeg overlader manuskriptet i dine hænder. Vær venlig at læse det igennem, når du får tid, og ring så til mig."

Han tog manuskriptet ind til sig, bukkede lidt og sagde, "Det vil jeg gøre."

"Vi får se?" sagde jeg og gik.

I den forbindelse var det morsomt med spørgsmålet angående politibetjenten. Jeg følte det lidt i retning af: "Du kan være ganske rolig. Det vil komme i de rette hænder, og der vil blive passet på det."

Som sagt havde jeg afleveret mit manuskript der, hvor jeg mente, det skulle trykkes. Det var en stærk fornemmelse, jeg havde, og de kendte lidt til mig. Om natten kom Baba til mig i en drøm.

En drøm den 16. januar 1994

Jeg var på en arbejdsplads af en eller anden slags og stod og lyttede til en ung mand, alt imens han arbejdede. Jeg lagde dog ikke mærke til, hvad han arbejdede med. Jeg lyttede blot til ham.

Pludselig gik en dør op og Baba kom ind og kaldte på mig. Han så glad ud; tog mig ved hånden: "Kom med mig."

Vi gik ind i et lokale, der var lidt halvmørkt og derinde dansede Baba med mig. Det var en glad dans. Alt imens vi dansede rundt, smilede Baba hjerteligt til mig og gav ligesom udtryk af, at vi skulle fejre noget. Jeg følte mig meget glad. Pludselig, uden varsel standsede Baba op og gik ud ad døren, som om Han skulle hente noget.

Et øjeblik stod jeg helt stille. Jeg så da til min forundring, at lokalet ganske langsomt blev lysere og lysere, og til sidst var der blevet helt lyst.

Det jeg så, var helt fantastisk. Jeg gik langsomt hen til et bord, hvor der lå en bog. Jeg begyndte at kigge i den, men nåede dog ikke at se, hvad der stod. I det samme så jeg op, og så, at der var hylder med bøger overalt. Jeg blev med et klar over, at jeg befandt mig i et bogtrykkeri.

Jeg vågnede og tænkte: "Ja, ja, vi får se, hvad det ender med, men det gør det jo nok. Alt går som Baba ønsker.

Der gik vel et par måneder. Jeg havde intet hørt fra forlaget og tænkte, at jeg nok hellere måtte tage ind og høre, hvordan det gik. En ting vidste jeg med sikkerhed: Det skulle trykkes.

Den person, som havde taget sig af det, kom mig smilende i møde med mit manuskript, idet han sagde: "Det er henrivende, men desværre kan vi ikke påtage os at trykke det. Med alle de tegninger og billeder i farver, vil det blive alt for dyrt. Det koster mange penge at få en bog udgivet i dag, så vi ser os desværre ikke i stand til det."

Jeg havde stået helt roligt og lyttet til ham, men sagde så: "Det forstår jeg udmærket, men jeg ved en ting. Det vil blive trykt, for det er Baba's mening. Skal vi ikke gå ind på dit kontor, så vil jeg fortælle dig om en sød drøm?"

"Jo," svarede han, og det gjorde vi så.

Jeg fortalte ham om drømmen, hvor Baba dansede med mig, og hvor det til sidst viste sig, at det var et bogtrykkeri, jeg befandt mig i.

Da han havde hørt drømmen, ændrede han mening. Nu syntes han, at det skulle trykkes, og at tegningerne skulle med. Og sådan blev det.

Inderst inde vidste jeg godt, det ville gå sådan. Jeg gik derfra, velvidende, at mit manuskript ville gå i trykken.

Ingen kan sætte sig op imod Baba's guddommelige vilje.

Drømme og visioner i 1994

En drøm den 2. februar

Jeg har haft meget travlt, for jeg er flyttet. Jeg har fået en skøn lejlighed. Det gik nøjagtig, som jeg havde drømt, så jeg er meget glad. Den første nat i min nye lejlighed havde jeg en smuk drøm.

Jeg kom ind i en lejlighed, hvor der var flytterod. Midt i alt rodet lå Krishnas tempel i miniaturestørrelse. Jeg tænkte, "Det må være til mig, her ser jo ikke ud til at bo nogen," og samlede det op. I det samme så jeg en figur af Krishna ligge lidt derfra. "Krishna må jeg også have," tænkte jeg, og samlede også Krishna op.

Jeg gik da ud ad døren med Krishna under den ene arm og Hans tempel under den anden.

Krishna er flyttet med.

En drøm den 19. februar

Jeg opdagede til min skræk, at jeg befandt mig på et hospital for sindslidende og begreb ikke, hvad jeg skulle der. Det var rædselsfuldt.

Jeg prøvede at forklare en af plejerne, at det måtte være en fejltagelse. Jeg havde ikke noget at gøre der.

Han lyttede lidt til mig og sagde: "Hvis De vil tale med overlægen, skal De ind ad den dør der."

"Nej, er det ikke overlægen for afdelingen her, som har kontor der?"

"Jo, det er det."

"Ja, men det er ikke ham, jeg skal tale med. Det er direktøren for hele hospitalet, jeg ønsker at tale med."

"Så skal De ind ad den anden dør."

Jeg gik da ind ad den anden dør. Og så snart døren bag mig var lukket, befandt jeg mig hos Baba i Prasanthi Nilayam. Jeg følte mig meget lykkelig og blev klar over, at det var hos Baba, jeg hørte til.

Man har lov til at gætte på, hvad hospitalet for sindslidende skulle symbolisere. Til tider tror man, at det er sindslidende, der regerer denne verden, sådan som den ser ud i dag. Er der mon nogen på denne jord i dag, der overhovedet kan leve i fred og harmoni med hinanden?

Man kan kun håbe.

En drøm den 8. marts

Jeg sad en aften og lyttede til noget skøn musik og tænkte et øjeblik: "Gad vide, om Baba også kan høre musikken." Det var blot en tanke, der lige slog ned i mig, måske mere i sjov. Om natten kom Baba til mig i en drøm.

Jeg stod og så ud ad et vindue, da Baba pludselig kom gående. Han vendte sig smilende mod mig og viste mig, at Han ved højre øre havde et høreapparat siddende, som var så stort, at det nåede helt ned til skulderen. Han pegede på det, morede sig, og smilede.

Jo, Baba både ser og hører alt.

En drøm den 19. marts

Jeg kørte i min bil, men satte så farten lidt ned. Forude så jeg, at der var fem store motorveje. Jeg var nu nået helt frem, men standsede så, for jeg blev pludselig i dyb tvivl om, hvilken af dem der var den rette for mig.

Der kom nu en ung mand i lang kappe hen til mig og sagde: "Må jeg se Deres kørekort?"

Jeg kiggede i min lomme og sagde: "Åh, det har jeg glemt!" hvorpå han kaldte på en ældre mand, også i lang kappe, som nu langsomt kom hen imod mig.

Han så alvorligt på mig og skrev så noget i en stor bog, hvorpå han gav mig et brev med streng mine. Jeg lukkede brevet op og så, at jeg havde fået en bøde på femhundrede kroner.

Jeg vil sandelig håbe, at jeg fremover kører korrekt og ikke endnu engang glemmer kørekortet, for så vil det gå galt.

En vision den 2. april

Jeg opholder mig på et meget smukt sted, der er helt stille. Pludselig får jeg overrakt en usædvanlig og meget smuk bog. Jeg ser dog ikke, hvem der giver mig den.

Bogen er cirka 50 cm lang, 25 cm bred og 10 cm tyk. Det er en meget speciel bog. Den er indrammet i en smal smuk, brun træramme og indbundet i lysebrunt skind. Skriften på bogen er i guld. Det er en gammel, smuk skrift, men på et sprog jeg ikke forstår.

Jeg lukker varsomt bogen op og ser, at der på den første side er et billede af en gammel helgen, helt i guld. Jeg ved dog ikke, hvem det er. Jeg lukker derpå forsigtigt bogen igen. Det var en meget smuk og højtidelig oplevelse. I det samme vågnede jeg.

En drøm den 21. april

Jeg blev klar over, at Baba var ved at give darshan. Vi var mange, der styrtede mod stedet, hvor det foregik; ikke mindst jeg selv. I det øjeblik glemte jeg alt om god opførsel og styrtede af sted, i noget der lignede alles kamp mod alle.

Jeg så nu til min forfærdelse, at jeg havde glemt at tage mine sko af, dem måtte jeg stå med i hænderne.

Baba så alt dette og styrede nu hen imod mig. Idet Han nærmede sig, faldt mine sko ned foran Hans fødder. Jeg blev meget flov. Baba ignorerede det og gik derpå videre.

Lidt senere sad jeg et roligt sted, helt for mig selv og tænkte på, hvor forfærdeligt jeg havde opført mig.

Baba kom nu imod mig og smilede varmt. Han gav mig derpå et smukt album med billeder i. Jeg kiggede lidt i det, men kan desværre ikke huske billederne. Da jeg lukkede albummet, bemærkede jeg, at mit navn stod på forsiden.

Jeg forstod af dette, at hvis min opførsel er korrekt, så vil Baba, som tiden går, give mig alt, hvad jeg behøver. Billederne vil vise det. Jeg glæder mig til en dag at se dem. Jeg vågnede.

En drøm den 23. april

Min søn kom endnu engang til mig i en drøm: Jeg gik i mit hjem og ventede på, at Kenneth skulle komme hjem. Jeg ventede og ventede, men han kom stadigvæk ikke.

Der kom så en mand med en besked til mig og sagde: "Følg med mig; han er her henne." Jeg fulgte med.

Vi stod nu foran en stor dør, som han sagde, at jeg skulle gå ind ad. Jeg gik ind og kom ind i et stort skønt lyst atelier. En ældre, smuk, indisk kvinde var ved at male et portræt af Kenneth, som sad i en stol. Der var en vidunderlig fin og ren atmosfære i rummet.

Idet jeg kom ind, lagde hun penslen fra sig og satte sig hen i en sofa. De så begge hen på mig. Kenneth så lykkelig ud, og hun virkede meget afslappet. Jeg følte, at jeg ikke skulle forstyrre og gik derpå hjem igen.

Kenneth kom en tid efter hjem og viste mig en sød lille æske af glas. Inden i lå der et stykke sæbe. Han begyndte nu at tale til mig og det blev jeg meget forbavset over.

Han sagde: "Mor, prøv at vende æsken om og se den anden side."

Det gjorde jeg. Der så jeg et lille hjørne af min stue.

Kenneth sagde, idet han pegede på de forskellige ting inde i den lille glasæske: "Jeg sagde bare bord, og så var bordet der, derpå sagde jeg stol, og så var stolen der; så sagde jeg væg og billede, og så var væggen med billedet der." Alt imens han fortalte mig dette, så han meget intenst på mig.

"Det er meget morsomt; fik du den af hende?"

"Ja," sagde han og virkede utrolig glad.

"Jamen hende må jeg da hilse på."

"Nej, det kan du ikke, for jeg sagde, at jeg rejste i dag," svarede Kenneth.

Drømmen sluttede. Ja, så er spørgsmålet: Hvor rejste han mon fra og hvor rejste han hen?

En drøm den 24. april

Jeg var ved at indrette en lejlighed. Overalt var der et strålende lys, som kom alle vegne fra; det var usædvanlig smukt.

Da jeg var færdig med indretningen, stod jeg og så på en helt tom væg. "Hvad skal jeg egentlig hænge der?" tænkte jeg.

I det samme kom en meget stilfærdig mand, som jeg ikke kendte, ind og gav mig en gave. Jeg pakkede den op. Det viste sig at være en meget stor og smuk flaske parfume. Selve flasken forestillede et hjerte, der var omkranset af de skønneste blomster i alle regnbuens farver. Det hele var cirka 50 cm i diameter.

Jeg blev helt målløs og stod og så på den smukke gave, idet jeg sag-

128

de: "Ja, den skal hænge der." Jeg skulle til at takke for den, men da var han væk.

En vision den 28. april

Jeg opholdt mig et sted, hvor jeg sad og talte med nogle mennesker. Pludselig så jeg væggen foran mig forsvinde, og i stedet så jeg ind i et skønt tempel.

Jeg udbrød begejstret: "Se, det er Baba's tempel. Jeg går derind."

Jeg gik op ad midtergangen og pludselig var der mange mennesker.

Idet jeg trådte ind i templet, mærkede jeg, at mine sko gled af. Jeg så et øjeblik ned på mine bare fødder. Samtidig fornemmede jeg, at det ene klædningsstykke efter det andet forsvandt.

Da jeg var nået helt op til alteret, så jeg til min skræk, at det sidste klædningsstykke var ved at forsvinde. Så lige i sidste øjeblik fik jeg øje på et stort stykke silkestof, der lå på gulvet. Det svøbte jeg omkring mig.

Alle havde nu forladt templet og jeg gik langsomt ud, mens jeg tænkte på det mærkelige: At mit tøj var forsvundet.

Der kom da en kvinde hen til mig med noget tøj og nogle sko og spurgte: "Er dette ikke Deres?"

Jeg så på det og sagde: "Nej, det er ikke mit." og gik derpå ud af templet.

Symbolikken må være: "Mit verdslige tøj havde jeg ikke brug for mere. Jeg går nu den åndelige vej, forhåbentlig i en anden klædedragt."

Nogle mystiske opringninger i 1994

Den første opringning kom nogle måneder efter, at jeg var flyttet. Jeg flyttede i februar 1994.

En formiddag i april måned ringede min telefon. Jeg tog den, og en dame spurgte: "Hvad kan vi hjælpe Dem med?"

"Hvad mener De?"

"De har kaldt os, Deres telefonnummer er kommet frem her på min skærm."

"Jeg forstår ikke, hvad De mener. Hvilket telefonnummer skal De have, og hvem skal De tale med?" spurgte jeg.

"Jamen, er dette ikke Deres telefonnummer?" spurgte hun og nævnte mit telefonnummer.

"Jeg forstår mindre og mindre af det hele, hvordan kan mit telefonnummer, som er hemmeligt, komme frem på Deres skærm, og hvem taler jeg egentlig med?"

"Jeg sidder på (her nævnte hun et navn, som jeg ikke kan huske). Det er for tunghøre. Hvis de tunghøre trænger til hjælp, kalder de et bestemt nummer. Her opgiver de navn, adresse og telefonnummer. På den måde kommer deres nummer frem på vores skærm, og vi spørger så om, hvad vi kan hjælpe med. Jeg forstår, at De ikke har kaldt os, og jeg begriber ikke, hvordan Deres telefonnummer kan komme frem på min skærm når De har hemmeligt telefonnummer. Det er højst besynderligt. Det må De virkelig meget undskylde."

"Det gør ikke noget, men jeg er altså ikke tunghør, og det er ikke mig, som De skal tale med."

Senere tænkte jeg lidt over det, og syntes, at det i grunden var en besynderlig opringning at få. Jeg kunne ikke undgå at tænke lidt over det med at være tunghør: "I virkeligheden er du måske tunghør, hvad visse ting angår." Det tænkte jeg så dybere over, og det var måske i virkeligheden meningen med det hele. Kun Baba ved.

Den anden opringning i maj

Jeg er så godt som vegetar, men desværre fik jeg på et tidspunkt vanvittig lyst til oksekød. Trangen blev så stærk, at jeg måtte have det. Jeg begyndte at spise oksekød flere gange om ugen. Måske manglede jeg proteiner, jeg ved det ikke, men oksekød måtte jeg have, og jeg spiste det med stor lyst. Jeg var alligevel lidt forundret over mig selv. Så kom den anden sjove opringning.

Jeg havde lige spist, da min telefon ringede. Jeg tog den, og en herre spurgte: "Er det Angelus foreningen?" (dog tør jeg ikke sige, om jeg hørte rigtigt, hvad navnet angår).

"Nej, det er det ikke. De må have fået forkert nummer."

"Er det da ikke ...?" spurgte han og nævnte mit nummer. Og ganske rigtigt var det mit telefonnummer.

"Jo, det er det, men det undrer mig, at De kan ringe til mit nummer, da det er hemmeligt. Hvor har De egentlig fået det fra?"

"Der ligger en seddel her på mit skrivebord, hvorpå der står, at jeg skal ringe til dette telefonnummer."

"De må slå op i telefonbogen. Der vil De få det rigtige nummer. Hvad er det for en forening, De skal tale med?"

"Det er en kvægforening."

"Det her er minsandten ikke nogen kvægforening."

Vi morede os lidt begge to. Til sidst sagde han, mens han morede sig: "Det må De meget undskylde, De er nok blevet medlem af kvægforeningen."

Da jeg havde tænkt lidt over det, kunne jeg ikke lade være med at tænke på alt det kød, som jeg havde spist. Og ganske langsomt mistede jeg igen lysten til oksekød. Så jeg er i hvert fald ikke medlem af kvægforeningen mere.

Jeg har senere hørt, at der er noget, der hedder Angus kvæg, og at det skulle efter sigende være det fineste oksekød, man kan få. Så det var nok Angus foreningen, der blev spurgt efter. Om der så er en kvægforening af det navn, ved jeg ikke noget om.

Jeg venter

Ja, jeg venter på bogen, *Med Baba ved min side*. Den er nemlig ved at blive trykt. Jeg er ellers klar til at rejse til Indien og håber på, at jeg kan få bogen med. Så jeg må have tålmodighed et lille stykke tid endnu. Da kom Baba til mig i en drøm om natten.

En drøm den 24. maj 1994

Jeg så ned over tempelpladsen i Prasanthi Nilayam, den var helt tom. Jeg så op og højt oppe på et bjerg stod Baba og talte. Tilsyneladende var det et sted, hvor Han i øjeblikket gav darshan for nogle få disciple, da jeg så nogle knæle for Hans fødder. Der var kun få mennesker, men det var åbenbart en darshan for dem, der befandt sig der.

Der var et helt bjerg imellem Baba og mig. Jeg gik videre mod bjerget med en bog i mine hænder, og stod til sidst ved bjergets fod. Jeg tænkte: "Skal jeg mon klatre helt op ad det stejle bjerg?" I det samme så jeg nogle få mennesker kæmpe sig ned ad bjergskråningen. Det så faretruende ud.

Der stod en kvinde ved min side og jeg sagde til hende: "Kan du se de få mennesker, der kæmpede sig op af bjerget, og som nu langsomt er på vej ned igen. Det er et stejlt bjerg. Man kan se på dem, at det er meget farligt. De må passe på, at de ikke mister grebet, så derfor går det så langsomt. Nej, Baba giver ikke darshan endnu, så vi må vente".

Men ak, jeg ventede ikke. Endnu en lektie ventede forude.

Min bog er udkommet

Den 4. juli 1994 var min bog, *Med Baba ved min side* trykt og klar til at komme i handelen. Jeg skulle ind for at se den og samtidig selv have nogle eksemplarer, men netop som jeg var på vej ud ad døren, ringede telefonen. Jeg tog den, og en yndig kvindestemme sagde: "Er det hos Saba, er det hos Saba?"

Før jeg nåede at svare, blev forbindelsen afbrudt. Kort efter gik det morsomme i ligheden mellem Saba - Saba og Baba - Baba op for mig.

Nå, men jeg kom ind til forlaget og så min bog. Den var nøjagtig, som den skulle være i Krishnas smukke blå farve. Og selvfølgelig var den, som den skulle være, for når Baba griber ind, er intet overladt til tilfældighederne.

Der er nu fem dage til, at jeg på ny rejser til Indien. Men hvordan det så vil forløbe denne gang, kan kun tiden vise.

Til Indien igen med min bog

Den 13. juli 1994.

Jeg er kommet til Indien. Alt er kaos. Min ene kuffert mistede jeg allerede i Frankfurt. "Det her begynder godt," tænkte jeg. Da jeg ankom til Bangalore, manglede jeg alle mine toiletartikler med mere, men det var kun starten på problemerne. Der skulle komme mange flere, hvad jeg gudskelov var uvidende om på det tidspunkt. Ellers var jeg nok vendt om igen.

Baba var i Whitefield og afholdt en stor konference, så derfor var der ikke et værelse at opdrive. Efter meget besvær fik jeg et værelse i Bangalore og senere i Whitefield, og så var den side af sagen i orden.

Det var monsun, så regnen styrtede ned, og koldt var det. Der var tusindvis af mennesker, og alt druknede i konference og regn. Det var selvfølgelig dejligt at se Baba igen. Det er det altid, men det blev et besværligt ophold, fyldt med problemer. Det kunne jeg egentligt godt have været foruden, for det har jeg snart prøvet så mange gange. Jeg ved efterhånden, at prøvelserne hører med. Sådan er det nu engang.

Der var flere gange, hvor jeg slet ikke gik til darshan på grund af regnen. Når jeg indimellem gik derhen, var pladsen som regel forbeholdt de mange konferencedeltagere, hvad der jo var ganske naturligt. Jeg tænkte en del over det med min bog. Skulle jeg prøve på at række den op til Baba eller hvad? Men det var lige som om, at der aldrig rigtig kom en lejlighed til det. Til sidst kom jeg til det resultat, at jeg slet ikke ville give Ham den. "Han har jo velsignet den. Hvad mere kan jeg forlange? Han ved jo, at jeg har den med. Så hvis Han ønsker at se den, vil der vel komme en lejlighed til at give Ham den," tænkte jeg.

På grund af det dårlige vejr fik jeg hoste, iskias og ondt i ryggen, så jeg var ikke meget værd. Samtidig vidste alle at Baba ikke ville rejse til Puttaparthi de første par måneder på grund af et stort byggeprojekt i Prasanthi Nilayam. "Nu har du fået nok af det her," sagde jeg til mig selv, "nu rejser du hjem."

Jeg fik fat i en taxa til Bangalore og tog til Air India for at få en plads i flyet hjem. Jeg var heldig at få en plads i løbet af tre dage. "Det var heldigt," sagde jeg til chaufføren. "Nu kører vi lige forbi hotellet, hvor jeg vil bestille et værelse fra i morgen." Det gjorde vi så, og jeg fik et værelse. "Her skal det blive dejligt at slappe af de to sidste dage, inden jeg rejser hjem. Det er lige, hvad jeg trænger til," tænkte jeg. Men jeg fik noget ganske andet at mærke. Just ikke, hvad jeg havde tænkt mig.

Min ene kuffert var som sagt blevet væk, så da jeg nu alligevel var på hotellet, spurgte jeg, om de havde hørt noget fra Air India vedrørende min kuffert. Jeg havde nemlig opgivet hotellets navn og telefonnummer til Air India. Der skulle de så give besked til, hvis kufferten dukkede op.

"Vi har ikke hørt noget endnu, men den ligger højst sandsynligt i en stor bygning, hvor al forsvunden bagage ender. De kan, hvis De ønsker det, få papirerne med vedrørende kufferten. Vi har dem her. Så kan De selv undersøge, om den er der. Det er alligevel på vejen til Whitefield."

"Nå ja, hvorfor ikke. Hvis jeg kan få den med hjem, inden jeg rejser, og jeg alligevel kører forbi, er det værd at ofre tyve minutter på. Det er i orden."

Jeg og fik papirerne på min kuffert, hvorpå vi kørte.

Havde jeg vidst, hvad jeg nu gik ind til, tror jeg nok, at jeg havde ladet kufferten blive, hvor den var. Men det var jeg på det tidspunkt lykkeligt uvidende om. Jeg skulle snart blive præsenteret for Indiens bureaukratiske system, og det blev desværre for meget for mig.

Vi kom omsider til bygningen, og jeg havde til alt held en sød chauffør med mig, der viste mig ind på det første kontor. Dem var der nemlig temmelig mange af. Her skulle der udfyldes nye papirer, videre til det næste kontor, og det samme gentog sig. Endnu til et kontor; her skulle andre papirer udfyldes. På det tidspunkt var jeg ved at tabe tålmodigheden og sagde lidt irriteret til den indiske kontormand: "Det kan da ikke være rigtigt, nu har jeg udfyldt flere sæt papirer, og jeg skal stadigvæk udfylde papirer. Det er Air India, der har smidt min kuffert væk. Så vær så venlig at finde den. Jeg udfylder ikke flere papirer."

En venlig indisk herre, der havde overværet det, kom mig til undsætning og tilbød at udfylde papirerne for mig. Jeg åndede lettet op og sad og tænkte: "Det her går ikke, nu må du tage det roligt, du må virkelig beherske dig. Du kan ikke tillade temperamentet at løbe af med dig. Det vil være for komisk." Jeg erindrede overskriften i sidste kapitel af min bog, der hedder, *Ego og Temperament.* Det ville være flovt, hvis jeg ikke kunne leve op til det, jeg selv havde skrevet, så jeg trak vejret dybt et par gange.

Nu var den venlige indiske herre imidlertid færdig med at udfylde papirerne for mig. Jeg takkede mange gange og regnede med, at jeg nu kom til et lokale, hvor de opbevarede bagagen.

Min venlige chauffør var stadig ved min side, og det var jeg lykkelig for. Ellers havde jeg aldrig fundet ud af, hvilke døre jeg skulle ind og ud af.

Vi havde gået rundt og rundt, op og ned, ind og ud af forskellige kontorer. Og minsandten om jeg ikke skulle ind på endnu et kontor. Jeg kunne næsten ikke tro det, men det var rigtigt nok. Da jeg kom ind, blev mine papirer undersøgt. Først af den ene, så af den anden, og endelig af en tredje person. Det virkede efterhånden nærmest som om, at det var mig, der havde gjort noget forkert og ikke dem, der havde smidt min kuffert væk. Der var også en politibetjent tilstede for at se, om det hele nu også gik rigtigt for sig.

Til sidst så det ud, som om de blev enige, og en af funktionærerne kom hen til mig: "Madame, your passport."

"Mit pas," sagde jeg, ikke særlig blidt. "De vil da ikke fortælle mig, at De skal have mit pas, De har jo alle oplysninger og pasnummeret i rapporten fra informationen i Bombay. Samtidig har De alle papirerne, som jeg har udfyldt her hos dem, hvor det hele står, nu kan det minsandten være nok."

Jeg kunne mærke på mig selv, at min tålmodighed var ved at være slut.

Alle råbte nu i munden på hinanden; alle blandede sig. Ingen kunne åbenbart blive enige om noget som helst. Pludselig blev det for meget for mig. Det var sket med min tålmodighed. Mit temperament løb helt af med mig; der var intet at gøre. Jeg for hen og rev papirerne ud af hænderne på ham, rev dem i stumper og stykker og smed dem op i luften, aldeles rasende samtidig med, at jeg råbte: "Forget it," hvorefter jeg omgående forlod kontoret. Deres diskussion var slut, og det var min tålmodighed også.

Det blev desværre ikke sidste gang, jeg blev bragt ud af fatning på den rejse. Jeg blev sandelig sat på prøve, og der ventede mig mere af samme slags.

Vi kørte til Whitefield. Jeg gik op på mit værelse og slappede af. Næste morgen rejste jeg til Bangalore, alt imens regnen styrtede ned. Jeg havde fået nok. "Nu skal det blive dejligt at hvile ud på hotellet, inden turen går hjemad. Et varmt bad samt en god middag vil gøre underværker, og så vil jeg gå i seng og pleje min ryg." Jeg trængte til at hvile mig, men det skulle snart vise sig, at hvile blev der ikke noget af.

Jeg havde fået et dejligt værelse, og lige lagt mig efter et varmt bad. Aldrig så snart jeg havde lagt mig, startede et utroligt spektakel. Det hamrede og bankede oven over mig, og jeg kunne hverken læse eller sove. "Hvad i alverden er det?" tænkte jeg. "Det må du op og undersøge."

Jeg gik noget irriteret op på næste etage for at se, hvor støjen kom fra. Og det fik jeg sandelig at se, for de var nemlig ved at rive alle værelserne ned. De var ved at modernisere hotellet. Det kunne jeg jo ikke gøre ret meget ved, andet end at prøve på at få et andet værelse. Så jeg gik ned til portieren og beklagede mig.

"Ja, vi beklager, men vi er ved at modernisere hotellet. De slutter om en halv time."

Tilfreds med det svar gik jeg op på mit værelse igen og ventede på, at larmen skulle stoppe. Der gik en halv time og så en hel time. Det fortsatte i en uendelighed, og det virkede som om jeg befandt mig på en byggeplads. Pludselig blev det hele for meget, og så var det slut med min tålmodighed endnu engang.

På ny gik jeg ned til portieren og sagde, ikke videre høfligt: "Nu har jeg boet her gennem sytten år, aldrig har jeg hørt magen til larm. De sagde, at det ville slutte om en halv time. Nu er der gået en time, og hvis De ikke stopper den larm med det samme, så må jeg flytte." Larmen hørte omgående op, men det var sket med den indre fred.

Jeg følte det lidt, som om jeg hele tiden blev provokeret, og jeg derved blev bragt ud af fatning. "Det er mærkeligt," tænkte jeg, "hvad bliver mon det næste?" Det skulle jeg snart få at se.

Jeg rejste dagen efter og skulle overnatte i Bombay. Jeg var ankommet til et hotel og havde fået et værelse. Ja, man tror det næppe. Aldrig så snart jeg havde lagt hovedet på puden for at få lidt søvn i de små fem timer, inden jeg skulle videre på min rejse, før det begyndte at hamre og banke fra etagen ovenover. Da jeg hørte det, blev jeg mildest talt rasende. Jeg ringede til portieren og spurgte, hvad det spektakel skulle forestille.

"Madame, vi beklager, men vi er ved at modernisere hotellet. Vi er ved at rive værelserne ned på etagen ovenover Dem, men jeg håber, at De alligevel får lidt søvn."

"Det håber jeg minsandten også," sagde jeg. Men søvn blev der ikke ret meget af. Det siger sig selv. I øvrigt var jeg så træt, at jeg efterhånden var ligeglad med det hele. "Det bliver nok min sidste tur til Indien, der er alligevel en grænse, Baba," sagde jeg til mig selv.

Havde jeg blot rettet mig efter, hvad Baba prøvede at fortælle mig i drømmen den 24. maj 1994, som Han kom til mig i, før jeg rejste, kunne jeg have undgået alle de prøvelser. Men desværre for mig så jeg lyttede ikke. Det var meget uheldigt.

Hjemme igen

Jeg kom hjem, totalt udkørt. Der havde ikke været andet end problemer på hele rejsen. Det eneste jeg nu ønskede, var, at være i fred og ro i min lejlighed og tænke lidt over tingene. Det gjorde jeg i flere dage og var efterhånden ved at komme mig. Jeg kom til det resultat, at det eneste, jeg ikke havde levet op til, var det, jeg selv havde skrevet i min bog, nærmere betegnet sidste kapitel, der har overskriften, *Ego og Temperament*. Både egoet og temperamentet havde styret mig på hele rejsen. Det var flovt. Altså endnu en lektie. Og min kuffert dukkede aldrig op.

Det at det i virkeligheden var flovt, at mit ego og temperament uafbrudt havde styret mig under hele min rejse, tænkte jeg egentlig ikke så meget over på det tidspunkt.

Tværtimod tænkte jeg alvorligt over, om jeg i øvrigt ikke skulle glemme, i det mindste for en tid, alt om Indien og mit forhold til Baba. Ja, det ville tiden vise. Jeg havde ikke lyst til at tænke i de baner i øjeblikket. Jeg tænkte mere over, om jeg ikke skulle begynde at leve et mere udadvendt liv. Måske var det bedre for mig. Hvor grotesk det end lyder, så havde jeg slet ikke lyst til at tænke på Baba. Ja, jeg var næsten parat til at vende Ham ryggen. Jeg syntes ikke, Han gav mig andet end prøvelser. "Ganske vist får jeg alle de smukke drømme og visioner, men hvad kan jeg egentlig bruge dem til?" sagde jeg endnu engang til selv.

Da jeg havde fået rejsen til Indien med alle prøvelserne og strabadserne på afstand, besluttede jeg mig for at rejse igen, men alle andre steder hen end til Indien. Det havde jeg fået rigeligt af. Jeg fik fat i nogle forskellige rejsebrochurer og kiggede lidt i dem, men kun for at komme til det resultat, at det havde jeg ikke lyst til. "Måske skulle du engagere dig i noget, men hvad?" Jeg tænkte på mange ting, men det blev ved tanken.

"Nej, du er træt. Det må vente lidt. Du tager det med ro." Det var ligesom om, at jeg ikke havde lyst til noget som helst. Jeg følte mig på en eller anden måde stadigvæk træt. Jeg havde selvfølgelig en dag sammen med min søn, og indimellem et par venner, men ellers tullede jeg bare rundt. Vi havde i øvrigt højsommer i Danmark, og jeg var lige kommet fra monsunen i Indien, så jeg fik vrøvl med maven og var tvunget til at tage det med ro.

Kort før min rejse, den dag min bog udkom, havde jeg, af en veninde, fået et dejligt indisk billede. På det tidspunkt troede jeg, at det var det billede, der er uden på Bhagavad Gita. Det forestiller Krishna og Arjuna i stridsvognen i slaget ved Kuruksetra. Vognen er trukket af fem hvide heste. Mit billede forestillede nemlig også vognstyreren, der stod i vognen, som ligeledes var trukket af fem heste. Jeg havde ikke tænkt mere over det, da jeg fik det, lige inden jeg skulle rejse til Indien og derfor kun havde rejsen i hovedet.

Det mærkelige var, at jeg, skønt nyligt kommet hjem og totalt ud-mattet, alligevel måtte ind til byen, for at købe en ramme til billedet. Det hjalp ikke, at jeg sagde til mig selv, at det var noget pjat, og det kunne vente. Det var jo ligegyldigt, hvornår det kom op. Men det var det af en eller anden grund ikke, for rammen blev købt og op kom bil-ledet, selv om jeg var dødtræt og godt kunne se det komiske i det. Det kunne ikke være anderledes.

Jeg lå i sengen de næste par dage, da jeg, som sagt havde vrøvl med maven. Jeg læste lidt, men ligegyldigt hvilken af mine bøger jeg begyndte på, så blev jeg træt af den. Og det er ikke ligegyldige bøger, jeg har. De er alle om åndelige emner og bøger, som jeg godt kan lide at læse. Jeg tror, jeg begyndte på tre til fire stykker, men alle havnede de i bogreolen igen.

Til sidst lå kun Bhagavad Gita tilbage på mit natbord. Den ligger altid der, og det var længe siden, jeg havde læst i den. Jeg lå og kiggede lidt på den, og tænkte så, dog uden særlig interesse: "Nå ja, du kan jo altid se lidt i Bhagavad Gita." Bhagavad Gita regnes for Hinduernes Bibel.

Jeg begyndte nu ganske langsomt at læse Bhagavad Gita helt forfra, og hvor mærkeligt det end lyder blev jeg ikke træt af den, men fortsatte med at læse.

Jeg syntes ikke, jeg læste andet end, at Krishna forklarede Arjuna, at det vigtigste af alt er at lære at styre sine sanser. Før man har lært det, kommer man ikke længere i sin åndelige udvikling. Og frugterne af ens arbejde tilkommer Krishna, da det er Ham, man arbejder for. Aldrig havde jeg forstået Bhagavad Gita bedre.

Jeg begyndte at forstå lidt af, hvad det var, Baba ville lære mig, og samtidig havde jeg i klar erindring alle prøvelserne, jeg havde haft på turen til Indien. Jeg forstod, at det Krishna forklarede Arjuna, var nøj-agtig det, som Baba havde forsøgt at få mig til at forstå.

Samtidig ringede den veninde, jeg havde fået billedet af, det billede der absolut skulle indrammes og op at hænge med det samme, for at spørge, hvordan jeg havde det.

"Jo", sagde jeg, "det går lidt bedre, jeg ligger og læser i Bhagavad Gita. Jeg har forresten fået indrammet billedet, jeg fik af dig. Det hænger smukt på den blå væg. Det forestiller jo forsiden fra Bhagavad Gita med Krishna og Arjuna."

"Nej, det gør det ikke. Det er de fem heste, der symboliserer de fem sanser. Vognstyreren symboliserer sindet; og den lille forskræmte person, der sidder bag i vognen, symboliserer mennesket. Billedet symboliserer faktisk sanserne, der helt har fået overtaget. Du så det engang i min bog og syntes, det var så smukt. Derfor syntes jeg, at det netop var det, du skulle have."

Jeg var tavs et øjeblik og sagde så. "Nå, så de fem heste på mit billede symboliserer altså de fem sanser. Det må jeg vist hen og se nærmere på."

Hun anede intet om, hvordan det forholdt sig, og hvad hun i virkeligheden havde rørt ved. Jeg gik hen og kiggede på billedet. Det var ikke til at tage fejl af, hvad det symboliserede. Nu kunne jeg bedre forstå, at det absolut skulle indrammes og op at hænge. Nu kunne jeg se, hvordan det hele passede sammen. Jeg kunne nu få lov at ligge og kigge over på det, så jeg ikke et øjeblik skulle glemme, hvad det var, jeg skulle lære. Nej, intet var tilfældigt.

Jeg læste min egen bog endnu engang, men med en dybere forståelse af moralen i de mange drømme Baba kom til mig i.

Jeg fandt ud af, hvor meget jeg stadig havde at lære, skønt Baba havde ledt mig så direkte i mange år og stadig gør. Det var sandelig stof til eftertanke.

Jeg så nu med al tydelighed, hvordan sanserne helt havde styret mig på min rejse. Og hvor pinligt det var at måtte indrømme, at jeg åbenbart havde glemt alt om, hvad jeg havde skrevet i min egen bog. Det var ikke så godt. Ligeledes så jeg klart: "Det er kun ved Baba's grænseløse kærlighed og tålmodighed, at jeg hele tiden kommer et lille skridt videre. Han ledte mig stille og roligt, og uden at jeg anede det, direkte til Bhagavad Gita, så jeg der kunne læse om sanserne, som man må lære at styre. Derfor skulle billedet op, der symboliserer de fem sanser, så det hele kom til at passe sammen."

Baba, Baba, hvordan kunne jeg dog et eneste øjeblik tro,
at jeg kunne undvære Din vejledning.

Det endte alligevel med, at jeg ikke foretog mig noget som helst. Jeg måtte nok hellere sætte farten lidt ned og tage det ganske roligt.

Baba viste mig vejen, Han kom til mig i en vision, der er for personlig til at blive nævnt her.

Baba viste mig, hvad jeg skulle lære af prøvelserne, og hvordan jeg skulle leve mit liv. Og det var i hvert fald ikke et verdsligt liv, jeg skulle leve. Det er beskrevet andetsteds i bogen.

Hvad magter ikke den vise,
der har kontrol over sit sind,
sine sanser, sine nerver,
og sit temperament,
og som koncentrerer sig på Gud.
Når et menneske er blevet et med Gud,
så udstråler det alle de evner,
al den viden, al den visdom,
og hele den fuldkommenhed,
som man kalder guddommelig.

Endnu en opringning

Det var den 6. august 1994. Jeg var kommet hjem fra Indien først i august 1994 og gik og var godt træt af det hele. Jeg tænkte på, om jeg skulle engagere mig i et eller andet, nu hvor jeg i mit stille sind så godt som havde vendt Baba ryggen. Da kom endnu en opringning og en herre sagde: "Er det knallertværkstedet?"

"Hvad siger De?" Jeg troede, at jeg havde hørt forkert.

"Er det knallertværkstedet?"

"Nej, det her er minsandten ikke noget knallertværksted, De må have fået forkert nummer, og desuden er mit nummer hemmeligt, så hvor i al verden har De fået det fra?" Inden han nåede at forklare noget, afbrød jeg forbindelsen, godt gal i hovedet over alle de fjollede opringninger. Jeg tænkte: "Det er vanvittig komisk. Du har hemmeligt telefonnummer og alverdens mennesker ringer til dig."

Senere begyndte jeg alligevel at tænke: "Knallertværksted - Symbolikken: Er du mon, som en knallert, der kører alt for hurtigt ud af vejen, og derfor sker der skader, så den må på værksted hele tiden?" Det kunne ikke undgås, at jeg begyndte at tænke i de baner, men at sammenligne mig med en knallert, der har for megen fart på. Hvad skal jeg mene om det?

Da min bog udkom i juli 1994, regnede jeg ikke med, jeg skulle skrive mere. Men Baba fortsatte med at komme til mig i drømme. Så jeg ved i dag, at det er Baba's mening, jeg skal fortsætte med at skrive, hvad jeg selvfølgelig gør.

Jeg havde købt et dejligt lille skrivebord, men manglede en kontorlampe. Jeg ringede derfor ud til en bekendt, der har en forretning, hvor jeg havde købt en orangefarvet rejseskrivemaskine, og spurgte, om han ikke havde en kontorlampe.

"Jo, jeg har nogle stykker," sagde han.

"Jeg kommer ud i morgen, og ser på dem."

Da jeg nu havde fået et skrivebord, og forhåbentlig også en kontorlampe, havde tanken om en kontorstol med hjul, ganske let strejfet mig. Men jeg havde hurtigt opgivet det igen. Det ville jeg ikke ofre, men da jeg kom ud i hans forretning næste dag, var det første, jeg så, da jeg trådte ind ad døren, en dejlig kontorstol med hjul, midt imellem alle antikviteterne. "Det var dog besynderligt," tænkte jeg og satte mig på den og drejede rundt. Han havde været optaget af et par kunder, men kom nu hen til mig og så, at jeg virkede meget begejstret for den: "Sig mig, mangler du også en kontorstol?"

"Ja, mon ikke," sagde jeg og købte selvfølgelig begge dele for en rimelig pris. Nu havde jeg både skrivebord, kontorlampe og kontorstol, så jeg kunne arbejde i de rigtige omgivelser.

Jeg må tilføje, at forretningsindehaveren intet kender til mit forhold til Baba, lige så lidt som han ved, at jeg har skrevet en bog. Han ved blot, at jeg har været i Indien mange gange. Da jeg ved, han ikke er interesseret i det åndelige, kunne jeg aldrig drømme om at fortælle om mit forhold til Baba.

Det er nu oktober 1994 med efterårets kulde, blæst og regn, så om en uge vil jeg, endnu engang, rejse til Grækenland med min orangefarvede skrivemaskine, ned til sol og sommer. Med Baba ved min side.

Jeg fik forkert telefonnummer

Lige fra min bog udkom, er Baba fortsat med at komme til mig i drømme og visioner. Jeg var egentlig godt klar over, at jeg burde renskrive dem. De er jo nøjagtig lige så betydningsfulde som dem, der er kommet med i bogen. Men jeg gjorde bare ikke noget ved det.

Derimod besøgte jeg en ven i Sverige; en tilhænger af Baba. Han har i øvrigt fire af mine billeder hængende. Jeg var der en lille uges tid, og da jeg skulle hjem, spurgte han mig, om jeg ikke nok ville tage ud til en af hans venner, som han ville forære min bog. Han syntes det ville være morsomt, hvis jeg selv kom. Det lovede jeg, og han gav mig adresse og telefonnummer til hans ven.

Da jeg kom hjem, ringede jeg telefonnummeret op, som han havde skrevet ned for at fortælle hans ven, at jeg ved lejlighed kom ud med en bog fra vennen i Sverige.

Jeg regnede med at få hans ven i tale, da jeg ringede op. Det var dog ikke hans ven, jeg fik fat i, men derimod en frisk kontorpige, der sagde: "Alt til kontoret!"

"Undskyld, jeg har fået forkert nummer," sagde jeg, og prøvede igen, da jeg troede, at jeg havde drejet forkert. Det samme gentog sig.

Igen den friske stemme, der sagde: "Alt til kontoret!"

Denne gang lagde jeg blot telefonrøret på. Jeg måtte så slå op i telefonbogen, for at finde det rigtige nummer. Min ven i Sverige havde åbenbart skrevet det forkerte nummer.

Vedkommendes navn begyndte med Ax. Så da jeg kom til navnene der begyndte med Ax, var det første jeg så øverst på siden i telefonbogen, navnet, ja, hvad tror De? BABA, for der begynder navnene med B. "Baba Baba, det er for morsomt," tænkte jeg.

Jeg fandt dog vedkommendes telefonnummer. Ettallet var skrevet forkert. Da først fik jeg hans ven i tale, og fik også senere aflagt ham et besøg.

Men det med "Alt til kontoret." Hvad skulle det egentlig betyde? Jeg tænkte på alle de smukke drømme og visioner, jeg blot havde skrevet hurtigt ned med en blyant. Du må nok hellere se at få skrivemaskinen frem. Der er nok noget om det. Du er nok en lille smule tunghør.

Jeg havde jo fået indrettet et lille kontor, så det var blot om at komme i gang, og i gang kom jeg. Jeg havde jo for længst fået:

Alt til kontoret.

Det er i dag søndag d. 18. december 1994, og det er fuldmåne. Det er nok derfor, ånden virkelig er over mig. Nu får jeg renskrevet disse mystiske telefonopringninger.

To drømme i november 1994

En drøm den 9. november

Vi var mange mennesker, der sad og ventede på, at Baba skulle give darshan. Ved siden af mig sad en meget støjende gruppe, der snakkede uafbrudt højlydt og viste ingen respekt.

Baba var nu påbegyndt sin darshan og kom langsomt hen imod os. Men trods det, at Han nu næsten var nået helt hen til os, snakkede de blot videre. Til sidst sagde jeg til dem: "Vær venlig at stoppe den snak nu. I har måske ikke lagt mærke til, at Baba giver darshan?" Først da tav de. Endelig blev der ro.

Nu stod Baba lige foran os. Han henvendte sig til en kvinde i gruppen og sagde: "Jeg ved, at du selv fremstiller noget, som du mener, er Vibhuti. Må jeg få lov til at smage lidt af det?"

"ja, jeg har noget med," sagde hun, og gav Baba lidt af det. Han smagte lidt på det, smilede overbærende og gik derpå videre.

Med dette ville Baba vise, hvor vanvittige menneskene er i dag. De tror, de kan alt; snart tror de, at de selv er Gud. De glemmer, at der er en højere magt, der styrer det hele.

En drøm den 12. november

Jeg arbejdede i et meget stort og smukt hus. Der var en vidunderlig atmosfære. Jeg var meget lykkelig for at være der.

Jeg var ved at feje gulvet på en meget stor, smuk og lys terrasse. Pludselig kom min søn på besøg sammen med et ældre ægtepar. "Nå, kommer I der," sagde jeg glad.

I det samme kom Baba til syne i døren. Jeg sagde til dem: "Det er herren i huset; jeg mener, det er Sai Baba." Baba kaldte min søn hen til sig og talte længe med ham. Kenneth så glad ud, så han har nok syntes godt om det, Baba fortalte ham. I det samme vågnede jeg.

Ja, det var virkelig et velsignet arbejde at have, at gå der og feje på Baba's terrasse. Det var ikke så sært, at jeg var lykkelig.

Forfængelighed

Forfængelig, ja, hvem er ikke forfængelig. Er der mon nogen af os, der kan sige sig fri for det? Jeg kan desværre ikke.

Jeg er frygtelig forfængelig hvad mit hår angår og er i det hele taget forfængelig. Men det er meget med hensyn til mit hår; om det nu sidder, som det skal. Da kom Baba til mig i en drøm.

En drøm den 28. december 1994

Baba sad på en stol og så med stor interesse og meget intenst på sit spejlbillede. Han så på sit hår og smilede ved tanken om det dejlige hår, Han havde.

Han blev nu ganske langsomt yngre og yngre, og samtidig blev Han smukkere og smukkere at se på. Nu havde Han fået de dejligste sorte krøller og var, som da Han var ung. Han var uafbrudt optaget af sit dejlige hår; om det nu sad rigtigt. Jo, spejlet viste Ham, det var et dejligt hår, Han havde.

Alt imens Baba så sig i spejlet med et morsomt og tilfreds smil på læben, kiggede Han indimellem hen på mig. Jeg stod nemlig lige ved siden af og iagttog Ham.

Han blev stadigvæk yngre at se på, for til sidst at blive til en baby. Babyen var dog ikke Baba, men et helt andet barn med lys hudfarve. Da sluttede drømmen.

Meningen var ganske klar; nemlig reinkarnation. Vi bliver født igen og igen. Vi har en lektie at lære, så længe vi er her. Og den vigtigste lære er ikke kun at tænke på kroppen, men at tænke på sjælen. For sjælen er udødelig.

Baba siger: "Inderst inde findes menneskets Atma, hvilket betyder ånd. Den er ikke kroppen og må aldrig identificeres med kroppen, der blot er en midlertidig klædning. Det højere Selv, ånden, sjælen eller hvad man nu vil kalde det, er den, der skal vokse, Det er det, man skal stræbe efter og ikke det ydre. Giv kroppen hvad den skal have og ikke mere. Det gælder alle kroppens funktioner; det at lære at styre de fem sanser. Før man har lært det, kommer man ikke højere op ad den åndelige stige. Og det er det, der er selve formålet med livet."

Efter den drøm kan jeg ikke se mig i et spejl mere, uden samtidig at se Baba sidde der foran spejlet og gøre nar ad mig og min forfængelighed.

Endnu en lektie vedrørende forfængelighed

En del år har jeg måttet bruge briller, da vi jo alle ved, at synet aftager med alderen. Det er kun naturligt og noget, der overgår de fleste mennesker. Først fik jeg læsebriller, senere et par jeg dagligt måtte gå med.

Det har altid ærgret mig, at jeg skulle til at gå med briller i hverdagen. Jeg syntes ikke, at det klædte mig, og kontaktlinser ville jeg slet ikke have. Så pludselig blev jeg enig med mig selv om, at jeg ikke ville gå med briller mere: "Læsebriller må være nok, og desuden ser jeg da meget godt, så væk med dem."

Nu var det januar måned med udsalg, så da jeg kun har et par læsebriller, tænkte jeg, at jeg nok hellere måtte benytte mig af udsalget og få et ekstra par, hvis de andre skulle gå i stykker.

Jeg var på vej til optikeren da en blind mand kom op på siden af mig og spurgte, om jeg ville hjælpe ham med at finde det rigtige nummer på gadedøren, så han ikke gik forbi.

"Jo, selvfølgelig," sagde jeg og fulgte ham helt hen til hans bestemmelsessted.

"Mange tak for det," sagde han, og jeg gik videre. Lidt senere kom endnu en blind mand hen til mig og spurgte, om jeg ville hjælpe ham med at finde vej.

"Jo, selvfølgelig," sagde jeg igen og hjalp også ham hen, hvor han skulle.

Jeg begyndte at tænke lidt dybere over tingene. "Tænk, hvis du var helt blind som de to mennesker, du lige har måttet hjælpe. Tænk, hvor frygteligt det må være, at være helt blind." Og videre tænkte jeg: "Det er mærkeligt; du er lige på vej til optikeren for at købe nye læsebriller, men du vil af forfængelige grunde ikke anskaffe briller til hverdagsbrug. Hvad skal den blinde egentlig gøre? Ikke engang et par briller ville hjælpe ham, så han kunne se. Han har intet valg. Om han så købte de dyreste briller, ville han ikke kunne se."

Jeg var nu lige ved forretningen og tænkte, lige inden jeg gik ind: "Du skulle skamme dig, det er jo ikke andet end forfængelighed." Jeg købte to par briller og var lykkelig for, at jeg havde brug for dem. Det havde jeg jo ikke haft, hvis jeg havde været totalt blind.

På vej hjem i bussen kom der en dame ind og satte sig lige over for mig. Hun smilede så varmt og smukt til mig. Ja, ikke alene til mig, men også til ham, der sad ved siden af mig. Han begyndte også at smile, og jeg selv kunne slet ikke lade være med at smile. Det kom helt naturligt. Den kvinde udsendte så vidunderlige vibrationer, uden hun selv var klar over det. Det kom indefra, og hun smilede varmt til alle, som om hun havde en indre lykke. Det smittede af på os alle. Det var virkelig usædvanligt, for det er desværre noget, man sjældent møder, tværtimod.

Til sidst kunne jeg ikke lade være med at tænke: "Tænk, hvis vi alle sammen smilede til hinanden. Sikke dejlige vibrationer vi ville udsende. Og hvor ville vi have det godt med os selv og med andre. Prøv at tænke på det positive og ikke så meget på det negative." En hel lektie på min lille tur, som vi alle kan lære noget af.

En morsom oplevelse

For nogen tid siden stod jeg en lørdag formiddag ude i mit køkken, da jeg pludselig hørte et brag, som om et eller andet faldt ned fra væggen.

Jeg gik rundt og kiggede og så til min forundring, at et meget smukt, indisk billede, der forestiller Mester og discipel, malet i smukke farver på sortlakeret træ, var faldet ned fra væggen. Men det mærkelige var, at det ikke var faldet lodret ned, som et billede normalt gør. Det var faldet ned en halv meter til den ene side, hen bag et skab. Jeg kunne lige se hjørnet af det.

Jeg prøvede, om jeg kunne rokke skabet lidt, så jeg kunne få det ud, men det var komplet umuligt, så det måtte jeg opgive. "Det er dog ærgerligt, at det skal ligge der hele weekenden," tænkte jeg.

Så fik jeg en lys ide. I ejendommen, hvor jeg bor, ligger der i stue-etagen både kontor, selskabslokale og et pensionistcenter. Derfor er det ikke en almindelig opgang, man kommer ind i, men nærmest en vestibule med borde og stole, hvor der ofte sidder nogle og hygger sig: også tit ejendommens beboere. Da jeg stod og skulle i byen, tænkte jeg: "Måske sidder der en af ejendommens beboere, helst en stærk mand, som kan hjælpe mig med at flytte skabet lidt, så jeg kan få fat i billedet."

Så jeg gik, og da jeg kom hen i vestibulen, sad der ganske rigtigt en mand og læste i en bog, og det viste sig, at han var inder. Jeg gik hen og hilste, og satte ham hurtigt ind i sagen.

"Jo, det vil jeg gerne."

Vi tog elevatoren op igen, og idet han trådte indenfor, udbrød han: "Jamen, Deres hjem er jo helt indisk, og den gamle mand, der sidder på billedet der, var min farmors Mester."

Det var et billede af Sai Baba af Shirdi, som han pegede på.

"Det stod i hendes stue, kan jeg huske."

"Ja, det er Sai Baba i Hans sidste inkarnation, og der er Sai Baba i denne inkarnation," sagde jeg og viste ham et stort billede af Baba, der hænger på væggen.

"Sai Baba går her på jorden i dag. Han lever i Sydindien i Hans fødeby Puttaparthi, hvor Han har en stor ashram. Mennesker fra hele verden besøger Ham, og det kan De også gøre. Jeg er selv tilhænger af Sai Baba og er blevet ledet af Ham i sytten år. Han er det absolutte faste holdepunkt i mit liv," sagde jeg.

Han var aldeles målløs og overrasket. Han så på de forskellige indiske figurer, jeg har stående. Både Krishna, Rama, Sita og mange andre. Ligeledes kiggede han på alle de indiske billeder, der hænger rundt omkring og var meget forbavset over at møde sin egen kultur i Danmark, så fjernt fra sit fædreland, Indien.

Han løftede skabet ganske lidt, og jeg fik billedet ud. Det havde ikke taget skade. Han sagde: "De siger, at Sai Baba er en inkarnation af min farmors Mester, det vil sige ham, der sidder på billedet der. Det lyder meget interessant. Det må jeg tænke nærmere over."

"Ja, det er rigtigt," sagde jeg. Vi gik da igen. Det hele havde taget omkring ti minutter, og mit billede var på plads igen. Men jeg tror nok, at han havde fået noget nyt at tænke på, der sikkert vil komme til at betyde en hel del for ham. Og det blot på grund af mit billede, der faldt ned fra væggen og havnede bag skabet, og som jeg ikke kunne få ud igen, uden hans hjælp.

Senere, da jeg tænkte nærmere over det, undrede det mig egentlig, at jeg sådan uden videre havde taget en fremmed med ind i mit hjem, hvad jeg normalt aldrig gør. Men i dette tilfælde var det helt naturligt for mig. Jeg tænkte slet ikke på, at det faktisk var forkert, men i dette tilfælde skulle det altså være sådan. Det viste sig jo også, at der var en mening med det.

Baba viser os vejen på mange måder.

I Baba's guddommelige bolig

En oplevelse i en drøm den 6. februar 1995

Jeg var taget af sted for at besøge Baba, da jeg følte, at nu måtte jeg se Ham. Nu kunne jeg ikke vente længere. Jeg ankom til et sted med mange mennesker og gik lidt rundt og så mig omkring. Derpå gik jeg hen til en overordnet og spurgte, om jeg ikke måtte få lov at komme op og besøge Baba

"Hvor kommer De fra, og hvad er Deres navn?" spurgte han. Jeg opgav mit navn og sagde, hvor jeg kom fra.

"Jeg vil gå op og spørge Sai Baba," sagde han.

Lidt efter kom han ned fra en trappe som åbenbart førte op til Baba's privatbolig og kom hen til mig og sagde: "Næh, Sai Baba hviler sig, men jeg skulle byde Dem på et måltid."

Jeg blev lidt ked af det, men satte mig så ned og ventede på maden.

Pludselig så jeg Baba komme ned ad trappen. Han kom hen til mig, smilede og tog min hånd: "Kom."

Jeg blev så overrasket og glad og sagde til Baba: "Må jeg komme med op i Din privatbolig?"

"Ja, det må du." Jeg fulgte efter Baba op ad trappen.

Baba bød mig indenfor. Jeg trådte højtideligt ind i Baba's hjem. Det var utroligt smukt og enkelt, og jeg fornemmede stilheden meget intenst. Baba gjorde tegn til, at jeg skulle komme hen og se ud ad et meget stort vindue. Jeg så en ubeskriveligt smukt og overjordisk skøn, guddommelig park. Jeg vil prøve at beskrive, hvad jeg så, skønt ligegyldigt hvilke ord jeg bruger, vil de aldrig være dækkende.

Lige foran mig brusede et vandfald ned, højt oppe fra, og rislede hen over store usædvanligt skønne sten i alle regnbuens farver. Stenene afspejlede sig i vandet, så alt blev en vidunderlig farvesymfoni. Samtidig hørte jeg vandet, der brusede. Lidt til højre for dette vandfald var der den mest henrivende fontæne, omgivet af et blomsterhav, som jeg aldrig har set magen til. Ud over dette strålede vandet i et lyshav. Alt havde ligesom et rosafarvet skær og var bedårende at se på. Ved denne vidunderlige fontæne gik en lille babyelefant, dekoreret i farver og guld, og slukkede sin tørst.

Lidt længere væk så jeg flamingoer i flok spadsere rundt, ligeledes i helt vidunderlige omgivelser med små fontæner og rislende vandløb overalt, omgivet af utrolig smuk og farverig natur. Al dette fremstod i et stort strålende lyshav. Det var Baba's have i en af Hans guddommelige boliger.

Jeg vågnede og var igen i den verdslige verden. Ja, der er unægtelig en verden til forskel.

Tak, elskede Baba.
Det var det sødeste af det sødeste,
og det skønneste af det skønneste,
Du nogensinde har vist mig.

Min himmelske og jordiske leder

En drøm den 27. februar 1995

I drømmen gik jeg hen og spurgte en overordnet af en slags, om jeg havde fået alt, hvad der hørte til min lejlighed.

"Nej, det har De ikke. Der står noget og venter på Dem. Det er noget højst besynderligt. Det har stået her længe, og jeg har tænkt på, hvornår De mon kom og hentede det."

Jeg fulgte efter ham hen ad en lang gang. Med ét befandt vi os i et stort lyst værelse og midt i dette værelse stod der en smuk barnevogn. Han gik hen til barnevognen og stod og smilede lidt, idet han samtidig kaldte på mig. Jeg gik derhen og til min store overraskelse, så jeg, at der sad den yndigste lille lyshårede pige og smilede til mig i barnevognen. Hun var vel omkring et år gammel.

Jeg blev meget overrasket; tog hende op og spurgte hende: "Har du siddet længe her og ventet på mig?"

"Ja, det har jeg," svarede hun og sendte mig et henrivende smil.

Jeg stod lidt med hende og spurgte så: "Skal du bo her hos mig?"

"Ja det skal jeg," sagde hun og smilede sødt.

"Spiser du almindelig mad?"

"Ja, det gør jeg."

"Jamen, du har jo siddet her længe og ventet på mig, og i al den tid har du ingen mad fået."

"Nej, men det er heller ikke så vigtigt med maden," sagde hun og smilede igen. Det var bestemt ikke et helt almindeligt barn.

Med et stod jeg helt alene og en stemme fra oven talte blidt til mig: "Jeg er din Himmelske Leder. Men Sai Baba er din Leder på jorden. Det er også Sai Baba, der leder dig på det indre plan. Ham skal du følge. Han elsker dig meget højt."

Det føltes meget smukt og højtideligt. Det var som selve Guds stemme, der talte til mig. Jeg formoder, at det lille barn er symbolet på mit højere Selv.

En besked fra Cosmos

Nogle dage efter havde jeg en sjov oplevelse. Jeg stod ved et stoppested og ventede på en bus. Jeg lagde mærke til, at der kom en lille hvid minibus kørende. På forruden var der med store bogstaver formet en tekst af lidt mørkere glas. Bogstaverne var så store, at de fyldte hele ruden. Da bilen kom nærmere, så jeg, at der stod *COSMOS*. Den standsede for rødt og holdt nu lige ud for mig. På siden af bilen stod der med store røde bogstaver *ALT TIL KONTORET*.

Jeg kiggede lidt på den og tænkte på min telefonopringning med "ALT TIL KONTORET". Baba, Baba, jeg har for længst fået ALT TIL KONTORET og er i fuld gang." Besked fra Cosmos. Den lille hvide bil kørte videre, og jeg steg op i bussen og syntes, at det hele var morsomt.

Jeg gider ikke

Jeg sad en aften og så en film i fjernsynet. Det var en kinesisk film, der hed *Den Store Parade*. Den begyndte imidlertid at kede mig, da de kinesiske soldater ikke bestilte andet end at marchere eller udføre eksercits morgen middag og aften i en uendelighed.

"Sker der mon dog ikke snart noget andet? De kan da ikke blive ved og ved med det samme," tænkte jeg. Men de blev ved med at marchere eller udføre eksercits, og det endte med, at jeg faldt i søvn af bare kedsomhed. Da jeg vågnede, marcherede de endnu, så jeg slukkede for fjernsynet og tænkte: "Nu kan det være nok med det."

Jeg gør altid nogle lette små øvelser om aftenen, inden jeg går i seng. Men jeg var blevet så træt af at se på de kinesiske soldater og deres disciplin, så da tidspunktet kom, hvor jeg skulle til at gøre mine øvelser, tænkte jeg: "Det er da godt, at du ikke er i den kinesiske hær og skal tvinges til den slags dag ud og dag ind. Næ, her bestemmer jeg selv, om jeg vil gøre mine øvelser, og det gider jeg altså ikke i aften." Derpå gik jeg i seng. Om natten kom Baba til mig i en drøm.

En drøm den 4. april 1995

Jeg sad og ventede på Baba's darshan et eller andet sted. Der var mange mennesker. Pludselig gik en dør op, og man så ind i en smuk spisestue. Baba sad ved et stort spisebord med nogle disciple omkring sig. De sad tilsyneladende og ventede på middagen.

Uventet rejste Baba sig op og kom ud for at give darshan. Han gik hen og tog et brev, som en tilhænger rakte op til Ham. Derefter kom Han over til mig og stod stille foran mig. Jeg bøjede mig ned og kyssede Baba's fødder. Derpå tog Han mig i hånden og gjorde tegn til mig, at jeg skulle komme med ind og spise sammen med Ham.

Jeg fulgte efter Baba ind i den smukke spisestue. Da vi var kommet ind, tog Baba mig lidt til side og begyndte nu, lige foran mig, at udføre de øvelser, som jeg gør hver aften, hvorpå Han sagde til mig i en myndig tone: "Nu kan du gå ud og gøre dine øvelser, og når du har gjort det, kan du komme tilbage og spise sammen med os." Jeg vågnede da.

Jeg tror nok, at det er sidste gang, jeg fik sagt til mig selv: "Jeg gider ikke gøre mine øvelser i aften."

Jeg er ganske vist ikke i den kinesiske hær, men jeg er elev af Baba og går i Baba's skole, og der er der ikke noget, der hedder: "Jeg gider ikke."

Igen et par mystiske opringninger

Den 2. maj 1995

Jeg har haft meget travlt ved skrivemaskinen i dag. Det samme var til-fældet i går. Det er ret vigtigt, det jeg sidder og skriver om. Det drejer sig om en arv.

Jeg sidder og prøver på at skrive fakta ned. I går havde jeg skrevet hele dagen, så i morges, da jeg vågnede, havde jeg ikke lyst til at stå alt for tidligt op. Jeg vendte mig om på den anden side og sov videre, men blev så vækket af telefonen.

En dame spurgte: "Er det knallertværkstedet?"

"Nej, det er det ikke. Hvilket telefonnummer skal De have?"

Hun lød som en ældre dame og sagde: "Jeg sidder med et stykke papir her, men jeg ser meget dårligt. Nu kan jeg se telefonnummeret tydeligt", og hun nævnte mit nummer.

"Forstår De, jeg har en knallert med støttehjul, og den er på værk-sted, men jeg har nok fået forkert nummer, så det må De meget und-skylde."

"Det gør ikke noget, men det her er ikke et knallertværksted."

Jeg gik hen og prøvede på at sove videre. Der gik ikke et minut, så ringede telefonen igen. Endnu engang måtte jeg op. Det var damen igen, der begyndte forfra, men jeg stoppede hende.

"Undskyld, men jeg forstår det ikke."

Nu havde jeg tabt lysten til at sove videre og stod op. Jeg tænkte lidt over det med opringningen, mens jeg lavede morgenkaffe. Jeg kunne ikke lade være med at tænke på, hvor meget jeg skulle renskrive. "Så måske," tænkte jeg, "er det nok bedst at få fart på, nøjagtig som en knallert, der kører ud af vejen med fuld fart på." Jeg kom hen til min skrivemaskine i en fart. Jeg tænkte, at det egentlig var mærkeligt, at en ældre dame, der ser dårligt, i det hele taget kører på knallert?

Jeg var kommet godt i gang ved skrivemaskinen, da telefonen på ny ringede. En dame spurgte: "Er det Tava?" (eller noget i den retning).

"Nej, det er det ikke. Det må være forkert nummer, De har fået.

Hvad nummer skal De have?"

Her nævnte hun mit nummer.

"Det er mærkeligt, for mit nummer er hemmeligt."

"Det forstår jeg ikke, for det er det telefonnummer, der står her."

"Hvad drejer det sig om?"

"Jo, forstår De, jeg bruger støttekorset, og jeg ville spørge om noget vedrørende det, og det var der, jeg ville ringe ind, men jeg forstår ikke, hvordan jeg kan få Deres nummer, når De har hemmeligt telefonnummer. Det må De meget undskylde."

"Det gør ikke noget." Men jeg kunne ikke lade være med at more mig og tænkte: "Støttekorset" ... "Støttehjul" ... Jeg fortsatte med mit arbejde.

Da jeg i øvrigt, nogle dage forinden, var påbegyndt dette arbejde, tænkte jeg, at det ville være morsomt, om der kom endnu en af de mystiske opringninger lige her og nu. Da ville jeg vide, at det, jeg var gået i gang med, var rigtigt, men telefonen ringede selvfølgelig ikke. Cirka ti minutter senere dumpede der noget ind ad brevsprækken. Det viste sig at være en flad pakke. Da jeg åbnede den, så jeg, at det var min egen bog, *Med Baba ved min side*, som jeg sad med i hænderne. Det, følte jeg, var et svar fra Baba. Det var fra en dame, jeg havde lånt den til, som sendte den tilbage vedlagt et smukt kort.

Den 6. maj 1995

Jeg har været inde i byen i dag. Da jeg kom hjem, lå der et brev til mig fra Skifteretten, hvori dommeren skrev, at modparten i denne sag havde taget en advokat til at føre sagen for sig. Fakta er, at der bliver en retssag, som jeg må deltage i. Ønsker jeg egentlig det?

I nat havde jeg en meget symbolsk drøm, der fik mig til at tænke dybere over det.

Jeg så ned i en dyb og meget bred dal; ikke fyldt med blomster, men med mudder; modbydeligt, tykt mudder. I denne store mudderdal arbejdede mennesker i lange rækker. De lavede store mudderbjerge med cirka tre meters mellemrum. Det vil sige, de blev trukket op og ned i mudder hele tiden og var indsmurt i mudder. Samtidig var der en frygtelig larm fra deres kroppe, når de blev trukket op og ned. Det var frygteligt at se på.

Jeg stod sammen med nogle mennesker og så ned på dette og væmmedes ved det. Jeg sagde til en, der stod ved siden af mig: "Se der, det er en kvinde. Hun bliver dunket op og ned ustandseligt. Hvordan kan hun dog holde til det? Se hvor udmattet hun er og helt smurt ind i mudder." Men hun måtte fortsætte i en uendelighed op og ned i mudderbadet i rækken af mange mennesker, der alle kæmpede på samme måde.

I det samme så jeg ned ad mig selv, og så, at jeg var blevet helt overstænket med mudder. Jeg havde en smuk løsthængende hvid kappe på, der nu var blevet helt ødelagt. Jeg kiggede på det svineri og tog den så til sidst af og smed den hen i en snavsetøjskurv. I det samme vågnede jeg.

Det var jo stof til eftertanke. Da jeg tænkte nærmere over det, besluttede jeg, at jeg ikke ville deltage i en retssag om penge. Selvfølgelig skal jeg ikke involvere mig i et verdsligt spil om penge. Det er ikke andet end mudderkastning. Jeg skal kun gå den åndelige vej, som Baba viser mig. Jeg ved nu, at det er det, Han støtter mig i og ikke, om jeg kan vinde en retssag.

Baba vil vise mig, at det skal være mit højere Selv, der styrer mig. Ligegyldigt hvad jeg kommer ud for, skal jeg blive på den åndelige vej og ikke lade mig rive med af verdslige sager. Kun mit forhold til Baba har betydning og intet andet.

Endnu en lektie om ikke at lade sig styre af sanserne og ens ego.

Endnu en besked fra Baba i en drøm

Jeg sad på en café og fik en kop kaffe, mens jeg ventede på at skulle til et eller andet. Jeg kan ikke huske hvad, men jeg var i god tid.

Jeg sad og kiggede op på et stort billede, der forestillede en boksekamp. Det var meget flot indrammet, så det har nok været nogle kendte navne og en kamp af betydning.

Pludselig blev figurerne på billedet levende, og kampen var i fuld gang. Jeg var aldeles målløs og fulgte dybt betaget kampen.

Lige med et standsede de, for der skete noget højst besynderligt. Begge boksere glemte alt om kampen. De stod og så op med skrækken malet i deres ansigter. Ovenfra kom noget svævende ned mod dem i ringen. Noget de aldrig havde oplevet før.

Ovenfra kom Baba svævende lige ned midt i ringen og deltog i kampen. Baba gav dem nogle ordentlige slag. De havde fået en værdig modstander. Baba kunne de ikke hamle op med. De blev slået ud og kampen var slut.

"Må jeg betale?" sagde jeg til tjeneren.

"Ja, værsgo," sagde han og kom med en stor regning.

"Hvad i alverden bilder De dem ind? Det skylder jeg aldeles ikke."

Han begyndte at gøre tilnærmelser til mig, hvorpå jeg gav ham en lussing.

"Vær venlig at komme med en regning på nøjagtig det beløb, jeg skylder."

Han blev flov og kom nu med den rigtige regning og hjalp mig frakken på. Jeg gik.

Symbolikken i dette er, at boksekampen var kampen om pengene vedrørende arven. Baba kom svævende ned i ringen og blandede sig. Han slog os ud. Vi havde fået en værdig modstander. Kampen var slut. Mit højere Selv så til. Endelig forstod jeg. Jeg deltog selvfølgelig aldrig i retssagen vedrørende arven. For pengene betød intet for mig. Kun det, som Baba viste mig i drømmene, havde betydning.

Utroligt!

Et par besynderlige oplevelser

Jeg gik ind i et supermarked for at handle. Jeg havde taget en kurv og var nået helt ned i den anden ende af supermarkedet og stod stille for at se på varerne der.

En ældre dame med stok stod ved siden af mig. Pludselig siger hun til mig: "Jeg har glemt at tage en kurv."

Jeg nikker og peger i retning af, hvor de står og skal til at gå videre. Så gentager hun: "Jeg har glemt at tage en kurv."

Først da standser jeg helt op og forstår så, hvad hun mener. Nemlig, at jeg burde gå hele vejen tilbage for at hente en kurv til hende, skønt jeg faktisk har travlt. I samme sekund tænkte jeg: "Baba, det er en af de sædvanlige prøver, som Du sætter mig på." Øjeblikkelig sagde jeg til hende: "Nu skal jeg hente en kurv til Dem, frue."

Jeg gik da hele vejen tilbage, uden at være ærgerlig. Det mærkelige var, at hun fulgte efter mig, hvad der jo var helt unødvendigt, eftersom jeg hentede kurven til hende, og hun var dårligt gående. Det, syntes jeg, virkede helt komisk. Jeg var nu nået helt hen ved udgangen, hvor kurvene stod. Jeg tog en kurv til hende. Hun stod da lige bag ved mig.

"Værsgo."

"Mange tak skal De have, hvor var det venligt af Dem," sagde hun, hvorpå hun minsandten gik hen og stillede kurven tilbage og gik sin vej.

Jeg kiggede noget forbavset efter hende og tænkte: "Det er egentlig besynderligt, som folk opfører sig." Men da jeg kom hjem, tænkte jeg lidt dybere over det og meningen er denne: "Har vi i virkeligheden alle sammen så travlt med vores eget, at vi ikke har tid til at standse op et øjeblik for at hjælpe en ældre dame, der er dårligt gående. Så ser det minsandten ikke godt ud for os."

En lektie fra Baba.

Jeg sad på en bænk i dejligt solskin og ventede på en bus. En dame, der var blind, kom hen og satte sig ved siden af mig, idet hun spurgte: "Kommer linje 10 her?"

"Ja, det gør den, men der er lige kørt en. Skønt med det dejlige vejr, vi har i dag, så gør det jo ikke noget, hvis man skal vente i fem minutter. Det var værre, hvis det styrtede ned."

"Det kan De sagtens sige, De som kan tåle solen. Det kan jeg ikke, jeg har psoriasis. Kan De se, at jeg må gå med handsker i den varme? Det er ulideligt."

"Nåh ja, det kan jeg se. Så er det jo ikke lige sagen for Dem at sidde midt i solen, men måske er der en bænk i skyggen."

"Nej det gør ikke noget, jeg er så vant til det. Forresten har jeg lige været inde og se en kunstudstilling på Nationalmuseet, og den var meget smuk."

"Det var da dejligt, men nu kommer min bus, og jeg må videre. Deres bus kommer sikkert inden længe, så farvel igen."

Jeg. sad lidt og tænkte på, at det måtte være forfærdeligt ikke at kunne tåle solen. Ugen før havde vi haft højsommer, og jeg havde ligget ved stranden hver dag og nydt solen. Først da kom jeg i tanke om, at det egentlig var mærkeligt, at man, når man er blind, så går på Nationalmuseet for at se en kunstudstilling!

Det er den slags situationer, Baba ustandselig sætter mig i, så jeg helt automatisk kommer til at tænke dybere over tingene. Det er helt givet nødvendigt for os alle sammen, så vi i tanke, ord og handling kan prøve på at efterleve Baba's budskab.

En ny opringning den 30. maj 1995

Telefonen ringede, og en dame sagde: "Er det hos Advokaterne?"

"Nej, det er det ikke, De må have fået forkert nummer."

To minutter efter ringede den samme dame igen.

"Det var mig, der ringede til Dem før. Jeg vil bare sige, at Deres telefonnummer står i *Kraks Vejviser*."

"Nå, det må jeg undersøge nærmere. Det er da besynderligt, når jeg har hemmeligt nummer. Hvad står det i øvrigt under?"

"Under Advokaterne."

Jeg ringede derpå ind til Kraks Vejviser og forklarede dem sagen. En venlig dame undersøgte det. Jeg ventede en lille tid. Hun kom da tilbage og sagde til mig: "Der er ingen advokater, der har det telefonnummer. Lad mig lige få Deres adresse., så vil jeg slå den op og se, om der skulle være noget forkert der."

Nogle minutter gik, så kom hun tilbage og sagde: "Der står …" Her nævnte hun mit navn og adresse, og at jeg har hemmeligt telefonnummer.

"Så vi kan desværre ikke komme videre. Det beklager vi," sagde hun. Jeg tænkte lidt dybere over det: "Kraks Vejviser. Ja, der er nok en, der viser mig vejen og den vej må jeg følge."

Med hensyn til den telefonopringning viste det sig senere, at det virkelig havde en betydning med hensyn til advokaterne. Nogle dage efter modtog jeg et brev fra en advokat, der anmodede mig om at tale med min advokat vedrørende retssagen, som jeg ikke ønskede at deltage i. Han skrev: "*Der skal ske et privat skifte, så De bliver nødt til at tale med Deres advokat. Så bliver det mig selv, der repræsenterer min klient og Deres advokat, der så forhandler på Deres vegne. Før kan vi ikke få sagen afsluttet.*"

Jeg ringede da min advokat op og hun sagde: "Jo, det er rigtigt. De kan slet ikke undgå privat skifte. Det er lovene i dette land. Arvesager og skifteret og så videre er meget tunge at danse med, men det skal De ikke tænke på. Det tager jeg mig af. Jeg sender Dem blot en formular, som De skal underskrive, hvor De giver mig fuldmagt til at handle på Deres vegne, og så får vi hurtigt sagen afsluttet."

Det gjorde jeg så.

Det vil sige at "Advokaterne afsluttede sagen." Så kan man jo kun gætte sig til, hvem det var, der sørgede for, at jeg kom til at stå i Kraks Vejviser under advokaterne, også selv om jeg har hemmeligt telefon-nummer. Ja, hvad skal man dog tro?

Endnu en opringning

Atter ringede min telefon. En kvinde sagde på en morsom måde: "Er det *Diner's Club*?"

"Nej, det er det ikke. De må have fået forkert telefonnummer," sag-de jeg. Jeg tænkte: "*Diner's Club*, hvad i alverden skal det betyde?"

Men senere kom jeg i tanke om, at i alle de mange år, hvor jeg er rejst til Baba, har jeg altid boet på det samme hotel i Bangalore. Og hver eneste gang, jeg har stået ved receptionen, er mine øjne faldet på en tavle, hvor der står: "De kan betale med *Diner's Club* og så videre." Så huskede jeg pludselig, at hver gang jeg er kørt fra Bangalore og ud til Whitefield, har jeg ligeledes lagt mærke til en stor reklame for *Diner's Club*, som man passerer på vejen. Mærkeligt, at jeg pludselig skulle huske de to ting med Diner's Club. Så måske er det snart tiden til at tage til Indien igen. Det vil vise sig.

Nogle dage senere skulle jeg i banken. Der var en lang kø og endelig blev det min tur. Manden ved kassen sagde da uopfordret: "De burde have et kort."

"Nej, nu har jeg haft min bankbog i så mange år, så den beholder jeg."

"Jamen, så er De fri for at stå i kø."

"For resten, kender De noget til Diner's Club?"

"Ja, men jeg bruger Masters (Mester). Den er lige så god."

Først da jeg gik ud af banken, tænkte jeg: "Mester, det er næsten for morsomt Baba." Det er nok et tegn fra min Mester, at Han snart ønsker at se mig.

Blyanterne

En drøm den 6. juli 1995

Jeg befandt mig på et helt vidunderligt sted, hvor lyset kom, som alle vegne fra. Der var mange mennesker med en utrolig dejlig atmosfære og en afslappet stemning.

Uventet kom Baba ud og gik rundt iblandt os. Han stod nu foran mig og smilede kærligt til mig. Han gik derpå ind og kom hurtigt ud igen med hånden fyldt med blyanter. De lå hulter til bulter i Hans hånd. Baba gav dem til mig, men jeg var omringet af mange mennesker, som alle ville have en blyant, og inden jeg så mig om, var de væk. Baba kom nu ud igen. Denne gang med et bundt pænt samlede blyanter og gav også dem til mig. Disse beholdt jeg.

Jeg sad og så mig omkring, og lidt fra mig sad der en kvinde, aldeles uhøjtidelig og meget livlig at se på. Baba nærmede sig hende, og idet Han stod foran hende, tryllede Han en stor skøn rosafarvet sten frem. Idet Han lagde den i hendes hånd, forvandlede stenen sig til smukke rosenblade i rosafarvet perlemor. De var helt henrivende. Hun var totalt overrasket og så længe på de smukke rosenblade af perlemor, der lå i hendes hånd. Man kunne se på hende, at hun var meget bevæget.

Baba var nu gået ind igen, og folk spredtes lidt. Nogle blev siddende, hvad jeg også gjorde, og nogle stod og snakkede i små grupper. Alle havde det dejligt. Men der var en, der foretog sig noget helt specielt, og det var kvinden, som Baba havde materialiseret stenen til. Jeg så endnu engang hen på hende og så til min forundring, at hun minsandten dansede Charleston. Hun dansede, så støvet hvirvlede omkring hende i et forrygende tempo. Alt imens hun dansede, skinnede Solen på hende, og man kunne se, at hun morede sig og havde det dejligt. Idet jeg så hen på hende, tænkte jeg: "Hun er da utrolig, hun danser minsandten Charleston."

Lidt efter stod jeg og talte med nogle venner. I det samme kom Baba ud igen og styrede hen imod os. Han henvendte sig til mig og sagde på en meget kærlig måde: "Du skal danse forrest i dansen, men kan du den?"

Helt bestyrtet over denne ære og samtidig noget nervøs svarede jeg: "Nej, det tror jeg ikke Baba."

I det samme kom en kærlig sjæl hen til mig, lagde blidt en hånd på min skulder, idet han sagde: "Jeg skal nok hjælpe hende med at lære den."

Baba så tilfreds ud. Han gik videre, og standsede igen foran kvinden, der nu havde sluttet sin forrygende dans.

Han gav hende megen opmærksomhed og sagde noget sjovt til hende, som hun morede sig meget over. Baba gik derpå ind og darshan var forbi.

Til sidst stod jeg og så hen på hende. Hun stod da helt alene og så meget betænksom ud. Jeg tænkte ved mig selv: "Hvor er jeg glad på hendes vegne, at Baba gav hende så megen opmærksomhed?" Af en eller anden grund følte jeg mig ét med hende, som hun stod der og tænkte dybt over tingene. Jeg vågnede da.

Symbolikken: Baba kommer ud med hånden fuld af blyanter, der ligger hulter til bulter i Hans hånd. Da Han kommer ud anden gang, ligger blyanterne pænt samlet i et bundt. Jeg har jo skrevet bogen, *Med Baba ved min side*. I virkeligheden er Baba selv forfatteren, da det meste i bogen er drømme og visioner, som Baba kommer til mig i, og i dem alle er der en morale, som vi alle kan tage ved lære af.

Om morgenen når jeg vågner, og Baba er kommet til mig i en drøm om natten, skriver jeg straks drømmen ned. Det gør jeg altid med blyant, for så senere at redigere og renskrive den. I begyndelsen skrev jeg blot drømmene hurtigt ned og gjorde ikke mere ved det. Alle de smukke drømme var blot skrevet ned på løse ark med blyant, og der fik de lov til at ligge.

Symbolikken: Blyanterne Baba gav mig, der lå hulter til bulter, viser, at der ikke var orden. Først, da det gik op for mig, at Baba ønskede, at jeg skulle skrive en bog, fik jeg system i det. I dag får løse ark, skrevet med blyant ikke lov at ligge, men bliver redigeret og renskrevet med det samme. Symbolikken i dette er, at blyanterne, som Baba gav mig anden gang, og som lå i et pænt bundt, viser, at der nu er orden i tingene. Jeg skriver stadig drømme og visioner ned med blyant.

Da Baba kom ud og sagde til mig: "Du skal danse forrest i dansen, men kan du den?" hentyder Han til bogen, jeg har skrevet, *Med Baba ved min side*. Her hentyder Baba til moralen i alle drømmene; har jeg selv lært at leve op til dem? Kan jeg ikke leve op til, hvad jeg selv har skrevet, er jeg så værdig til at få lov til at skrive endnu en bog i Baba's navn? Når man skal danse forrest i en dans, må man kunne trinene, ellers er man ikke den rette til at danse forrest. Med andre ord får jeg lov til at skrive bogen.

Kvinden, der dansede Charleston, skal selvfølgelig symbolisere mit lavere selv. Medens hende, som Baba gav blyanterne til, og som skulle danse forrest i dansen, symboliserer mit højere selv. Jeg er lykkelig for, at jeg fik hjælp til at lære dansen. Ellers så det vist ikke alt for godt ud.

Hvad enten man nu skal danse forrest i en dans eller gøre andre ting, der er nødvendige for at komme videre i sin åndelige udvikling, må man helt og fuldt gå den vej, som Baba viser én. Også selv om den til tider kan være svær.

I øvrigt rejser jeg til Indien den 2. august, da jeg føler, at Baba ønsker at se mig. Jeg glæder mig meget til at se Ham igen, men hvordan vil denne rejse mon forløbe?

Til Indien igen i 1995

Ja, hvordan forløb denne tur så? Det er svært at sige, for jeg ved ikke hvor jeg skal begynde, og hvor jeg skal ende. Men lad det være sagt med det samme, det blev det smukkeste ophold, jeg nogen sinde har oplevet hos Baba, så intenst og fyldt med kærlighed.

Jeg var ikke klar over det, men Baba ønskede, at jeg skulle komme til Krishnas fødselsdag den 18. august. Det vidste jeg heller ikke, men det gik senere op for mig.

Da jeg skrev min bog, *Med Baba ved min side*, der udkom i 1994, var der det besynderlige, at omslaget absolut skulle være lyseblåt, Krishnas farve. Det var ikke noget, jeg havde planlagt. Ligeledes er det sidste ord i bogen *Krishna*. Heller ikke dette, havde jeg planlagt, syntes blot, at det var morsomt, at det lige blev sådan. Og endelig blev der malet et lille billede af Krishna, der kom med i bogen netop på den side, hvor der er beskrevet en drøm og en vision, hvori Krishna kom til mig. Det, at der blev malet et billede af Krishna, som kom med i bogen, havde jeg så sandelig heller ikke planlagt.

Jeg har indimellem moret mig over det og mange gange tænkt på, både før og efter den udkom: "Hvorfor mon Krishna egentlig skulle markeres så stærkt i denne bog? Baba, er det mon fordi, Du vil vise mig, at Du er en inkarnation af Krishna? Hvad er ellers meningen med det?"

Med hensyn til, om Baba er en inkarnation af Krishna, så har jeg aldrig gjort det helt op med mig selv. Og hvordan kan jeg i det hele taget vide det? Det har været min holdning, lige indtil den morgen på Krishnas fødselsdag, hvor jeg med tusindvis af mennesker trådte ind på tempelpladsen, der var smukt dekoreret overalt i anledning af Krishnas fødselsdag. Idet Baba kom ind på pladsen i citrongul kappe, brød jubelen løs, og fra det øjeblik løb tårerne mig ned ad kinderne. Der var intet at gøre. Det var som en strøm, der ikke ville standse. Og værre endnu blev det, da Baba's elefant Geetha kom ind på pladsen i fuldt ornat, efterfulgt af nogle af Baba's køer, som ligeledes var festligt dekorerede. Det var et pragtfuldt syn. Da Baba gik ned og fodrede Geetha med bananer, ville jubelen ingen ende tage. Og jeg selv var simpelthen opløst i gråd. Det var som om, at det skulle fortsætte i al evighed. Jeg forstod det ikke, da jeg normalt ikke har så let til tårer, men det havde jeg åbenbart i dette tilfælde, og kærligheden til Baba var i dette øjeblik det altoverskyggende. Baba gik rundt iblandt os og der var en festlig stemning. Til sidst gav Han tegn til, at vi alle skulle have prasad (guddommelig føde), og medens jeg sad og spiste min prasad, blev den blandet med mine tårer. Det var en meget intens oplevelse, som jeg aldrig vil glemme.

Til allersidst tændte Baba den hellige flamme og gik til sin bolig, alt imens tusindvis af mennesker sang arathi. Om eftermiddagen holdt Baba tale. Og minsandten skete der det utrolige, at jeg mellem tusindvis af mennesker var så heldig at komme til at sidde i første række, så jeg tydeligt kunne se Baba fra Hans talerstol, alt imens Han holdt en vidunderlig tale til ære for Krishna.

Min tvivl var forsvundet. I dette øjeblik vidste jeg: "Baba er en inkarnation af Krishna."

Det var nogle dejlige uger, hvor jeg solede mig i Baba's nærhed og i al den opmærksomhed, Han gav mig. En af de første dage hilste Han på mig under darshan, dog uden at sige noget, men Han smilede varmt til mig. Jeg følte mig meget velkommen. Ligeledes lod Han mig mange gange komme sig nær, hvor jeg fik lov at berøre Hans fødder. Et par gange, hvor jeg sad i første række, standsede Han og bøjede sig ned mod mig og så kærligt på mig, alt imens Han modtog breve fra folk rundt omkring mig. Og ofte så jeg Ham materialisere vibhuti (hellig aske), ikke langt fra hvor jeg sad. Når man har opholdt sig en tid i den vestlige verden, langt væk fra den slags fænomener, er det vidunderligt at se dem igen.

Prasanthi Nilayam er blevet bygget om. Det er blevet utroligt smukt. Hele pladsen foran templet, hvor man sidder til darshan, er blevet dækket til med et smukt loft i rosa og med store skønne krystallysekroner, der hænger overalt. Samtidig er der bygget store marmorsøjler på pladsen, og gulvet er blevet belagt med en slags marmor, der er behagelig at sidde på, og man er således beskyttet mod både sol og regn. I midten af loftet er der lavet en tagkonstruktion, der kan køre frem og tilbage, alt efter hvordan vejret er.

Da jeg var der, var denne tagkonstruktion ikke helt færdig. Der gik et hold håndværkere og arbejdede deroppe. En dag da Baba gik rundt iblandt os, kiggede Han med jævne mellemrum derop, og pludselig kaldte Han dem ned. Da de kom ned på pladsen, knælede de en efter en og berørte Baba's fødder. Og så lige med ét materialiserede Baba en ring til lederen og satte den på hans finger. Det kom så uventet og gik så hurtigt, at det kom helt bag på os alle, da det er yderst sjældent, at Baba materialiserer noget, når Han går rundt blandt folk. Lederen fra

170

holdet var et stort smil. Det kom nok allermest bag på ham. Han faldt på knæ og takkede Baba, hvorpå Baba roligt gik videre. Det er småting for Baba, som Han ikke gør noget særligt ud af, men det er minsandten ikke småting for os andre at opleve den slags mirakler.

Efter cirka tre uger var det slut med opmærksomheden fra Baba, og det, syntes jeg, var OK. Han havde givet mig så meget. Da kom Han til mig i en drøm:

Jeg sad til darshan i første række, da Baba pludselig stod foran mig. Han så intenst på mig, tog mig blidt i begge hænder og trak mig op, hvorpå jeg smeltede sammen med Ham. Jeg vågnede da. Udover det at smelte sammen med Ham, hvad der jo er meningen med det hele, gik den dybere mening med drømmen først op for mig om eftermiddagen.

Jeg sov altid til middag mellem klokken 13 og 14. Det er nødvendigt, når man er oppe klokken fem om morgenen. Det havde jeg også gjort den dag. Jeg stillede altid mit vækkeur til klokken 14 og gik så til darshan 14:30. Da jeg havde gjort mig i stand og var klar til at gå, kiggede jeg flygtigt på mit armbåndsur og så til min forundring, at det viste, at klokken var 15. Jeg blev forbavset, for mit vækkeur viste, at klokken kun var 14:30, og de to ure stemte altid overens. "Det var da mærkeligt. Det forstår jeg ikke spor af, og batteriet er helt nyt," tænkte jeg. Jeg måtte skynde mig, hvis jeg skulle nå at komme med i rækkerne, før de lukkede af, hvad de gjorde klokken 15. Men ak, da jeg kom, var det allerede for sent. Jeg kom ikke med i rækkerne. Da huskede jeg drømmen og forstod: Det var et tegn fra Baba om, at det var på tide at rejse hjem.

Mens jeg lå og sov middagssøvn, havde Baba stillet mit vækkeur en halv time tilbage, så jeg ikke skulle være i tvivl om meningen med drømmen. Det er dejligt at få klar besked, så ved jeg, hvad jeg har at rette mig efter. For mange år siden gjorde Baba i øvrigt det samme, så jeg har prøvet det før.

Fra den dag kom jeg ikke tæt på Ham mere, hvilket, jeg følte, var helt i orden. Jeg rejste tre dage senere helt fyldt op og samtidig helt kørt ned, dels på grund af de høje varmegrader og dels som følge af det strenge liv i ashramen. Men måske allermest, fordi opholdet havde været så intenst. Jeg rejste meget lykkelig og uvidende om, hvornår Baba ønskede at se mig igen. Jeg ved, at det er noget, som Han bestemmer.

Han giver mig, hvad jeg har behov for og ikke nødvendigvis, hvad jeg ønsker. Det, Han gør, er det rigtige; intet spørgsmålstegn ved det.

En af de sidste dage, jeg var der, skete der noget meget interessant. Under mit ophold besværede jeg mig ind imellem over den manglende respekt, som en del af de mennesker, der kommer i dag, mangler. Ligeledes virker den selvhøjtidelighed og fanatisme, som man også ser meget af, forkert. Atmosfæren er i de senere år blevet anderledes.

Det var lige inden bhajans om morgenen. Jeg sad i mine egne tanker, men følte så, at jeg sad lidt klemt og spurgte hende ved siden af mig, om hun ikke kunne rykke en lille smule, hvilket hun gjorde. Lige i det sekund begyndte vi at synge bhajans, og alle var koncentreret om at synge OM. I det samme så jeg ned og blev højst forbavset, fordi der i mit skød lå et lille Hindublad med en af Hinduguderne udenpå. Skriften var sandsynligvis sanskrit eller telegu, som er Baba's modersmål. Jeg vidste det ikke, men gættede på det. Jeg spurgte straks den indiske kvinde, der sad ved siden af mig, om det var hendes blad, hvad hun sagde nej til. Jeg spurgte ligeledes en indisk kvinde, der sad bag ved mig, om det var hendes, hvad hun også sagde nej til.

Da bhajans var færdig, spurgte jeg de andre, der sad omkring mig, men ingen kendte noget til bladet. "Nå," tænkte jeg, "så må det være til mig. Men det kan da ikke sådan være dalet ned fra himlen eller kan det?" Da jeg kom udenfor, spurgte jeg en indisk kvinde, om skriften var sanskrit eller telegu og ligeledes om, hvem Gudinden udenpå var.

"Madame, det er gudinden Kali, der er udenpå, og teksten er på telegu."

"Tak skal De have."

Gudinden Kali repræsenterer Kali Yuga. Den tidsalder vi lever i nu. Det kan tydeligt mærkes overalt og selvfølgelig også nede hos Baba. Det var måske det, Han ville vise mig?

Det lille Hindublad, der den dag helt ubemærket blev lagt med en usynlig hånd i mit skød, står nu på mit husalter.

Forunderligt!

Jeg ankom til Bangalore og tog til Air India for at få en plads i flyet hjem. Her blev min tålmodighed sandelig sat på en prøve. For det viste sig, at der ikke var plads i flyet den første uge. Jeg blev aldeles bestyrtet ved tanken om, at jeg skulle opholde mig i Indien endnu en uge; kørt ned rent fysisk, som jeg var.

Jeg blev sendt ind til en overordnet, som skulle tage sig af det. I hele to dage sad jeg foran hans skrivebord, kun afbrudt af at spise frokost og turen tilbage til Air India igen. Der var stadig ingen udsigt til, at jeg kunne få en plads i flyet, for beskeden fra Bombay lød hver gang at alt var optaget. Den anden dag om eftermiddagen spurgte Mr. Govinda mig, om jeg var tilhænger af Sai Baba, hvad jeg jo kun kunne svare ja til. Han spurgte mig, om Baba nogen sinde var kommet til mig i en drøm. Det fortalte jeg så lidt om, hvad han syntes var yderst interessant. Han var ikke selv tilhænger af Baba, men havde stor respekt for Ham.

Klokken blev 15, men der var stadig ingen plads. Jeg var ved at gå.

"Nej, vent lidt. Jeg forsøger igen," sagde Mr. Govinda. Klokken blev 16. Mit humør dalede til nulpunktet. Til sidst var klokken blevet 17, Air India kontorets lukketid, og jeg følte, at alt håb var ude med hensyn til næste dag.

"Jeg er ked af det, men vi lukker nu."

"Jeg ved det. De har gjort, hvad De kunne."

Klokken var efterhånden blevet 17.30. Han var ved at pakke sammen og sagde, at han følte sig træt. Det havde været en hektisk dag for ham, for ind imellem havde han jo ekspederet mange andre kunder, der skulle til alverdens steder på kloden. Det var ikke så sært, hvis han følte sig træt.

Så sagde han pludselig højlydt, næsten opgivende: "Hvorfor giver Sai Baba mig dette problem?"

Der gik ikke et minut, så ringede telefonen med besked fra Bombay: Der var en plads til mig i flyet næste dag. Og lykkelig var jeg og ligeledes Mr. Govinda.

Da jeg gik, sagde jeg til ham: "Tak for al Deres tålmodighed. Uden den havde jeg aldrig fået en plads. Det var derfor, Baba gav Dem dette problem. Tålmodighed er vigtigt, også jeg må lære det. Jeg håber, at De vil sove godt i nat og få en sød drøm, hvor Baba kommer og takker Dem for al Deres tålmodighed."

Han morede sig. Udviser man tålmodighed, får man som regel et resultat. Det var dette et bevis på. Jeg sidder i flyet på vej til Bombay. Det har været utroligt varmt i den tid, jeg har været der, kun med et par dages regn indimellem. Monsunen er ved at være slut, men pludselig kan det begynde at regne så voldsomt, at gaderne i løbet af ingen tid kan blive til vandløb. Og sådan var vejret, da vi lettede fra Bangalore.

Da vi ankom til Bombay var det et uvejr uden lige. Regnen styrtede ned, og når det regner i Indien, så regner det virkelig. Jeg havde fået min kuffert og skulle ud og have en taxa, da jeg skulle til den internationale lufthavn. Endelig fik jeg fat i en. Det var en ældgammel bil, hvor dørene næsten var ved at falde af, og vinduerne ikke kunne lukkes. At den i det hele taget kunne køre, undrede mig, men i gang kom vi da. Chaufføren selv var lige så gammel som hans bil. Jeg tror, han må have været omkring 70 år. Han havde da også sit besvær med at få den igennem vandmasserne. Man skulle heller ikke tro, at han havde kørt kunder til den internationale lufthavn før. Da jeg har kørt strækningen mange gange, kender jeg den ud og ind. Men han kendte åbenbart en helt anden vej. Han kørte væk fra hovedvejen og ud i det værste slum, jeg nogensinde har set; langt væk fra alfarvej, som samtidig var en stor omvej. Bevar mig vel, en oplevelse, man godt kan undvære, og så i det vejr med den gamle bil, der var ved at gå i stå flere gange. Det regnede ind på mig, og vinduerne kunne ikke lukkes. Man skulle tro, han nød at køre en så stor omvej som muligt. Men alt det hører med, når man rejser i Indien. Man bliver nødt til at lære tålmodighed.

Det værste var dog at se ud på alle de fattige mennesker, der boede i blikskure. Se dem sidde der midt i regnen omgivet af møddinger, hvor børnene rendte rundt sammen med svin for at se, om de kunne finde noget spiseligt. Det var så frygteligt at se på. Man kan ikke undgå at blive berørt af det. Det virker helt grotesk, at nogle mennesker på denne jord skal leve sådan.

Pludselig blev jeg ret irriteret på chaufføren over det hele. Når jeg tænkte på, hvorfor han mon absolut skulle køre rundt helt herude i det slum, i den gamle bil og så i det vejr. Tænk, hvis bilen gik i stå; så sad jeg kønt i det. Jeg sagde derfor til ham: "Sig mig, kender De ikke vejen til lufthavnen. Hvad i al verden skal vi helt herud efter. Vær så venlig at køre den direkte vej. Jeg er ikke interesseret i at køre rundt i Deres bil med vinduer, der ikke kan lukkes, og så i det vejr, mere end højst nødvendigt."

"Only Hindi madame, not English."

Nå, så må jeg bare håbe på, at vi ender i lufthavnen, hvad vi også gjorde langt om længe.

Det var sidst på eftermiddagen, og mit fly til Frankfurt gik først klokken 23, så jeg fik tiden til at gå med at spise i en restaurant. Endelig blev klokken 20, og vi kunne begynde at tjekke ind. Jeg ventede på, at Frankfurt skulle dukke op på lystavlen, men der blev ved med at stå Hongkong, og klokken var efterhånden blevet 20:30. Til sidst gik jeg hen til en politibetjent og spurgte, om han vidste noget om Air India flyet til Frankfurt klokken 23.

"Ja, den flyafgang er lige blevet ændret til i morgen klokken 17."

Det var lige, hvad der manglede oven i alt det andet. Min tålmodighed blev endnu engang sat på prøve.

"Hvor kan jeg henvende mig."

"Jeg skal følge Dem hen på et kontor, der vil tage sig af det."

Jeg fulgte efter ham og kom ind på et lille kontor.

Der sad der en dame ved en computer, omgivet af en flok forvirrede mennesker, der alle råbte i munden på hinanden. Efterhånden var det blevet min tur, og hun fik det ordnet sådan, at jeg kunne overnatte på et hotel på Air Indias regning. Hun gav mig et kort, der gav adgang til hotellet. Jeg skulle blot gå udenfor, og der, et eller andet sted, holdt hotellets bus, der ville køre mig til hotellet og næste morgen bringe mig tilbage til lufthavnen.

Men det er minsandten sin sag at finde det, man søger i Bombay lufthavn, der er kæmpe stor. Da jeg kom udenfor, styrtede regnen ned. Det var nærmest som at træde ud i en stor sø, og det kun i en tynd kjole og sandaler, og samtidig havde jeg bagagen at bære på. "Sai Ram," tænkte jeg i mit stille sind. Det er næsten det værste, jeg har oplevet.

Jeg spurgte til højre og venstre, om nogen vidste, hvor bussen til hotellet holdt, Men ikke én vidste det. En sagde: "De skal den vej. Den holder der oppe et sted." Jeg gik den anviste vej. Jeg gik og gik. Ingen bus. Jeg spurgte igen: "Nej, det er den anden vej, De skal. Den holder helt nede i den anden ende." Tilbage igen. Det var umuligt at få en taxa, og jeg var nu totalt gennemblødt. "Baba, Baba, hvad i al verden skal jeg gøre?" tænkte jeg.

Jeg gik lidt videre, og pludselig skimtede jeg i regnen en lille bil lige foran mig. Midt på forruden så jeg et lysende skilt, hvorpå der med stor skrift stod *SAI SERVICE*. Jeg kiggede igen. Jeg måtte tage mine briller af og pudse dem, da de var helt duggede af regnen, for at se, om jeg havde læst rigtigt, eller om jeg drømte. Men det var rigtigt nok, der stod *SAI SERVICE*. Jeg gik hen til bilen. Der sad en inder bag rattet. Jeg spurgte ham, om han vidste, hvor bussen til hotellet holdt, og samtidig viste jeg ham kortet, der nu efterhånden var blevet helt gennemblødt. Med det samme sagde han venligt: "Sæt Dem ind, nu skal jeg hjælpe Dem," hvorpå han tog min bagage, og vi kørte. I det øjeblik vidste jeg, at Baba havde hjulpet mig som så mange gange før. Jeg sendte Baba en tak endnu engang. Manden kørte nu i den silende regn et temmelig langt stykke og steg så ud med paraplyen over sig. Jeg gik ud fra, at han regnede med, at det var der. Men det var det tilsyneladende ikke, for han talte med nogle mennesker, og så vidt jeg kunne se, forklarede de, at vi skulle en anden vej. Han kom tilbage, vendte bilen, og vi kørte nu i en helt anden retning. Han steg ud igen og spurgte sig for, og nu så det ud, som om det var ved at lykkes.

Han kom glad tilbage: "Nu skal vi bare køre et lille stykke frem, så er vi der."

Vi kørte så det sidste stykke, og endnu engang steg han ud med paraplyen over sig og talte med nogle mennesker. Han kom hurtigt tilbage: "Ja, så er vi her. Bussen til Deres hotel kommer her om fem minutter."

Han hjalp mig ud af bilen, alt imens han holdt paraplyen over mig og fik mig i læ for regnen, hvorpå han hentede min bagage.

Jeg kan slet ikke sige med ord, hvor dybt taknemmelig jeg var over den venlige måde, han havde hjulpet mig på. Uden ham havde jeg aldrig fundet det.

"Hvor var det venligt af Dem at hjælpe mig. Jeg er Dem meget taknemmelig, hvor meget skylder jeg dem?"

Smilende sagde han: "De skylder mig intet. Jeg var glad for at hjælpe Dem." Og lige så stilfærdigt, som han var kommet, kørte han igen ud i regnen. Jeg stod og undrede mig. Fem minutter efter kom bussen, og vi kørte til hotellet.

Det er første gang i de snart 18 år, jeg har rejst i Indien, at nogen har gjort noget gratis for mig og da slet ikke i Bombay lufthavn.

Tænk, at man skulle opleve det, men det var jo også:

Sai Service.

Vi var en del mennesker fra flyet, der blev indlogeret på hotellet. Hotellet var så overdådigt, som var det fra *Tusind og en nats eventyr*. Jeg troede faktisk, at det hørte fyrstetiden til, dengang da Indien var et land med stor rigdom.

Udenfor stod der en lakaj i hvidt silketøj med farvestrålende turban og hvide handsker. Han gjorde honnør for os, som om vi var noget særligt. Vi kom ind i noget, der lignede store saloner. Hver salon var i forskellige pragtfulde farver med tykke indiske tæpper overalt og dybe lænestole og sofaer, der svarede til farven i gulvtæppet. Et stort springvand var omgivet af marmorsøjler, og skøn indisk kunst hang på væggene. Jeg har aldrig set magen til luksus i denne verden.

Vi blev vist hen til en af salonerne, for det tog sin tid, inden vi alle fik anvist et værelse. Jeg var efterhånden blevet godt træt over alt det postyr og bare tanken, om at jeg skulle op klokken fire om natten, var nok til, at jeg blev endnu mere træt. Så jeg sad nærmest og var ved at falde i søvn i den bløde lænestol. Det gjorde de alle sammen, mere eller mindre.

Da jeg sad og så rundt på al overdådigheden på hotellet kom jeg uvilkårligt til at tænke på min tur med taxachaufføren, der absolut skulle køre mig rundt i det værste slum, jeg nogensinde har set i Indien. Når man møder så store kontraster med så få timers mellemrum, bliver man egentlig rystet, selv om man godt ved, at sådan er denne verden. Men det er rædselsfulgt at tænke på, og jeg kan ikke forstå, at det skal være sådan. Fattigdommen er problemet i østen. Men vi har helt andre problemer i vesten, der er lige så rystende. De er blot af en anden karakter. Man kan kun konstatere: "Det er en syg verden, vi lever i. Netop derfor går Baba iblandt os i dag."

Endelig sad jeg i flyet på vej til Frankfurt og tænkte tilbage på min sidste rejse til Baba, hvor Han gav mig så store prøvelser. Denne gang var det tålmodighed, Baba ville lære mig. Man må så håbe, at jeg har lært lidt af det.

En guddommelig oplevelse

Den 2. september 1995.

Jeg opholdt mig på et utroligt smukt sted, med flere forskellige mennesker. Der var en guddommelig atmosfære, der strømmede ud over alt og alle. Det var nærmest et sted, hvor man lå og hvilede sig og slappede af. Alt var i vidunderlige farver og i en så udsøgt smag, at det ville få alt jordisk til at blegne.

Rundt omkring stod der en slags dybe lænestole i skønne farver. De var slået ned, så man kunne ligge og hvile sig. Ligeledes var der smukke, tykke tæpper på gulvet og ikke mindst overdådig, guddommelig kunst på væggene.

Jeg lå altså i en af de dybe lænestole, der var slået ned og slappede af, samtidig med at jeg så op på den guddommelige kunst på væggene. Alt åndede fred, og jeg var i en dyb tilstand af ophøjet ro. Der var guder og gudinder; pragtfulde at se på og omgivet af skøn natur med et farvestrålende blomsterhav der overalt spejlede sig i rislende kilder og små vandfald. Selve atmosfæren og udstrålingen fra billederne lader sig ikke beskrive.

Pludselig ser jeg, at en lille del af et billede bliver levende: "Nej se, der er nogle af guderne og gudinderne, der begynder at bevæge sig," siger jeg. Vi kiggede alle op på billedet og var dybt betaget af det, vi så. Så blev flere og flere af guderne og gudinderne levende, og til sidst var alle billederne fyldt med liv. Et guddommeligt syn udspillede sig for vore undrende øjne.

Midt i det hele kom der pludselig et guddommeligt væsen af hunkøn hen til mig. Hun kom helt stille, nærmest svævende og stod så med et lige foran mig. Hun var så smuk og blid at se på, med et ansigt, der mindede om en madonna omkranset af smukt sort hår.

Hun havde en lang gul silkekappe på, og over sig havde hun et smukt sort sjal, ligeledes af silke, der stod godt til hendes sorte hår.

Hun sagde ingenting, men så blot på mig, ja lige igennem mig, følte jeg. Hendes udstråling var så stærk og hendes blik så fyldt med kærlighed, at det gik lige til hjertet, og jeg var ved at briste i gråd. Hun gik da lige så stille igen, som hun var kommet.

Jeg følte det var Baba, der kom til mig i skikkelse af dette guddommelige væsen.

Hjem til jul

Jeg havde oprindelig tænkt mig at tage til Indien til Baba's fødselsdag d. 23. november i 1995, da Baba fyldte 70 år. "Du må simpelthen være med til at fejre Ham," tænkte jeg. Billetten var da også bestilt til den 6. november, men sådan skulle det åbenbart ikke være. Min søn blev syg og kom på hospitalet. Det trak ud, og min rejse nærmede sig. Jeg blev meget i tvivl, om jeg skulle udsætte min forestående rejse til Indien.

Pludselig var jeg ikke i tvivl længere. Jeg følte, at min plads var ved min søns side i sådan en situation. Jeg tog en rask beslutning, ringede til rejsebureauet: "Det bliver altså til jul, at jeg rejser til Indien i stedet for november. Kan jeg udsætte rejsen en måned?"

"Ja, det kan du sagtens, hvad siger du til den 6. december?" sagde kvinden, der altid ordner mine rejser.

"Det er fint, så bliver det lige nøjagtig en måned senere, at jeg rejser," sagde jeg.

Kenneth havde en god tid på hospitalet, da han ikke på noget tidspunkt havde feber og heller ikke var alvorligt syg. Det var blot en infektion, der trak ud, og man ved jo aldrig, hvad det kan udvikle sig til. Han havde besøg dels af personalet fra bofællesskabet og dels af mig, der kom daglig. Min søn havde taget min bog, *Med Baba ved min side* med på hospitalet, så der var et par stykker, der fik læst den, hvad de måske ikke havde gjort, hvis alt dette ikke var sket. Helt automatisk blev det indimellem til samtaler om Baba, og jeg følte, at der kom noget godt ud af det hele. På samme tid fik jeg et brev fra en god ven, der ikke anede, at min søn var indlagt, og i brevet lå der et dejligt billede af Krishna. Så det ser ud, som om Krishna er med mig. Da kom Baba til mig i en drøm.

En drøm den 17. november 1995

Baba sad og talte med mig. Han var i godt humør og drillede mig lidt. Vi sad ved et bord i en lille hytte, og rundt omkring sad flere mennesker ved andre små borde. Baba sagde kærligt til mig: "Ja, du skal hjem til jul. Jeg vil sørge for, at du kommer hjem. Er du ved at være klar?"

"Ja, det er jeg, Baba."

I det samme kiggede jeg ud ad vinduet og så, at det sneede kraftigt. Det var rigtig vintervejr og meget koldt. Så sagde Baba: "Nu gør du dig helt klar til rejsen, og jeg sørger for et transportmiddel til dig. Det vil holde udenfor om få minutter," hvorpå gik Han.

Jeg pakkede mine sidste ting og var klar til at rejse. Lidt senere kom jeg ud fra hytten. Det var næsten snestorm. Jeg så mig omkring efter det transportmiddel, som Baba havde sagt, ville være til mig, og som skulle bringe mig hjem til Indien.

Pludselig fik jeg øje på en lille kane, og en julemand i nissedragt rejste sig op: "Ja, det er mig, du skal rejse med."

Jeg blev forbavset og glad over at se, at det var en julemand, der skulle transportere mig den lange vej til Indien. Det, at det var en kane og ikke en flyvemaskine, jeg steg op i, tænkte jeg ikke det mindste over. Dog bliver det nok et Air India fly, jeg går om bord i om nogle få uger.

Idet jeg satte mig op var der pludselig et par andre kvinder, der også ville med. Jeg sagde: "Nej, I må stige ud igen. Jeg ved, at jeg skal rejse alene."

Den ene steg ud med det samme, men den anden ville absolut med og ville ikke rejse sig:

"Nej, jeg vil også med ned til Baba."

"Nej, jeg ved, at du ikke skal med nu. Du må bede til Baba og prøve at få et svar på, hvornår du skal rejse til Ham."

Endelig forstod hun og steg ud.

Julemanden gjorde tegn til mig, at han lettede. Vi så begge op mod et lille hus bag os, og der i vinduet stod Baba og tog afsked med os. Han så intenst på julemanden, og sagde: "Få hende nu bragt sikkert hjem."

Jeg så op på Baba og måtte tage mine vanter af for at føre håndfla-derne mod hinanden til den indiske hilsen, et sidste farvel og samtidig på gensyn. Baba smilede til mig. Vi lettede, og tårerne løb ned ad kin-derne på mig af kærlighed til Baba.

Et rigtigt juleeventyr. Og dog er det ikke et eventyr, men rigtig nok. Jeg håber ikke, at jeg kom til at fryse for meget. I hvert fald landede jeg i det samme, ikke i Indien, men i min seng.

Medens jeg skriver disse linjer, har vi for alvor fået vinter i Danmark. Det er nærmest snestorm, og en del trafik er indstillet. Det ligner et postkort, når jeg kigger ud ad vinduet, men det er sikkert ikke behageligt at komme ud i. Jeg er glad for, at jeg ikke skal rejse i dag, for så kunne det i hvert fald kun blive med kane.

Set fra det synspunkt, kan man udmærket godt undvære sneen. Men det, at køre i kane med julemanden, er en ganske anden sag. Der ville sneen jo være uundværlig. Ja, alt er relativt. Det er altså først til jul, jeg skal hjem.

Baba bestemmer alt.

Selvfølgelig gik det sådan, at aldrig så snart jeg havde udsat min rejse. og havde besluttet mig for at rejse til jul i stedet for i november til Baba's 70 års fødselsdag, blev min søn rask og udskrevet.

En drøm den 2. december 1995

Vi var en hel del mennesker forsamlet i en stor sal. Vi sad ved små borde med seks personer ved hvert bord.

Baba kom gående hen mod vores bord. Han standsede foran os og hilste hjerteligt på mig. Han rakte sin hånd ud mod mig og gav min hånd et knus på samme måde, som man hilser på en gammel ven, helt uhøjtideligt. Derpå gik Han videre.

Af usynlige hænder og til min store forundring blev der pludselig anbragt en fantastisk strålende krystal lige foran mig. Den var vel 30 cm i højden og 20 cm i bredden. Den var ikke rund som en krystalkugle men nærmest som en stor diamant, der var slebet i forskellige facetter, og derved forskellig fra alle vinkler. Nøjagtigt, som når Solens stråler rammer en krystal, og der opstår en farvesymfoni i alle regnbuens farver. Samtidig funklede og gnistrede den og var fyldt med lysende stjerner overalt.

Jeg drejede den lidt rundt og spurgte, om de alle kunne se den. De to personer på den ene side af bordet sagde: "Vi kan desværre kun se den fra den ene side."

"Jamen, så lader vi den stå sådan i fem minutter, og så vender vi den, så alle kan se den fra alle sider."

Jeg tænker, at den skulle symbolisere universet.

Forunderligt!

Der er nu kun fire dage til, at jeg rejser til Indien.

I gang med skriveriet igen

April 1996. Jeg har holdt en pause på tre - fire måneder med skriveriet. Det har været nødvendigt, da jeg har foretaget mig andre ting, der var vigtige for mig, samtidig med, at jeg hele tiden inderst inde har følt dette: "Nu må du se at komme i gang." Derfor har jeg nu spidset blyanterne og fundet skriveblokken frem. Jeg ved, at det er det, Baba forventer af mig.

Jeg kom som sagt "Hjem til Jul" til Puttaparthi, som Baba havde sagt til mig i drømmen. Dog blev det ikke med julemanden i kane, men med Air India. Der var en velsignet fred og ro, da jeg ankom. Dønningerne efter Baba's 70-års fødselsdag havde lagt sig, og den strøm af mennesker, man forventede ville komme til Puttaparthi til jul, var ikke begyndt endnu. Jeg hilste på forskellige disciple og mødte en del gamle tilhængere, der havde været der til Hans fødselsdag, og alle sagde de, at jeg skulle være lykkelig for, at jeg først kom nu.

Jeg kunne forstå på det hele, at der havde været en del kaos, da politiet havde mistet kontrollen, og nogle mennesker skulle være blevet trampet ihjel. Andre havde fået stjålet deres pas, billet og penge. Folk fortalte, at der havde været over en million mennesker, men ingen kender selvfølgelig det rigtige tal. Overalt i ashramen og ligeledes i Puttaparthi by og mange kilometer uden om byen, var det en kompakt menneskemasse, der hverken kunne komme frem eller tilbage. Set i det lys, har det nok ikke været let at være der. Det er jo alle slags mennesker, der kommer for at se Sai Baba i dag; ikke kun tilhængere. Da jeg hørte dette, blev jeg egentlig lykkelig for, at Baba havde skånet mig for det, da jeg selv havde tænkt mig at tage ned til Hans fødselsdag, men blev forhindret, da min søn blev syg. Da var det så, at Baba kom til mig i en drøm og sagde: "Ja, du skal hjem til Jul." Og her er jeg så.

Det varede ikke længe med freden, for folk begyndte at strømme til som følge af julen. Der kom så mange mennesker, at jeg inden længe syntes, at det var uudholdeligt at være der og havde mest lyst til at rejse. Det kunne jeg selvfølgelig aldrig finde på, da Baba direkte i drømmen havde kaldt mig "Hjem til Jul", men i visse øjeblikke havde jeg bare lyst til at komme væk fra de støjende menneskemasser, selv om jeg blev, hvor jeg var. Det blev jeg simpelthen også nødt til, for pludselig, som lyn fra en klar himmel, fik jeg en infektion og måtte holde sengen i fire dage. Jeg nåede lige at blive rask til jul og kom med til julehøjtidelighederne den 24. og 25. december. Det var så smukke oplevelser, og alle besværlighederne var omgående glemt. Jeg var ligefrem glad for, at jeg havde fået den infektion, der havde forhindret mig i eventuelt at rejse. Da jeg havde været syg, var jeg så heldig, at jeg begge dage fik en stol at sidde på under festlighederne, så jeg sad behageligt og afslappet. Det var meget dejligt, men jeg tror nu heller ikke, jeg havde holdt til at sidde på gulvet, som sild i en tønde i fem timer, da jeg lige var stået ud af sengen. Alt ordnede sig for mig på en god måde.

Jeg rejste til nytår og boede på hotel i Bangalore et par dage, før rejsen gik hjemad. Jeg var rejseklar og sad i receptionen og ordnede min regning og så videre. Og virkelig morsomt var det. Det var jo den første dag i det nye år, 1996, så der var både jule- og nytårspynt, balloner og guirlander overalt og et stort smukt hjerte med *Happy New Year*. Men det smukkeste af det hele var for mig en stor farvestrålende dekoration, der forestillede Julemanden i sin kane, omgivet af sne og trukket af seks små mus. Da kom jeg til at tænke på min drøm, og blev varm om hjertet.

Jeg kom hjem til vinter, kulde, sne og en tæt tåge, der lå over byen dag efter dag. En ven af mig fyldte 50, så jeg skulle til fødselsdag og havde travlt med at skrive en sang. Indimellem kiggede jeg ud ad vinduet, hvor alt var gråt i gråt og tænkte: "Jeg har egentlig lyst til at rejse til Bali med evig sommer, blåt hav og viftende palmer og opleve deres kultur." Jo, det ville jeg tænke nærmere over.

Jeg ankom til fødselsdagen; en dejlig fest med mange mennesker. På et tidspunkt sad jeg og talte med en god veninde. Hun sagde pludselig: "Svend rejser en tur til Bali, lyder det ikke skønt?"

"Nå, det var da pudsigt, for der har jeg også tænkt mig at rejse til."

Det endte selvfølgelig med, at vores fælles bekendte og jeg mødtes på Bali først i februar og var der i tre uger. Det er en vidunderlig ø med et subtropisk klima. Det blev et dejligt ophold. Det mest interessante var, at jeg slet ikke var klar over, at de på Bali er hinduer. Det er den eneste ø i Indokina, hvor befolkningen er hinduer. På alle de andre øer er de muslimer. Det var meget dejligt at opleve; jeg følte mig helt hjemme. Jeg boede da også på et hotel, der hed "Shanti som betyder fred på sanskrit, Village Beach. Jo, det var fredfyldt, harmonisk og smukt med små lotussøer overalt og med hinduguder midt i en enestående vegetation. En aften var vi ude på et stort friluftsteater og se det store indiske skuespil, Ramayana. Det var fantastisk flot. Jeg følte virkelig, at alt var tilrettelagt for mig. Baba var med mig, også på Bali. Intet er tilfældigt.

Jeg kom så hjem sidst i februar, tilbage til vinter igen, men da var jeg frisk, udhvilet og brun, og kontrasterne her i livet er altid dejlige. Så i marts måned kom Baba til mig i en drøm.

En drøm den 16. marts 1996

Jeg sad på et hospital, troede jeg, hvor jeg åbenbart ventede på en besked. Der kom nu en sygeplejerske hen til mig med min journal i hånden og sagde: "Ja, det bliver den niende januar."

Derpå gik hun hen ad hospitalsgangen hvor en overordnet ventede på hende. Til min store undren så jeg, at denne person var Baba. Hun viste Ham min journal og forklarede noget, og højt sagde Baba: "Ja, det bliver den niende januar."

Alt imens sad jeg og undrede mig over hvad Baba egentlig skulle på et hospital, for slet ikke at tale om, hvad jeg selv havde at gøre der. Så vidt jeg vidste, fejlede jeg ikke noget.

Lidt senere blev jeg kaldt ind til overlægen, der viste sig at være et dejligt, varmt menneske på omkring de tres år. Jeg var fuldstændig klar over at det var Baba, der sad der, skønt Han nu havde den hvide kittel på. Han sad i sin kontorstol ved sit skrivebord og drejede nu langsomt stolen om imod mig, der sad for enden af Hans skrivebord. Han smilede varmt til mig og så ømt og kærligt på mig. Jeg tog da helt uhøjtideligt Hans hånd der hvilede på skrivebordet og kyssede den, idet jeg sagde: "Hvor er det længe siden, jeg har set Dig."

Smilende svarede Han: "Ja, men så er det også længe siden, jeg har set mig selv." Jeg gengældte Hans smil, hvorpå Han sagde: "Ja, det bliver den niende januar."

Drømmen sluttede her. Hvad det er med den niende januar, aner jeg ikke, men det går jo nok op for mig, når den tid kommer. Men ét ved jeg med sikkerhed, og det er at:

Baba er ved min side.

På tandlægeskolen i april 1996

Jeg har i hele mit liv haft gode tænder, så det med tandlægebesøg har jeg aldrig taget særligt højtideligt. Men det sidste års tid har jeg mærket, at der var noget galt med en kindtand. Først da gik jeg til min tandlæge. "Ja, det er minsandten over tre år siden, De sidst har været her. Jeg kan se, De har tabt lidt af en fyldning. Det ordner jeg med det samme og giver Dem samtidig en tandrensning, så skulle alt være i orden. De er heldig at have gode tænder."

Han behandlede mig så og en halv time efter var det i orden; troede jeg. Der gik nogen tid, men det var stadigvæk galt med tanden. Samtidig begyndte jeg også at blive lidt øm i den anden side, hvor jeg har to fyldninger, der har siddet der i mange år. Jeg tænkte ved mig selv, at jeg eventuelt var blevet overfølsom overfor kviksølvet, der blev brugt tidligere.

Jeg måtte endnu engang til min tandlæge. Han så på tanden og sagde: "Jamen, De har knækket en flig af tanden. Det ordner jeg med det samme."

"Hvad med den anden side. Hvorfor er jeg øm der?"

Han kiggede lidt på mine tænder i almindelighed og sagde: "Nej, der er ikke noget i vejen med Deres tænder og paradentose kan De godt glemme alt om. De har meget fine tænder."

Tilfreds med den besked, gik jeg derfra og var helt sikker på, at fra nu, var alt i den skønneste orden. Men jeg tog fejl. Det fortsatte. Jeg var nu mere eller mindre konstant øm i begge sider og var efterhånden godt træt af tandlægen. Alligevel gik der et par måneder, før jeg foretog mig noget, da jeg regnede med, at det ville forsvinde med tiden.

En dag fik jeg en lys ide: "Du går simpelthen på Tandlægeskolen til eksperterne. Noget må der være i vejen." Den næste dag slog jeg op i telefonbogen og ringede til Tandlægeskolen. Der fik jeg oplyst, at nye patienter skulle henvende sig personligt på hverdage mellem klokken 8 og 11. På ny gik der nogle dage med at bestemme sig. Min tandlæge havde jo sagt, at der ikke var noget i vejen. Desuden var jeg ikke klar over, om alle og enhver kunne henvende sig på Tandlægeskolen.

En morgen vågnede jeg tidligt og var nu fast besluttet på at tage på Tandlægeskolen. Det var en kold morgen. Det regnede og stormede. Jeg var dårligt nok kommet ned på gaden, før jeg var lige ved at vende om og gå tilbage til min varme stue. Vel ankommen til Universitetsparken oplyste et postbud mig om, at Tandlægeskolen var flyttet til Panum Instituttet. Dette bevirkede så en ekstra travetur gennem Parken og yderligere næring til min irritation. Jeg tænkte irriteret på det latterlige i at vade rundt her så tidligt om morgenen i sådan et vejr, for så måske at finde ud af, at det slet intet formål havde. "Sikke noget at finde på," tænkte jeg, men fortsatte dog alligevel.

Alt imens jeg gik gennem Universitetsparken med de forskellige bygninger, passerede jeg en bygning, hvor jeg til min undren så, at der med store blå bogstaver stod "Om huset." Jeg vendte mig om, så endnu engang på det og morede mig lidt. Om er Universets lyd. Dog er jeg næsten sikker på, at på den højere læreranstalt står bogstaverne "OM" sikkert for noget ganske andet, men for mig betyder "OM", Universets lyd. Jeg gik videre i den kolde blæst i mine egne tanker.

Langt om længe nåede jeg Tandlægeskolen, hvor jeg skulle hen til *Information og Indskrivning* og aflevere mit sygesikringskort. Derpå fik jeg udleveret en journal med mit navn, fødselsdato og så videre og blev bedt om at gå hen til sektion 3 og aflevere journalen; så ville resten gå af sig selv. Jeg afleverede den til sektion 3, hvorefter jeg fik besked på at tage plads og vente.

Mens jeg sad der og ventede, lagde jeg mærke til, at det egentlig fuldkommen lignede et hospital. Alle havde hvide kitler på. Det var dog ikke læger og sygeplejersker, men tandlæger og tandlægestuderende. Jeg ventede en tid og tog så et tidsskrift, der lå på et lille bord ved siden af mig. Det første jeg så, var overskriften på et foredrag, som en overlæge havde holdt om en indisk Mesters filosofi. Denne Mester var dog ikke Baba, men Mesteren Maharishi Mahesh Yogi, der bragte TM, Transcendental Meditation, til Vesten. Foredraget hed *Fornyelse begynder indefra*. Vise ord. Jeg kom da uvilkårligt til at tænke på Baba, der jo er min Mester.

Endelig blev det min tur. En klinikdame kaldte mig ind.

"Værsgo et sætte Dem i stolen," sagde tandlægen og fortsatte med følgende søde ord: "Marguerite er et smukt navn. Margueritten er jo en smuk blomst og jeg kan se, at det er De også. Hvad bringer Dem her til os?"

En dejlig modtagelse. Jeg følte mig straks velkommen og sagde: "Ja, det lyder måske mærkeligt. Jeg har i hele mit liv haft gode tænder og har kun fået behandlet tre tænder. Den sidste har jeg lige fået ordnet, fordi lidt af fyldningen var faldet ud. Men det ordnede min tandlæge, og samtidig fik jeg en tandrensning."

Tandlægen lyttede opmærksomt, og jeg fortsatte. "Men det var ikke i orden. Jeg blev ved med at have ondt i tanden og turde dårligt nok tygge med den side. Samtidig begyndte jeg også at få ondt i de andre to tænder. Derfor gik jeg til min tandlæge igen og forklarede ham situationen, da jeg mente, at der måtte være et eller andet galt." Jeg forklarede videre om fligen, der var knækket af, om min tandlæges bekræftelse af de sunde tænder og forsikring om, at jeg kunne glemme alt om paradentose. "Derfor besluttede jeg at komme her på Tandlægeskolen. I må jo være eksperter på det område." Tandlægen, lyttede stadig tålmodigt til mig.

"Vi skal nok finde ud af det. Nu ser jeg på det," sagde han venligt. Han undersøgte mine tænder og det tog kun et øjeblik, så var hen klar over, hvad der var galt.

"Ja, De har simpelthen en begyndende paradentose og jeg begriber ikke, at Deres tandlæge ikke har oplyst Dem om det. Det ses ganske tydeligt. De er heldig, at De kommer nu, så vi kan redde det i tide. Var der gået længere tid, havde det højst sandsynligt været for sent. De vil komme i behandling med det samme."

Jeg var noget overrasket over den besked: "Jamen, det kan da ikke passe, at jeg har paradentose. Der har jo aldrig været noget i vejen med mine tænder, og min tandlæge forsikrede mig om, at der ikke var paradentose."

"Nu er De her og det er godt. Nu sender jeg Dem til røntgenafdelingen, og så går behandlingen i gang. Jeg vil bede Dem tage plads udenfor, så vil min klinikdame komme og give Dem nærmere besked."

En lille smule rystet over alt hvad jeg havde hørt, sad jeg og sundede mig lidt. Samtidig var jeg lykkelig over, at jeg endelig havde taget mig sammen og var gået på Tandlægeskolen. Jeg var minsandten kommet på rette sted og i tide.

Jeg så mig omkring og syntes stadigvæk, at det lignede en hospitalsgang, jeg sad på. Jævnligt kom tandlæger gående forbi i deres hvide kitler og lidt længere henne ad gangen sad en flok tandlægestuderende og diskuterede et eller andet. De havde selvfølgelig også hvide kitler på. Samtidig kiggede jeg på alle de smukke farver. Hver sektion havde sin farve. Sektion 1 var blå, og den sektion, hvor jeg skulle behandles, var selvfølgelig orange.

Jeg kom til at tænke på drømmen, hvor jeg sad og ventede på et hospital. Jeg ventede på at blive kaldt ind til overlægen. Endelig blev jeg så kaldt ind til ham. Og der sad han så i sin hvide kittel; som læge. Skønt jeg godt vidste, at det var Baba. Drømmen er beskrevet sidst i forrige kapitel, *En drøm den 16. marts 1996.* Jeg sad nu her på Tandlæge- skolen, fordybet i mine egne tanker: "Ja, Du var nok ikke kun overlæ- ge, Du var sikkert også tandlæge. Du er det hele."

Jeg blev dybt bevæget og rørt over den omsorg, som Baba viste mig. Baba vidste, at det var paradentose, jeg havde. Ja, selvfølgelig, for Baba ved alt. Selv anede jeg intet om det. Og min tandlæge havde åbenbart ikke tænkt sig at gøre mig opmærksom på det. Men det gjorde Baba og sendte mig til Tandlægeskolen, hvor jeg nu ville blive behandlet rig- tigt. Og så er det ydermere gratis. Jeg har senere hørt om et par tilfælde med paradentose og kan forstå, at det er en meget kostbar behandling.

Lidt senere kom klinikdamen ud: "Behandlingen starter i næste uge." Jeg takkede hende og gik. Behandlingen går fint fremad, men det er en meget tidskrævende omgang. Jeg kommer der en gang om ugen og skal fortsætte sådan i mange uger fremover.

Endnu engang tak, Baba.

I dag, den 29. maj, var sidste dag på Tandlægeskolen. Det har været strengt at sidde i tandlægestolen i hele to timer hver uge. Men alligevel ikke, når jeg tænker på, hvad der kunne være sket, hvis Baba ikke hav- de sendt mig derhen. Det er jeg hele tiden dybt taknemmelig over. Nu er det heldigvis overstået og mine tænder er i orden. Jeg vil blive kaldt ind til kontrol engang i september. Jo, jeg er kommet i gode hænder, takket være Baba.

Da jeg var helt færdig med behandlingen og på vej hen ad gangen mod udgangen, lykkelig over at det var overstået, gik jeg bagved en lille dreng og hans mor. Drengen havde en vindjakke på i mange far- ver. Bag på vindjakken stod der minsandten med store blå bogstaver, *Indian Paradise.*

Fantastisk!

Visioner, drømme og mirakler

En vision den 14. maj 1996

Jeg svævede rundt i det skønneste hvide lys. Det var som tusind sole, der skinnede på en gang. Jeg svævede og svævede og havde det vidunderligt fredfyldt med mig selv. Lyset udvidede sig ganske langsomt, for til sidst at blive til et helt lyshav.

Midt i dette fantastiske lys kom Baba gående langsomt hen imod mig. Han havde en hvid kappe på. Rundt omkring Ham svævede hvide skikkelser. De kom alle vegne fra, så Han til sidst helt var omringet af dem. Måske var det åndelige væsener, måske var det engle. Jeg ved det ikke, for jeg så det ikke helt nær på, men jeg fik lov til, i en kort stund, at få et glimt af den åndelige verden. Det hele tonede langsomt bort igen. Det var en vidunderlig oplevelse.

Overjordisk skøn!

En drøm i august 1996

Baba ved, at jeg holder meget af klassisk musik, og som regel er det også det jeg lytter til, når jeg er hjemme. En nat kom Han til mig i en henrivende drøm.

Jeg sad på første række i en stor, meget smuk koncertsal, og skulle høre en symfonikoncert. Et stort symfoniorkester var ved at være klar. De ventede på en meget vigtig person, nemlig førsteviolinisten. Det var åbenbart en violinkoncert vi skulle høre, og i en violin koncert er ham der spiller første violin den vigtigste.

Vi ventede alle. So kom han ind, og alle klappede. Jeg blev så forbavset, og troede ikke mine egne øjne. For førsteviolinisten var minsandten Baba. Han var vidunderlig at se på, som Han kom ind med sin violin i hånden, og modtog klapsalverne. Da det var stilnet af, ventede vi alle på, at koncerten skulle begynde, men det gjorde den ikke. I stedet for kom Baba ned til mig, og hilste hjerteligt på mig. Han virkede meget lykkelig, jeg følte det var på mine vegne. Længe holdt Han min hånd i sin, og jeg selv var nærmest beruset af lykke.

Alle ventede på, at koncerten skulle begynde, både symfoniorkestret og publikum. De ventede og ventede, men Baba blev stående med min hånd i sin. Til sidst slap Han min hånd, og så kærligt på mig, hvorpå Han gik tilbage. Men det var ikke for at spille førsteviolin. Han forlod koncertsalen, og jeg gjorde det samme. Da vågnede jeg.

Hvornår mon jeg får lov at høre koncerten Baba?

En drøm i november 1996

Jeg var ansat som kontordame i et stort firma, og sad ved mit skrivebord foran min skrivemaskine. Ind kommer min chef; det var Baba. Han kom hen og gav mig et ark papir, og sagde i en kærlig, men samtidig meget bestemt tone: "Dette er meget vigtigt, vil De være så venlig at skrive det rent."

"Ja, det skal jeg nok."

Det var virkelig en dejlig chef jeg havde.

Lidt senere gik jeg ned ad en lang gang. Baba kom efter, standsede mig og sagde: "Må jeg spørge Dem om noget?"

"Ja, det må De gerne."

"Hvad er det, De har omkring halsen?"

"Åh, det er en medaljon med Krishna, Indiens store gud."

"Åh, Jeg tænkte nok det var noget specielt."

"Må jeg spørge Dem om en ting mere?"

"Ja, det må De gerne."

"Er De altid så glad?"

"Ja, det er jeg."

Så vågnede jeg.

Jeg er jo kontordame, og ansat hos Baba, så Han er min chef, og i dette øjeblik sidder jeg netop foran min skrivemaskine og er i gang med at skrive.

Men først og fremmest er Baba min Mester.

Prasanthi Nilayam, julen 1997

Jeg er hos Baba igen, og skal holde jul og nytår her som så mange gange før. Altid er det vidunderligt at se Ham igen. Her er utroligt mange mennesker. En af de første dage, jeg var her, havde jeg en meget interessant drøm, som gjorde et vist indtryk på mig.

En drøm den 14. december 1997

Jeg deltog i et selskab, med en del mennesker. Pludselig kom en lille pige på omkring 2 år, hen og talte til mig, som var hun en voksen: "I virkeligheden hører jeg slet ikke til her, jeg er adopteret, men mine forældre forstår det ikke, så du skal ikke sige noget til dem."

Lidt senere lå hun i sin seng, der lå hun og talte indisk med sig selv.

Jeg kaldte på hendes forældre, der var vesterlændinge, og sagde til dem: "Kan I ikke forstå, hun i virkeligheden er indisk, og hører til den kultur, kan I ikke høre det er indisk hun taler."

"Jo, men vi forstår det ikke."

Jeg tog da den lille pige op i mine arme; og dansede afskedsvalsen med hende, spillet af et stort orkester. Vi dansede og dansede, og til sidst sagde hun til mig: "Din gamle mor lever endnu."

Da vågnede jeg og var meget optaget af drømmen.

Jeg har i de sidste års tid haft lidt vrøvl med maven, og tænkt, at jeg nok hellere måtte få et tjek hos min læge. Samtidig ville jeg gerne have målt mit blodtryk, måske var det lidt for højt. Endelig har jeg fået taget mig sammen, og bestilt en tid til den 7. februar. Det er bedst at vide med sikkerhed, at ens helbred er i orden. Dagen før havde jeg bestilt en synsprøve hos optikeren, da jeg har på fornemmelsen at jeg nok skal have fornyet mine læsebriller. Også det havde jeg været længe om at tage mig sammen til, men følte åbenbart, at det skulle være nu. Natten før kom Baba til mig i en drøm.

En drøm den 6. februar 1997

Jeg lå i en seng og hvilede mig. Der var en dejlig atmosfære og alt åndede fred og ro. Jeg slappede fuldstændig af, men sov dog ikke.

En kvinde kom hen og stillede et eller andet på et bord ved siden af mig. Da hun var helt tæt ved mig, så jeg at hun havde en medaljon om halsen, som Baba havde materialiseret. Jeg kunne kende den, da Baba for år tilbage havde materialiseret en magen til, til min søn, som han har endnu. Samtidig så jeg, at der lå nogle bøger på bordet, det var bøger der var skrevet om Baba, Hans billede var uden på dem alle.

191

Pludselig kom Baba Selv gående langsomt hen imod mig, og stod nu ved siden af mig. Han så ømt og kærligt på mig og begyndte nu at undersøge mig, idet Han samtidig sagde noget til mig. Jeg forstod dog ikke hvad Han sagde; jeg formoder Han talte på telegu, Hans modersmål. I det samme kom en kvinde for at oversætte: "Han siger, at De skal giftes med Ham."

"Åh ja, det forstår jeg godt, da jeg har rejst meget i Indien."

Baba kom nu helt tæt på mig, og så mig dybt i øjnene. Han så længe og kærligt på mig. Hans øjne funklede som stjerner, og langsomt tonede Han bort.

Der var en vidunderlig atmosfære ved Baba's tilstedeværelse, og jeg følte mig meget tryg og varm om hjertet, og det vil jeg fortsat være.

Rejsen til Mahabalipuram 1998

Under mit ophold hos Baba denne gang, havde jeg tænkt mig at slutte af i Madras, på et hotel ved stranden, og få lidt sol og havluft. Her ville jeg tænke lidt tilbage på opholdet hos Baba og lade det hele sætte sig lidt. Jeg havde da også taget badetøj med.

Hver eneste gang jeg er hos Baba, og det er nu gennem 20 år, virker det altid så utrolig intenst på mig. Det at være i Hans fysiske nærhed, og samtidig have et så fantastisk forhold til Ham på det indre plan, bevirker at jeg næsten ikke kan tage mere end en måned af gangen, så er jeg fyldt helt op. Det er som én lang renselse, der ikke lader sig beskrive. Samtidig er jeg så sandelig også kørt fysisk ned, af tempoet i ashramen.

Da jeg nu havde tænkt mig at tage til Madras, ville jeg besøge det lille tempel i Guindy, der ledes af Miss Leela Mudalia, lektor i botanik, men som i dag helt helliger sig ledelsen af templet. Beretningen om hende og hendes families forhold til Baba, stammer helt tilbage fra 1943. Da var Miss Leela ikke mere end 14 år gammel og da eksisterede det lille tempel slet ikke.

Howard Murphet har skrevet om de helt utrolige hændelser og mirakler, denne familie fik lov til at opleve i sin bog, *Sai Baba, Hans Mirakler, Hans Budskab* på side 169. Det var altså dette tempel jeg ville besøge og håbe på at få en lille snak med Miss Leela.

Som jeg nu gik rundt her i Prasanthi Nilayam og tænkte på at rejse til Madras, var det nok mere det at komme til stranden og slappe af, jeg tænkte på. Det syntes jeg, jeg havde meget behov for. Men ét er hvad jeg mener, noget helt andet er hvad Baba mener. Det er ikke altid det helt stemmer overens. Det har jeg måtte sande mange gange.

Jeg har i øvrigt mange gange villet besøge templet i Madras, men det er aldrig blevet til noget. Nu var jeg lidt i tvivl om jeg denne gang skulle prøve på at finde ud af hvor det lå, da jeg ikke havde adressen, og jeg havde ikke lyst til at styrte rundt for at finde ud af hvor det lå.

Pludselig gav Baba mig en så intenst tanke, der blev ved med at køre rundt i mit hoved, nemlig, at jeg skulle besøge templet i Madras. Om eftermiddagen efter darshan, hvor Baba gav interview, jeg sad mellem en del andre foran Baba's tempel, og slappede af. En dame, der sad ved siden af mig, viste mig en bog og spurgte: "Har De læst denne bog?"

Det var en bog Miss Leela havde skrevet.

"Nej, det har jeg ikke," siger jeg og kiggede lidt i den.

"Den skulle De læse; den er fantastisk."

Efter jeg havde kigget lidt i den, takkede jeg hende, og gav hende bogen tilbage. Jeg gik ud og købte den efter bhajans og var ikke i tvivl. Jeg skulle altså besøge templet denne gang.

Næste morgen sad jeg i kantinen og tænkte lidt over det. Af en eller anden grund ville Baba altså have, at jeg skulle besøge templet i Madras. "Det er ærgerligt, at jeg ikke aner hvor det ligger og Madras er jo en stor by."

Pludselig kommer en af Baba's gamle disciple hen til mig: "Må jeg sidde her?"

Først havde hun sat sig ved et andet bord, så det var ret pudsigt og det er ikke en jeg som sådan er på talefod med. Vi hilser engang imellem på hinanden, men nu ville hun absolut sidde lige foran mig; det var da også helt i orden.

"Ja, selvfølgelig må De det."

I det samme siger jeg til hende," "Kender De adressen på templet i Guindy i Madras. Jeg har tænkt mig at besøge det?"

"Ih Ja, det gør jeg da. Miss Leela er en gammel ven til mig," og hun nævner adressen.

"Det var dejligt, tak skal De have."

Vi rejser os til sidst og går.

Om jeg var træt eller ej, så skulle jeg altså besøge templet i Madras. Det var Baba's mening, så det med at slappe af ved stranden måtte vente lidt endnu. Men det gik helt anderledes.

Jeg er nu på vej til Mahabalipuram, med Miss Leela's bog i min kuffert, som jeg så vil læse, mens jeg ligger ved stranden, og nyder solen. Samtidig vil jeg gøre et ophold i Madras og besøge templet. For at komme til Mahabalipuram skal man nemlig gennem Madras, da Mahabalipuram ligger lidt sydligere. Jeg har hørt der skulle være en fin badestrand, og ikke for mange turister.

Jeg afsatte en dag i Madras, for at besøge templet, og flyttede ind på et godt hotel. Da jeg havde spist frokost, kørte jeg derud. Miss Leela var der ikke selv. Hun var i Puttaparthi oplyste en nevø mig om, der var til stede: "Men hun kommer tilbage i morgen klokken ti. Jeg vil give Dem hendes telefonnummer, så syntes jeg, De skal ringe først, for at være helt sikker."

"Tak skal De have, det vil jeg gøre."

"Har De ikke lyst til at se templet?"

"Jo tak, det vil jeg meget gerne."

Han viste mig nu ind i det lille tempel, der virkelig var noget helt for sig selv. Så helt utrolig fredfyldt, og en helt vidunderlig atmosfære. Overalt var der billeder af Baba fra helt Hans unge dage. Jeg gik rundt og kiggede længe på dem. I mit stille tænkte jeg: "Hvor må de, der har været så tæt på Ham i Hans unge år dog være lykkelige." Baba kaldte først mig i 1979, og har ledet mig siden, helt direkte, og det kunne jeg i dag ikke leve foruden. Sådan skulle det altså være for mig.

Da jeg en tid havde gået rundt i mine egne tanker i denne stille fine atmosfære, kom der en inder, der tilsyneladende havde opsyn med templet, og spurgte om jeg ikke ville have to pakker vibhuti.

"Ih tak, det vil jeg meget gerne."

"De må endelig komme i morgen torsdag, der er templet åbent og der synges bhajans, det gøres der hver torsdag og søndag, så kom i morgen igen," sagde han venligt.

"Tusind tak skal De have, det vil jeg gøre," sagde jeg og kørte tilbage til mit hotel.

Endelig gik rejsen så videre mod Mahabalipuram, der jo var mit egentlige mål. Men inden jeg forlod hotellet, ringede jeg til Miss Leela. Hun var kommet tilbage fra Puttaparthi, og tog selv telefonen. Med det samme sagde hun: "Please, come."

"Jeg er der om en halv times tid." Jeg betalte hotellet, fik en taxa, og kørte til templet.

Denne gang var det en noget anderledes oplevelse at se det. Templet var åbent, og fyldt med mennesker, der sang bhajans. Der var så mange mennesker, de sad tæt rundt omkring udenfor, da der var helt fyldt inde i templet. Det var et utroligt smukt syn. Jeg blev uvilkårligt grebet af den intensitet de sang med til Baba's ære, selv om Han ikke var fysisk til stede. Selv om det var bhajans de sang, virkede det anderledes, end når der bliver sunget bhajans i Puttaparthi. Det var kun Indere der var der, mange sikkert gamle disciple af Baba.

Jeg blev vist ind til Miss Leela, der bor i et hus, lige ved siden af templet. Hun modtog mig meget varmt, og viste mig mange af de billeder, der hang rundt omkring af Baba fra Han var helt ung. Hun viste mig ligeledes et stort billede af hendes far, der jo for mange år siden, fik bygget templet til ære for Baba og det havde vist også noget med Baba's forrige inkarnation at gøre. Her må jeg henvise til Howard Murphet's bog.

Det var et meget dejligt møde. Hun udstrålede en ophøjet ro og en indre fred, og dog var hun så jævn og ligetil. Jeg fornemmede, at her var et menneske, helt i balance med sig selv, og jeg følte Baba's ånd var overalt. Hun spurgte, om jeg havde lyst til at spise lidt med hende, hvad jeg dog sagde nej tak til. Jeg sagde, at jeg var på vej til Mahabalipuram, men jeg følte, at jeg måtte se templet denne gang. Indirekte havde Baba jo vist mig vejen af en eller anden grund.

"Jeg har købt Deres bog, som jeg vil læse, når jeg kommer til Mahabalipuram," sagde jeg.

Hun smilede venligt: "Når De kommer tilbage fra Mahabalipuram må De endelig komme og være med til bhajans, inden De rejser tilbage."

"Det vil jeg meget gerne," sagde jeg, og tog afsked. Jeg skulle nemlig rejse til Danmark direkte fra Madras denne gang. Endelig var jeg på vej til Mahabalipuram, hvor jeg ville slappe af et par uger, og samtidig læse hendes bog, inden jeg satte kursen mod Danmark. Men hvad jeg kom til at opleve der, var just ikke det, jeg havde tænkt mig. Det blev noget ganske andet, og det var altså hvad Baba havde tænkt sig. Det kom helt bag på mig.

Jeg ankom til hotellet i Mahabalipuram, men blev noget forbavset da jeg så det. Det var i to etager på i alt 16 værelser, ligesom en slags rækkehuse og værelserne var dejlige. Det lå direkte ned til havet, med en lille fyrreskov foran. Det var i sig selv udmærket, men for det første kunne man slet ikke bade der, det var alt for farligt, der var en meget stærk understrøm. Det fremgik også af skilte på stranden med *badning ikke tilladt*. Samtidig viste det sig, at der overhovedet ingen restaurant var. Der var kun otte små blikborde, der stod i ly af den lille fyrreskov. Det var just heller ikke hvad jeg havde tænkt mig. Samtidig lå det meget øde; der boede kun få mennesker. Man kunne gå langs havet i lang tid, uden at møde en eneste sjæl.

Jeg fik et udmærket værelse på første sal, og stod en tid på min balkon, og kiggede ud på det buldrende indiske ocean. Der var en stilhed, som næsten virkede knugende på mig. Jeg hørte kun bølgerne bruse. Jeg følte mig i dette øjeblik virkelig helt isoleret fra omverdenen: "Hvad skal du egentlig foretage dig her? Okay, du bliver her et par dage, når jeg nu endelig er kommet helt herud, så tager jeg simpelthen ind på et stort hotel, med en god badestrand, en god restaurant og så videre. Her vil jeg simpelthen ikke være."

Om aftenen fik jeg min middag bragt op på værelset, og sad og nød den på min balkon, og den var fremragende, Det var i hvert fald en god kok de havde på hotellet, det var da altid et lyspunkt. Om natten kom Baba til mig, i en noget usædvanlig drøm.

En drøm den 15. januar 1998

Jeg befandt mig i mit hjem, et eller andet sted. Pludselig, og helt uden varsel, står der minsandten en ufo foran mig. Jeg ser højst forbavset på den en tid, og tror ikke mine egne øjne. Men det er rigtig nok; der står en ufo her midt i mit hjem. Jeg lukker en slags låge op, og sætter mig om bord i den. I det samme letter vi, og brager op gennem loftet og videre ud i universet. Højere og højere stiger jeg. Jeg var helt alene i ufoen, og sad selv og styrede. Det var en helt fantastisk oplevelse at svæve rundt mellem planeter og stjerner. Atmosfæren kan slet ikke beskrives; samtidig følte jeg mig meget lykkelig.

Da jeg havde svævet rundt der et stykke tid, så jeg nu noget besynderligt komme imod mig. Det kom nærmere og nærmere, og var nu helt tæt på min forrude. Til min store undren og forbavselse, ser jeg minsandten lige ind i Baba's smilende ansigt. Han smilede varmt og kærligt til mig. Det var en vidunderlig fornemmelse, og jeg følte mig varm om hjertet. Han gav mig en følelse af, at der var en mening med, at jeg svævede rundt der i universet i min egen ufo. Han var med mig i et stykke tid endnu, og tonede så langsomt bort.

Jeg svævede nu ganske stille ned mod jorden igen. Idet jeg steg ud af ufoen, kom en masse mennesker løbende mod mig, og råbte: "De er landet, de er landet."

197

"Hvem er landet?" spurgte jeg.

"Ufoerne, ufoerne," siger de. I det samme vågnede jeg ... desværre.

Hvad symbolet er her, er jeg ikke helt klar over.

Et usædvanligt møde

Jeg vågnede som sagt op til virkeligheden, og skrev drømmen ned med det samme. Tjeneren kom op med en hel fortræffelig indisk morgenmad, som jeg nød på min balkon, med den storslåede udsigt, kun i selskab med kragerne og et lille egern.

Efter morgenmaden gik jeg en tur ved havet, og tænkte lidt over drømmen med ufoen. Den havde løftet mig så højt op, at jeg besluttede og blive på hotellet en lille tid endnu. Jeg havde jo også Miss Leela's bog med, som jeg havde tænkt mig at læse, og samtidig var maden fantastisk god, Det var et stort plus, især når man er i Indien.

Foreløbig blev der ikke noget med at tage solbad, selv om det var meget varmt. Det blev mere det spirituelle jeg kom til at beskæftige mig med; det kunne simpelthen ikke være andet. Jeg begyndte på Miss Leela's bog, der var helt vidunderlig, med alle de helt utrolige mirakler hende og hendes familie har oplevet med Baba, helt tilbage fra omkring 1940. Samtidig skrev jeg selv nogle drømme ned, som Baba var kommet til mig i, i Puttaparthi. Alt det var jo i sig selv en dejlig sadhana.

Jeg kom meget i balance med mig selv. Hver formiddag og eftermiddag, gik jeg en tur langs havet, og havde det efterhånden helt godt med ensomheden. Jeg var helt og aldeles opfyldt af Baba's kærlighed. Morgen, middag og aften kom tjeneren ind med de mest fortryllende retter, jeg nogensinde har smagt i Indien. Det var virkelig en god kok, de havde der på hotellet. Samtidig læste og skrev jeg om Baba. Hvad mere kunne jeg forvente. Der gik nogle dage på den måde.

Så hændte der noget højst besynderligt. Jeg gik min sædvanlige tur ved havet, helt i mine egne tanker. En indisk mand kommer ganske langsomt gående imod mig, han havde en kurv over armen, og standsede lige foran mig, og helt naturligt gjorde jeg det samme. Det var yderst sjældent man mødte nogen. Han smilede varmt til mig, og virkede meget venlig, absolut ikke påtrængende, som en der eventuelt ville sælge noget. Jeg så lidt forundret på ham. Pludselig siger han til mig på en blid måde: "I am Maha Sai."

"Hvad siger De?"

"I am Maha Sai."

"Jeg forstår ikke hvad De mener, hvad betyder Maha Sai?"

Han pegede på mig og på sig selv: "Det er Maha Sai."

Alt dette blev sagt i en kærlig tone. Jeg kom til at more mig lidt.

"Jeg forstår stadig ikke hvad De mener."

"Mange mennesker kommer til Maha Sai."

"Ja, men jeg forstår det stadigvæk ikke," siger jeg for en sidste gang, og var nu klar til at gå. Han så lidt på mig, vi smilede til hinanden og gik hver sin vej.

Jeg gik i vandkanten, mens bølgerne brusede ind over mine fødder, og tænkte, hvad mon han egentlig mente. Først da jeg havde gået et stykke tid, gik der et lys op for mig. Jeg standsede øjeblikkelig op, og så mig tilbage, da var han kun en lille prik i det fjerne. "Maha Sai. Ja, men det kan da umuligt være rigtigt. Var det virkelig Dig Baba, i skikkelse af denne blide inder, der kom til mig her, på min ensomme vandring langs havet?"

Jeg blev helt opløftet, men vidste ikke rigtigt, hvad jeg skulle tro. "Dit store fjols. Han stod jo i virkeligheden, og præsenterede sig: *Mara Sai.*" Jeg forstod som sædvanlig ikke noget af det hele, før det var for sent. Det var næsten ikke til at bære.

Da jeg kom hjem på hotellet, tog jeg et brusebad, og lagde mig lidt, og læste i Miss Leela's bog. Og minsandten, jeg kunne næsten ikke tro det. Det allerførste jeg læste var Baba der siger: "Vi tager nu til Mahabalipuram …" Det står på side 133 i bogen. Da jeg læste det, var det lige før jeg blev hel høj. Jeg kunne kun tanke, som så ofte før: "Åh, Baba, Baba." Senere har Baba bekræftet i en hel vidunderlig drøm, at

det var Ham.

Drømmen vil blive beskrevet senere.

Jeg blev i Mahabalipuram en uge, og skrev selvfølgelig oplevelsen ned om det ret så speciale møde. Jeg fortsatte mine ture ved havet, men jeg mødte ham ikke igen. Et par dage efter rejste jeg til Madras, og da havde jeg mest af alt lyst til bare at komme hjem. Det var en onsdag, jeg rejste fra Mahabalipuram, og var i Madras ved middagstid. Jeg skulle først rejse til Danmark sidst på ugen, men tog til AIR INDIA for at se om jeg ikke kunne få en plads på flyet næste dag. Minsandten, det lykkedes. Jeg fik en plads i flyet lige fra Madras via Frankfurt og videre til Danmark, alt blev stemplet OK, og lykkelig var jeg.

Det var jo så torsdag jeg skulle rejse, og pludselig kom jeg i tanke om, hvad Miss Leela havde sagt til mig, nemlig at jeg endelig måtte komme til bhajans i templet inden jeg rejste hjem, og jeg skulle først rejse om eftermiddagen næste dag. Jeg følte virkelig, alt var blevet tilrettelagt. Næste formiddag tog jeg ud til templet, for at være med til bhajans. Men der var ikke en eneste plads i templet, og mange sad udenfor. Bhajans var i fuld gang. Miss Leela var der ikke selv på det tidspunkt.

Jeg stod og var lidt ærgerlig over, at jeg ikke kunne komme ind i templet, og få lov til at overvære bhajans der. Da kom der pludselig en indisk kvinde hen til mig. Vi talte lidt sammen, Jeg sagde, at jeg skulle rejse om eftermiddagen, og meget gerne ville ind i templet, da det var første gang jeg var til bhajans der. Hun tog mig med det samme med indenfor, og bad dem der sad der, rykke lidt sammen, så jeg fik en plads. Det var en meget smuk oplevelse, og samtidig en smuk afsked med Indien.

Det blev ikke et ophold på et strandhotel, med badeliv og så videre, selv om det var det jeg egentlig havde tilrettelagt. I stedet for sendte Baba mig på en pilgrimsrejse. Det var Baba's mening, og sådan blev det. Jeg rejste hjem med en dyb taknemmelighed i mit hjerte til

Baba.

Nogle drømme i 1998

En drøm i april

Jeg sad i al fortrolighed, og talte med en god veninde. Hun siger da til mig: "Ih, jeg er godt nervøs, jeg skal jo op til en vigtig eksamen."

"Nå, hvad skal du op i?"

"Jeg skal op i det med EGOET."

"Nå, så du skal op i det med EGOET. Det skal du da ikke være så nervøs for. Jeg ville være meget mere nervøs, hvis det var matematik, jeg skulle op i." Dette sagde jeg i en ret så nonchalant tone. Ak ja, hvor klog man er. Vi morede os lidt begge to. Jeg vågnede.

Jeg vil blot håbe, den dag jeg selv skal op til eksamen i EGOET, at jeg består.

En drøm i juni

Jeg opholder mig på et helt vidunderligt sted. Jeg tror det må være på et af de højere åndelige planer. Der er et helt fantastisk lys omkring mig, og samtidig er der en vidunderlig fredfyldt atmosfære. Baba giver mig her lov til at overvære noget meget specielt, nemlig, at Han deler eksamensbeviser ud.

Der er en gruppe mennesker, omkring tyve vil jeg tro, eller sjæle er måske mere betegnende. Alle klædt i lange hvide kapper, sidder samlet i spændt forventning. Jeg sidder lige ved siden af dem, men ved dog, at jeg ikke hører til dem. De var meget smukke at se på og alle udstrålede de en indre fred. Jeg ventede lige så spændt som dem.

Endelig skete der noget. Baba kom langsomt gående med eksamensbeviserne i hånden. Alle der sad der, havde nemlig bestået en meget vigtig eksamen sammen. Alt dette vidste jeg.

Baba råbte nu deres navne op, en efter en, og alle modtog de deres eksamensbevis, lykkelige og ydmyge. Baba var nu delvis færdig, og var nu nået helt hen til, hvor jeg sad. Så sagde Han højt og tydeligt, alt imens Han så kærligt hen på mig: "Ja, så er dette de to sidste." Hvorpå Han gav de to sidste elever deres eksamensbeviser, som de modtog, fuld af taknemmelighed til Baba.

Han så derpå intenst og meget kærligt hen på mig hvorefter han forlod os. I det øjeblik vidste jeg, at næste gang var det mig, der skulle op til eksamen. Jeg vågnede.

Hvor lang tid mon der vil gå?

En Drøm fra september. Brev fra Mahabalipuram

En nær ven kommer og overrækker mig et brev. "Der er kommet et brev til dig."

"Nå, hvem er det fra?"

Til min store undren, ser jeg, at brevet er fra Mahabalipuram. Jeg tænker ved mig selv: "Det er mærkeligt, du kender ikke nogen i Mahabalipuram," og åbner det. Nu husker jeg mødet ved havet i Mahabalipuram beskrevet i forrige kapitel, *Et usædvanligt møde*.

I det jeg folder brevet ud, vokser det i mine hænder, og bliver til en vidunderlig juledekoration. Jeg bliver aldeles forundret, da jeg ser på det meget speciale brev. Jeg vil prøve at beskrive det. Det målte omkring 50 x 60 cm. Selve papiret var som lyseblåt silke. Over det hele var der drysset små guldstjerner og engle i guld der svævede rundt. Ind imellem var der grankogler, der hang på en lille gren.

Midt i alt dette helt bedårende juleeventyr, var der med guldbogstaver, i en lille fin håndskrift, skrevet et brev til mig. Jeg nåede dog kun at se overskriften og signaturen. Overskriften lød: *Dear Marguerite* og signaturen kan læseren vel gætte sig til, *Baba*. I det samme genkendte jeg Baba's håndskrift. Samtidig vidste jeg, det var en juleinvitation, og en bekræftelse på, at det var Baba der kom til mig i Mahabalipuram på min tur langs havet.

Baba Baba, hvad skal jeg sige; jeg mangler ord.
Jeg kan kun sige: "Tak for den helt vidunderlige juleinvitation."

Julen 1998 i Prasanthi Nilayam

Det er november måned, og jeg har travlt med rejseforberedelser. Jeg rejser til Baba i julen, og glæder mig utroligt meget til igen, et stykke tid, at være i Hans fysiske nærhed. Kort før jeg rejste kom Han til mig i en virkelig morsom drøm.

En drøm fra december 1998

Jeg stod sammen med en del mennesker. Vi ventede åbenbart på noget, der var meget vigtigt.

Så skete der endelig noget. Baba kom nu med en liste i hånden, hvorpå der stod nogle navne. Han standsede lige foran mig, og råbte derpå det første navn op. Det var kvinden der stod lige ved siden af mig. Baba gav hende en stor krukke. Jeg anede ikke hvad den indeholdt og hvad det skulle betyde, men det gik senere op for mig. Så råbte Baba endnu et navn op. Højst forbavset hørte jeg Ham højt og tydeligt sige, *Marguerite Jalving*. Jeg skulle lige til at svare, men inden jeg nåede at sige noget som helst, vendte Han om, og gik videre.

I det øjeblik, blev jeg vred på Baba som så mange gange før, men i det samme vendte Han om, og kom nu hen i mod mig. Til min store undren, så jeg, at Han nu havde forvandlet sig til en meget selvstændig og selvsikker ung kvinde. Modeklædt og med høje hæle. Jeg vidste i det samme, at hun repræsenterede et kosmetikfirma. Og nu stod Baba, som altså var den kvindelige repræsentant, lige foran mig, og sagde, ”Jeg har her en lille pose med rensepulver til Dem fra firmaet. Der er kun lidt tilbage der endnu skal renses, så derfor får De kun denne lille pose. Firmaet og jeg er meget tilfredse, det går fint fremad med Dem.” Derpå vendte hun om og gik videre.

Jeg kiggede forundret på denne smukke, lille pose. Den var af meget tyndt gennemsigtigt silke i guld, fyldt med fint rødt pulver og lukket med en lille guldnål.

Jeg blev selvfølgelig umådelig glad for at få den besked. Jeg lukkede posen op, og tog lidt af pulveret ud i hånden. Det lignede rødt kumkuma. I det samme vågnede jeg.

Baba's fantasi er fantastisk og helt uden grænser.

Jeg er ankommet til Bangalore i strålende sol. Indien, Indien, her hører jeg til i hjerte og sjæl; her føler jeg mig hjemme.

Det er først i december. På den årstid plejer Baba altid at være i Put-
taparthi, hvad jeg også regnede med Han var denne gang. Jeg bliver
altid en nat i Bangalore. Det er simpelthen nødvendigt for mig oven
på den lange rejse. Først dagen efter rejser jeg så videre til Baba. Det
regnede jeg også med, at jeg skulle denne gang.

Jeg havde fået et værelse på det hotel i Bangalore, hvor jeg altid bor,
og havde fået mig et tiltrængt bad efter et helt døgn i AIR INDIA, så
langt om længe kunne jeg se frem til at få noget søvn. Lige da jeg hav-
de lagt mig, bankede det på min dør. Det var min chauffør, der skulle
køre mig til Puttaparthi næste dag: "Jeg har lige hørt, at Baba kommer
til Whitefield i morgen. Han skulle blive tre til fire dage på grund af et
byggeri, siges der. Så skal vi jo ikke til Puttaparthi endnu. Jeg kommer
senere, og giver nærmere besked."

"Nå, det var da lige i sidste øjeblik, jeg fik det at vide; hvor heldig
du er," tænkte jeg. Jeg ved med mig selv, at var jeg kommet til Putta-
parthi, kun for at få at vide, at Baba lige var kørt til Whitefield, ville jeg
være blevet frygtelig skuffet, selv om jeg udmærket godt ved, at det
hører med. Ingen ved aldrig helt nøjagtigt, hvor Baba befinder sig her
og nu, Men det viste sig denne gang, at rygtet talte sandt. Baba kom
næste dag til Whitefield. Jeg ankom til Whitefield klokken 11 og var
med til at modtage Baba, der kom kl. 12:30.

Vi stod kun nogle ganske få, da Baba's bil kom kørende ind ad por-
ten til Brindavan. Det blev en meget smuk og personlig modtagelse
Baba gav mig. Idet bilen passerede os, så Baba ud af vinduet, og smi-
lede varmt til mig. Jeg følte at det var en god start på mit ophold, og
takkede Baba i mit stille sind, at jeg ikke var kørt til Puttaparthi, men
havde fået beskeden i tide. Det blev da også et lidt usædvanligt op-
hold, hvor Han gav mig lidt af hvert. Han kom til mig i et par drømme,
hvor Han simpelthen lod mig forstå, hvad Han ønskede af mig, og
forventede, at jeg levede op til det. Dem vil jeg vende tilbage til senere.

Baba blev en lille uges tid i Whitefield. Og det blev nogle dejlige
fredfyldte dage med Ham, hvor der ikke var så mange mennesker, da
de allerfleste var i Puttaparthi. Men dagene gik hurtigt, og pludselig
var det så af sted til Puttaparthi. Vi nærmede os julen, og der var efter-
hånden kommet så mange mennesker til Puttaparthi fra hele verden,
at jeg var ved at blive lidt træt af tempoet i ashramen: Op kl. 4:30 hver
morgen, det er jo trods alt ikke det tempo, jeg har på derhjemme. Og så
er der jo også det med alderen, man må tage hensyn til; man bliver ikke
yngre. Derfor besluttede jeg, at undlade, at komme til et par morgen
darshan, for at få sovet rigtigt ud. Det gjorde jeg så i to dage i træk, og

følte mig dejlig udhvilet. Da kom Baba til mig i en drøm.

Endnu en drøm fra december 1998

Baba kom gående langsomt hen imod mig. Han så meget ømt og kærligt på mig, og sagde i en blid tone: "Jeg er ked af du ikke kommer."

"Ja, men Baba, det var jeg alt for træt til, at stå så tidligt op. I går sad jeg tre timer foran Dit tempel. Så jeg følte mig træt, det var derfor jeg ikke kom."

Baba sagde da, idet Han tog mig blidt ind til sig: "Ja, jeg ved det, jeg ved det."

Til sidst lagde jeg mit hoved på Baba's skulder, og sagde: "Åh, Baba, Baba." I det samme vågnede jeg med Hans navn på mine læber.

Fra den dag, kom jeg til alle Hans darshans, også selv om jeg skulle op klokken 4:30. Om eftermiddagen, efter darshan, blev jeg ligeledes siddende foran Hans tempel, for at være så tæt på Ham som muligt i den tid jeg var der. Jeg rejste mig ikke før arathi var slut.

Jeg vidste, det var det, Han ønskede af mig. Disciplin og udholdenhed, men Han gav mig også styrken til det. Og når alt kommer til alt, er det jo også derfor jeg kommer; nemlig for at være i Hans fysiske nærhed. Han lod mig da også komme Ham fysisk nær, for da jeg gik til den første darshan efter drømmen, kom jeg i første række. Baba kom da nøjagtig lige hen, hvor jeg sad og tog nogle breve, idet Han samtidig smilede drillende til mig. Jeg følte mig varm om hjertet.

Det var som altid en smuk oplevelse, at være hos Baba i julen. Især julemorgen, hvor Han velsigner os alle fra balkonen. Det er så ubeskriveligt smukt, så det er svært at sætte ord på. Ligeledes nytårsmorgen, er noget særligt hos Baba. Man føler Hans ånd og velsignelse overalt.

Men jul og nytår blev overstået, og vi var nu kommet ind i 1999. Vi nærmede os den niende januar, der tilsyneladende er en speciel vigtig dag for mig, har Baba ladet mig forstå i en drøm, i kapitlet *I gang med skriveriet igen, april 1996* med titlen *En Drøm den 16. marts 1996*. Det var især niende januar 1999, den nærmede sig nu, og jeg var lidt spændt på, om der i det hele taget ville ske noget særligt, eller om det blot havde en dybere symbolsk betydning. Det ville vise sig.

Ni er et helligt tal, siges der, så niende januar 1999, må jo så være en særlig hellig dag. Det gjorde Baba mig da også opmærksom på, på en helt speciel måde. Den ottende januar til eftermiddags darshan, var jeg endnu engang kommet i første række, og sad sammen med tusindvis af mennesker, og ventede på Baba, som så mange gange før, og havde været heldig, at få en plads helt oppe foran templet.

Endelig kom Han, men Han gav en meget hurtig darshan, og inden man så sig om, var den overstået. Han havde ikke kaldt nogen ind til interview, hvad Han ellers gjorde hver eneste dag. Han gik direkte til sit interviewværelse, for så lidt efter at komme ud igen. Derpå gav Han besked om, at få sin bil kørt frem. Den røde løber blev hurtigt rullet sammen, så Baba kunne køre ud af indkørslen.

Bilen kom langsomt kørende ind på pladsen og holdt nu midt foran templet med dens nummerplade vendt direkte mod os kvinder. På det tidspunkt var jeg godt klar over, at det betød noget symbolsk for mig. Mange gange har Baba på forskellig vis gjort mig opmærksom på nummerpladen; de sidste fire tal er nemlig 9999. Dem sad jeg nu og kiggede på, og endda meget tæt på.

Den niende januar 1999 er netop de fire nitaller, og næste dag var det niende januar 1999. Baba bad nu et par af Hans nærmeste disciple køre med i bilen. De kom først ned, og satte sig ind og til sidst kom Baba gående langsomt ned mod bilen. Lige før Han satte sig ind, sendte Han mig et blik så direkte og intenst, at jeg næsten blev rørt til tårer.

Jeg blev bragt helt ud af fatning, og sad og tænkte på drømmen, Han kom til mig i for nogle år tilbage. I drømmen sluttede Han med at sige: "Ja, det bliver den niende januar," Han nævnede dog ikke årstallet. Alt dette sad jeg nu og tænkte på.

Han må være kørt en meget lille tur, for der gik kun omkring ti minutter, så var Han tilbage igen. Han steg ud af bilen, og vendte sig mod os kvinder der sad nærmest, og sendte os et så strålende smil, at det gik lige til hjertet. Derpå gik Han langsomt ind i sit interviewværelse. Om natten kom Han til mig i en meget smuk drøm.

En drøm den 9. januar 1999

Baba kom langsomt gående imod mig, standsede op, og så meget intenst på mig. Jeg blev klar over, at Han ville sige noget af betydning til mig.

"Din fremtid skal vi til at tale meget mere om. Du rejser hjem den tiende, men nu skal vi først på en anden lille rejse."

Baba tog mig da ved hånden, og førte mig ind i en meget mørk tunnel. Jeg kunne absolut intet se, kun mørke overalt. Vi gik langsomt fremad. Jeg tænkte ved mig selv: "Ih, hvor er det godt Baba, at jeg har Dig at holde mig til, ellers ville jeg have været bange." Jeg holdt mig da også tæt op af Baba.

Vi gik et langt stykke tid i mørke, men langsomt begyndte jeg, at kunne skimte lidt lys, for enden af tunnelen. Lyset blev nu mere og mere klart jo nærmere vi kom lyset. Nu var det som tusinde sole på én gang, for så til sidst at blive til et kolossalt lyshav. Det var et helt fantastisk syn, og jeg blev næsten blændet. Vi var nu nået helt frem til det strålende lys, og inde i dette vidunderlige lys, der var uendeligt at se på, så jeg mennesker der levede der; det var en fantastisk oplevelse. Så sagde Baba: "Her standser vi, for dem der lever der, de bor på den anden side." Derpå vågnede jeg.

Det var tidligt om morgenen, og jeg lå lidt, og tænkte på drømmen. Jeg forstod da, at Baba viste mig, at Han førte mig fra mørket til lyset, og at den niende januar 1999, som var i dag, åbenbart var en skelsættende dato, som Baba havde sat. Fra den dag, ville jeg gå ind i en mere ånde-lig fase af mit liv. Hvilken betydning det vil få, kan kun tiden vise. Jeg ved blot, at Baba viser mig vejen.

Om morgenen til darshan, lige efter drømmen, fik jeg en god plads, hvor jeg ville komme tæt på Ham. Spørgsmålet var bare, om Han over-hovedet ville se i den retning hvor jeg sad, eller vende ryggen til, og se til den anden side. Jeg var spændt på hvad Han ville gøre.

Endelig kom Han, og vendte sig direkte mod mig, og sendte mig et varmt smil. "Baba, Baba," tænkte jeg, "det var en vidunderlig afsked Du gav mig." Jeg rejste næste dag. Helt og aldeles opfyldt af Baba's kærlighed.

Hvad mon fremtiden vil bringe?

Februar 1999

Vi er kommet ind i 1999. Jeg er lige kommet hjem fra Indien, hvor jeg var hos Baba i julen og nytår. Det var et meget intenst ophold, det vil jeg komme tilbage til senere. Først vil jeg berette lidt om, hvad der er sket i mellemtiden.

Jeg var hos Baba i 1997, og rejste den 3. juni. Under det ophold gjorde Han noget meget morsomt. Jeg sad i første række til darshan. Ved siden af mig, sad en ung, indisk kvinde med et brev til Baba. Han stilede nu lige hen mod os, og stod så foran mig. I det samme rakte den unge kvinde sit brev op til Ham, som Han tog, hvorpå Han materialiserede noget vibhuti og gav hende. Hun var meget ulykkelig. Jeg fik dog ikke noget vibhuti. Alt imens Han gjorde dette så Han hele tiden drillende på mig, og kom nu hel tæt hen til mig, så jeg kunne berøre Hans fødder. Han blev stående i lang tid, alt imens Han tog breve fra folk bag mig. Til sidst smilede Han varmt til mig og gik videre. Det var en dejlig darshan. Jeg rejste hjem den 11. juli, og kom hjem til en usædvanlig overraskelse.

Jeg har en lille håndmalet lyseblå skål stående, hvori der engang var vibhuti, som jeg har fået af Baba under et interview, men den har været tom meget længe. Den 25. juli var jeg ved at tørre støv af og kom jeg til at skubbe lidt til den lille skål, så låget faldt af. Højst forbavset blev jeg, for på bunden af skålen, og lige i midten lå en lille håndfuld vibhuti, lige nøjagtig så meget som Baba materialisere når Han giver darshan, som var det dalet lige ned fra himlen, hvad det på en måde i virkeligheden også var. Da forstod jeg, hvorfor Baba havde smilet så drillende til mig. Den unge kvinde fik vibhuti til darshan, jeg fik det hjemme i min skål.

Utroligt; tak for vibhutien Baba.

208

Et indisk bryllup

Det er maj måned, og jeg er igen hos Baba. Han er i Whitefield, og der siges, at Han vil blive deromkring to måneder på grund af et byggeprojekt i Puttaparthi.

I de dage jeg var der, fejrede Baba Buddha's fødselsdag. Der kom så mange buddhister fra hele verden, alene fra Japan kom der omkring 4000. Det, at der i det hele taget var plads til så mange mennesker i Whitefield, fatter jeg ikke, men selvfølgelig var der plads til alle.

Det blev en meget smuk oplevelse. Hele Whitefield var oplyst, og der var blomsterdekorationer overalt, og mellem alt dette var der statuer af Buddha. Baba holdt en vidunderlig tale om Buddha, og da var jeg så heldig, at få en meget god plads langt fremme, så jeg tydeligt kunne se Baba fra Hans talerstol. Det var dejligt at overvære. Festlighederne varede i tre dage.

Jeg blev kun to uger hos Baba denne gang, da jeg blev klar over at Han ikke rejste til Puttaparthi i den tid jeg var der. Kun i Puttaparthi i Prasanthi Nilayam føler jeg mig hjemme; sådan har det altid været. Samtidig var det også på grund af de store menneskemasser der var der. Så jeg rejste fra Whitefield til Bangalore, hvor jeg fik et hotelværelse. Næste dag ville jeg gå på Air India. Jeg havde en usædvanlig dejlig oplevelse, den sidste aften, jeg var i Bangalore, inden jeg rejste til Delhi, for at komme videre til Benares. Jeg oplevede den indiske kultur og gæstfrihed, som inderne er så kendt for. Den er vidunderlig at møde.

Jeg havde spist middag på mit hotel, og gik en lille tur, for at se på det indiske pulserende liv, der er overalt på gaderne. Det er nemlig et meget malerisk kvarter jeg bor i, typisk indisk, med hellige køer, der trasker rundt i gaderne. Der ligger ligeledes et lille Tempel, for guden Ganesha, med røgelsen bølgende omkring det, så man kan dufte den på lang afstand.

Som jeg nu gik her midt i denne indiske atmosfære, hørte jeg en smuk musik, det lød som var det et stort orkester der spillede. Jeg nærmede mig stedet, hvor det kom fra. Det viste sig at være et stort selskabslokale, hvor der åbenbart blev holdt en fest. Jeg stod lidt og kiggede på et pragtfuldt, stort springvand, i alle regnbuens farver, der var arrangeret foran, alt imens folk strømmede festklædte ind.

Kvinder i skønne sarier; mange med deres baby på armen. Børnene så henrivende ud, klædt i flæser og blonder, og med blomster i håret, hindumærket i panden, og selvfølgelig med både arm- og ankelbjælder, og det var lige fra de helt små babyer, der slet ikke var til at stå for. Ligeså ofte var det mændene der bar babyen på armen. Alle strømmede de ind i festligt humør.

Der kom nu en venlig indisk mand hen til mig, og sagde: "Kom med indenfor Madame."

"Hvad fester de for."

"Det er et indisk bryllup."

"Jamen, det kan jeg da ikke deltage i."

"Jo, det vil glæde brudeparret. De sidder oppe på scenen, og modtager lykønskninger fra familie og venner, men det er også for alle andre, der ønsker at tage del i deres glæde, og være med til at hylde dem på deres bryllupsdag. Det er meget festligt med dejlig musik, og indisk TV er der også. De må endelig komme med ind."

Hans begejstring og venlighed, gjorde selvfølgelig, at jeg gik med ind og deltog i festen for det unge brudepar.

Jeg kom ind i et stort selskabslokale, fyldt med glade mennesker. Et stort orkester spillede, samtidig var der TV tilstede, og flere fotografers kameraer blitzede. Det var alt sammen meget festligt. Der var sat stolerækker op, ligesom i et teater, og der fik jeg anvist en plads på første række.

Oppe på scenen sad så brudeparret, i nogle pragtfulde lænestole. Hendes sari var af tyk silke i et hav af farver, og med diadem i håret. Hans dragt var også af tyk silke, beigefarvet, lang kappe, med benklæder i samme farve. Pragtfulde så de ud.

Nu var det ikke sådan, at de bare sad der og tog sig ud for mængden. De var omringet af familie og venner, der i en uendelighed kom op på scenen og lykønskede dem. Lige så ofte stod de op og talte med de forskellige mennesker, så satte de sig lidt ned, og andre kom op for at gratulere. Det var også den almindelige indiske familie, der gik op for at sige tillykke. Alle deltog de i deres bryllup.

Jeg var dybt betaget af hele stemningen, det var noget jeg aldrig havde oplevet før. Pludselig kom der en ung indisk mand hen og gav mig en rød rose i hånden; så væk var han igen. Han var bare glad, og syntes åbenbart, at jeg skulle have en rød rose. Der sad jeg så med rosen, samtidig med jeg lyttede til den pragtfulde musik. Endnu engang blev jeg betaget af indernes gæstfrihed og kultur, som jeg følte mig ét med.

Pludselig kom der et kvindeligt familiemedlem af brudeparret ned til mig, og spurgte om jeg ikke ville komme op på scenen, og hilse på dem. Det viste sig, at være brudens søster. Først var jeg ikke så meget for det, men da hun sagde, at det ville glæde dem meget, gik jeg selvfølgelig med op, og ønskede brudeparret tillykke. Brudgommen kaldte nu den nærmeste familie sammen, og vi blev stillet op til fotografering. Jeg blev anbragt ved brudens side, og hendes søster ved siden af mig. Jeg tror der var omkring tyve familiemedlemmer. Så knipsede fotograferne, og alle morede sig; det gjorde jeg også. En sød og varm oplevelse.

Brudens søster kom nu med en lille pose til mig og takkede, fordi jeg havde deltaget i hendes søsters bryllup.

"Det har været en meget dejlig oplevelse," sagde jeg. Jeg ønskede brudeparret held og lykke, og forlod selskabet. Da jeg kom op på mit værelse, stillede jeg rosen i et glas vand på mit natbord, og lukkede den lille pose op. I posen var der to palmeblade, to små citrusfrugter, og en lille pose med rødt pulver. Pulveret regnes for helligt i Indien, og hedder kumkuma. Det er sådan i Indien, at man aldrig må forlade et indisk selskab, uden at man har nydt noget.

Alt dette blev jeg som fremmet inviteret med til, uden at der blev krævet så meget som en eneste rupee af mig. Tværtimod var det dem, der viste en gæstfrihed, ud over alle grænser, som vi slet ikke kender til i vesten, og de var lykkelige over, at jeg ville deltage i den. Det er så typisk indisk og frem for alt ægte. Det var min sidste aften i Bangalore. Næste dag rejste jeg videre til Delhi.

I Benares i 1999

Jeg har altid ønsket at se Benares ved Ganges, men det er aldrig blevet til noget. Benares regnes for Indiens helligste by, og floden Ganges ligeså. Jeg har læst en del indiske bøger om store mestre der har levet deres liv ved Ganges, og det har altid fascineret mig, så jeg følte, at nu skulle det altså være. Jeg blev et par dage, og fik så Baba's velsignelse til at rejse. Monsunen var så småt begyndt. Den sidste eftermiddag fra darshan gik jeg hjem i silende regn. Så jeg rejste faktisk fra monsunen i Sydindien og videre til Benares, hvor det var Indian Sommer med over 40 grader. Det var lidt af en omvæltning. Man skal have et godt helbred, for at rejse i Indien.

Jeg ankom til Benares, også kaldet Varanasi. Det gamle navn er Benares, som mange indere stadig bruger. Der var som sagt over 40 grader. Det var rædselsfuldt, og kom helt bag på mig, da det jo nærmest var begyndt at blive lidt køligt, da monsunen var begyndt i Bangalore i Sydindien, hvor jeg kom fra. Der var kun en ting at gøre. Nemlig hurtigst muligt at få et hotelværelse med air-condition, hvad jeg omgående fik.

Når man kommer til Benares, er der straks en guide der stiller sig til rådighed, for et eller andet beløb i timen. Det fik jeg selvfølgelig også. Der kommer nemlig så mange turister til Benares. Blandt andet for at se den hellige Ganges, som den er beskrevet overalt, og samtidig ligbrændingen ved Ganges. Hvad jeg også skulle se.

Jeg følte lidt, nu da jeg endelig var kommet til Benares, at det var vist ikke helt, som jeg havde ventet. Det hellige havde jeg lidt svært ved at få øje på. Jeg syntes det hele virkede lidt kunstigt, ligegyldigt hvor vi bevægede os hen. Alt drejede sig i sidste ende om penge.

Da jeg, som alle andre, skulle ud at sejle på Ganges ved solnedgang, og på kajen se ligbålene, blev jeg for alvor revet ud af min illusion, med hensyn til den hellige Ganges. Selve floden Ganges var så utrolig beskidt, selv om jeg har læst meget om hvor ren og hellig den var, men det var just ikke det indtryk jeg fik. Et bad i Ganges, nej tak. Og ligeledes ligene, der blev brændt på bålene på kajen, blev der ikke gjort noget særligt ud af. Ingen pårørende eller nogen form for højtidelighed var der. Blot en stor stabel brænde, hvor én mand helt rutinemæssigt holdt bålene ved lige.

Jeg fik at vide, at der konstant, døgnet rundt brænder tre bål. Et for de rige, et for de fattige, og et for børn. Ak ja, selv når man skal forlade denne verden, er det et spørgsmål om penge.

Jeg sagde til min guide: "Jeg syntes det hele virker som et stort turistshow. Det er århundreder siden Benares ved Ganges var hellig. Det eneste hellige på denne jord i dag er Sathya Sai Baba."

Det vidste han ikke rigtigt hvad han skulle svare på, og mange indere vil måske heller ikke føle det samme som jeg. Jeg kan jo kun tale for mig selv. Jeg rejste så tilbage til Delhi, hvor det viste sig, at være endnu varmere, men jeg har prøvet det før. Det kan man ikke undgå, når man som jeg, har rejst tyve år i Indien. For mange år tilbage, var jeg i Delhi, under den værste monsun, jeg nogle sinde har oplevet. Jeg have min søn med mig, og han troede nærmest han var ved at dø, eller måske rettere sagt drukne i vandmasserne.

Jeg skulle ind på et offentligt kontor, vedrørende nogle vigtige papirer, for i det hele taget at komme ud af Indien. Vi havde opholdt os der i flere måneder. Så langt om længe fik jeg en taxa, der kørte lige op foran hotellet, så jeg nåede slet ikke rigtigt at registrere hvor slemt det i virkeligheden stod til. Men da vi kørte ganske langsomt, så jeg at gaderne var blevet til store floder, jeg fik nærmest et mindre chok. Taxachaufføren måtte holde langt væk fra kontoret, hvor vi skulle hen, da det var umuligt at køre videre på grund af vandmasserne. "Hvordan i al verden klare vi det her", tænkte jeg, og bad en stille bøn til Baba. Ud skulle vi, men det nægtede min søn simpelthen. Han blev nærmest hysterisk, da han blev klar over, at der ikke var noget at gøre. Han måtte have sko og strømper af, og buksebenene måtte rulles helt op til knæene. Han havde aldrig været ude for sådan noget før, så han troede mindst hans sidste time var kommet. Jeg selv måtte have taske og sko i den ene hånd, og paraplyen i den anden. Så var det bare ud i vandet, der nåede næsten til knæene. Kun ganske langsomt kom vi fremad gennem vandet. Samtidig var det også et morsomt syn, der mødte os. Alle vegne så vi elegante forretningsfolk med deres stribede bukseben rullet helt op til knæene, med skoene i den ene hånd, og mappe og paraply i den anden. Det morede vi os meget over, alt imens vi selv kæmpede os gennem de store vandmasser.

Langt om længe nåede vi kontoret, og følte os næsten frelst. Det tog sin tid, som det gør på alle kontorer i Indien, jeg tror omkring to timer, men for en gangs skyld gjorde det ikke noget. Vores tøj nåede nemlig at blive tørt, inden vi igen skulle ud i det der lignede floder der strømmede i gaderne.

213

Minsandten, til min store undren, så jeg taxachaufføren komme løbene hen mod os. Han havde ventet i to timer på os, skønt vi slet ikke havde aftalt noget. Jeg blev lykkelig ved synet, og samtidig dybt taknemmelig over den betænksomhed han viste os. Det var nemlig umuligt at få en taxa, og der var langt til vores hotel, så hvis ikke han havde været der, ved jeg egentlig ikke hvordan vi var kommet tilbage til hotellet. Det har jeg aldrig glemt ham for; det var helt usædvanligt at opleve.

Det minder lidt om min oplevelse nogle år tilbage i Bombay lufthavn som jeg tidligere har beskrevet. Her regnede også voldsomt, men dog ikke så galt som i Delhi.

Jeg rejste som sagt fra Delhi til Benares, som beskrevet. Jeg er nu kommet tilbage til Delhi. Det var en arrangør, Holiday Planner, kaldes de i Delhi, der havde planlagt min rejse til Benares. Vi havde haft mange samtaler på hans kontor. Ikke så meget på grund af min rejse til Benares. Nej, det var noget helt andet, som han var interesseret i, der gjorde, at vi kom til at tale så meget sammen. Og det var selvfølgelig Baba.

Nu sad jeg igen på hans kontor og vi fortsatte samtalerne. "Hvordan kom Baba egentlig ind i Deres liv," spurgte han.

Jeg begyndte at fortælle om mit forhold til Baba igennem tyve år. Hvordan Baba kommer til mig i drømme og visioner, og helt og aldeles leder mig i et og alt. Det er derfor og kun derfor, at jeg kommer til Indien. Det gjorde et dybt indtryk på ham.

"De har vel ikke et lille billede af Sai Baba, jeg må få, til mit husalter derhjemme, spurgte han. Jeg kiggede lidt i min tegnebog, og fandt et lille billede af Baba.

"Her har jeg et billede af Baba, De må få til Deres husalter," sagde jeg, og rakte ham billedet. Han så længe på det, og jeg fornemmede, at han var meget glad for det.

"Jeg har forresten et andet lille billede her, de også må få," sagde jeg.

"Ih, hvor er jeg lykkelig for dem. Det billede her, vil jeg have på mit kontor!" sagde han, og lagde det ind under glasset på hans skrivebord.

"Næste gang Sai Baba kommer til Delhi, vil jeg gå til Hans foredrag.

Jeg vil aldrig nogensinde glemme at De har bragt Sai Baba ind i mit liv. Hver gang De kommer til Delhi, må De endelig komme til mig, og lade mig hjælpe Dem med billetter og så videre. Det har fascineret mig dybt, det De har fortalt mig om Deres forhold til Sai Baba."

Det er jeg glad for at høre," sagde jeg, og tog afsked med ham for denne gang.

Jeg skulle egentlig have været tilbage til Danmark, men kom det ikke lige med det samme. Næste dag tog jeg igen op på hans kontor, og helt automatisk fortsatte vi samtalerne. Han fortalte mig om hans fødeby, der lå nogle få timers kørsel fra Kashmir.

"Åh Ja, jeg har tit tænkt på at se Kashmir, og bo på en husbåd, men det er aldrig blevet til noget," sagde jeg.

"Hvorfor gør De det ikke nu, når De alligevel er i Indien? Jeg vil planlægge hele turen for Dem med tog til Jammu, og derfra får De en bil med chauffør, der vil køre Dem til Kashmir. Det er en pragtfuld køretur gennem bjergene. Jeg bestiller samtidig plads på en husbåd til Dem. Bil og chauffør vil stå til rådighed i de ti dage De er der. Det samme gælder turen tilbage til Jammu, samt billet til toget, der vil køre Dem til Delhi, dagen før De skal rejse til Danmark. Og jeg vil give Den en god pris."

"Nej, nej, jeg har ikke tænkt mig at tage til Kashmir denne gang."

"Nå, men så måske næste gang De kommer til Indien."

"Ja, det vil jeg tænke lidt over," sagde jeg, og forlod igen hans kontor.

Senere på dagen, tænkte jeg en hel del på det med Kashmir, og fik mere og mere lyst til at afslutte mit ophold i Indien i Kashmir på en husbåd. "Det må da være fredfyldt, og lige hvad jeg trænger til, inden jeg vender kursen mod Danmark," tænkte jeg. Det endte med, at jeg til sidst slet ikke var i tvivl. Jeg skulle til Kashmir, følte jeg.

Næste dag sad jeg igen på hans kontor: "Jeg tager til Kashmir, De må gerne planlægge min rejse."

"Det syntes jeg er en god ide, det kan De glæde Dem til. Jeg vil omgående gå i gang med at planlægge rejsen i alle detaljer. Så De kan rejse i løbet af et par dage. Jeg ringer til Dem, når jeg har det hele klart."

Han ringede om aftenen, og havde planlagt hele min rejse til Kashmir og tilbage til Delhi, og alt for en utrolig rimelig pris. Han fulgte mig selv til toget. "Rigtig god tur, vi vil ses igen," sagde han. Så var jeg på vej til Kashmir, og undrede mig lidt, for det var jo slet ikke noget jeg havde planlagt. Men det viste sig. Der var selvfølgelig en mening med det.

På en husbåd i Kashmir

Jeg er så på vej til Jammu med nattoget, og vil være i Jammu næste morgen. Der skulle der så gerne være en chauffør med bil til min rådighed, som så vil køre mig til Kashmir. Jeg vil sandelig håbe, at han er der som aftalt, ellers er jeg på den.

At køre med tog i Indien, er en speciel oplevelse. Jeg havde et sæde med forhæng, som jeg kunne trække for, så jeg kunne være helt mig selv. Når man skal sove, slår man et ekstra sæde ned, så det bliver en seng med natlampe. Samtidig får man udleveret et tæppe, en pude og to lagner. Da jeg var klar til at sove, trak jeg forhænget for, slukkede lampen og sov glimrende til næste morgen. Da fik jeg morgenkaffe, og en slags indisk bolle, så kørte toget ind på Jammu station. Jeg var spændt på at se, hvad der nu ville ske. Forhåbentlig det der var blevet aftalt i Delhi.

Jeg steg ud af toget, og så mig omkring, alt var forvirring. Ingen bil, ingen chauffør. Min kuli, der bar min kuffert på hovedet henviste mig til et kontor med taxaudlejning. Manden der ledede kontoret så min bestillingsseddel med bekræftelse på, at alt var betalt og bestilt. Men nej, de kendte ikke noget til det, og kunne ikke hjælpe, selvom der til sidst var mindst ti mennesker indblandet. Der stod jeg så. Et klogt hoved sagde: "Gå op på stationen, der er et lille kontor med politi og vis dem Deres papirer så de kan se, at De har betalt for en bil med chauffør herfra og til Kashmir."

"Tak skal De have, det vil jeg gøre."

Min kuli var efterhånden ved at være halvsur. Han traskede efter mig, med bagagen på hovedet i omkring 30 graders varme, så det var der egentlig ikke noget at sige til. Så vi måtte tilbage igen, op på kontoret. Endelig fandt vi det lille kontor, som ganske rigtigt var politiet, men selvfølgelig var der ikke en sjæl. Der sad jeg så og ventede en tid, og vidste ikke rigtigt hvad jeg skulle tro. Pludselig, som ud af den blå luft, dukkede der en lille glad inder op, og holdt et stort skilt op foran mig med mit navn. Glad blev jeg, og glad blev han. Det var min chauffør. Så var jeg for alvor på vej til Kashmir.

Vi kørte op i bjergene. Vejen snoede sig, og højere og højere opad gik det, så det til sidst helt svimlede for mig. Det et helt vidunderligt syn. Vi kørte gennem mange små bjerglandsbyer. Vi havde vel kørt en times tid, så blev vi standset af politiet. Der var krig i området, den gamle strid mellem Indien og Pakistan om Kashmir, det var blusset vold-somt op, på det tidspunkt, så der var politi overalt.

"Nå, hvad nu?" tænkte jeg, men det viste sig at være en glad politi-betjent, der muntert spurgte mig: "Are you happy?"

Højst forbavset over det spørgsmål, svarede jeg: "Oh yes, I am hap-py."

Han forklarede nu, at på grund af krigen, skulle to af hans kolleger til et vigtigt møde. Han spurgte om de ikke måtte køre med et par timer, da de ingen vogn havde til deres rådighed; det ville de blive meget glade for. Da jeg havde rigelig plads i bilen, da der var to sæder bag i, sagde jeg: "Jo, selvfølgelig må de det." De takkede mange gange, og satte sig ind.

Det viste sig at være far og søn. Sønnen satte sig bag i, på sædet overfor mig, og den første sætning han sagde, var: "Ja, vi er altså krist-ne."

Dette sagde han med en sådan overbevisning, som om at kristen-dommen var den eneste religion i verden der havde betydning.

"Ja men det er da godt for Dem," sagde jeg, uden yderligere kom-mentarer. Vi havde kørt en tid, så spurgte han: "Har De familie eller venner i Indien?"

"Næ det har jeg ikke."

"Nå, De er måske blot turist?"

"Nej, jeg er tilhænger af Sathya Sai Baba, og har været det i tyve år, derfor er jeg i Indien. Jeg slutter blot mit ophold af i Indien på en husbåd i Kashmir."

Han blev lidt forundret over at høre, at jeg der kom fra et land, hvor befolkningen hovedsagelig er kristne, men at jeg var tilhænger af Sai Baba, og at hans familie, som boede i Indien, hvor de fleste er hinduer, var kristne. Han var nu blevet interesseret i at høre om mit forhold til Baba og om, hvordan Baba i det hele taget var kommet ind i mit liv.

"Det er en lang historie," men nu var der intet at gøre; han blev ved med at spørge om mit forhold til Baba, så begyndte jeg at fortælle.

Jeg fortalte om, hvordan Baba for 20 år siden havde kaldt mig. Om hvordan Han kommer til mig i drømme og visioner, og om hvordan Han helt og fuldt ud leder mig på det indre plan, somme tide helt ned til mindste detalje. Samtidig henviste jeg til min første bog, *Med Baba ved min side*.

"Jeg vil aldrig et sekund mere kunne leve uden Hans vejledning."

Endvidere forklarede jeg, at folk fra alle religioner kommer hos Baba. Han siger: "Alle religioner fører til en og samme Gud."

Han havde lyttet fuldkommen fascineret til alt, hvad jeg havde fortalt, og sad nu og kiggede på et billede, jeg viste ham, hvor jeg står ved Baba's side. Det blev taget under et interview i Puttaparthi for mange år siden. Baba gav selv besked til en af Hans disciple, der var med til interviewet, om at tage billedet. Det er selvfølgelig et billede jeg er meget, meget glad for.

Han sagde: "Det er utroligt, alt hvad De har fortalt om Deres forhold til Sai Baba. Nu forstår jeg godt, at Han betyder alt for Dem. Jeg tror jeg vil besøge Ham i Puttaparthi, når jeg får tid. Næste gang De kommer til Indien, må De endelig komme og besøge min familie, det vil vi alle blive glade for. Jeg er glad for, De tog os med i bilen, så jeg fik lov til at høre om Sai Baba, det vil jeg aldrig glemme."

Tidspunktet var nu kommet, hvor de skulle af, og de tog hjertelig afsked med mig.

Vi kørte videre ad smukke bjergveje, og da min chauffør kun talte hindi, og kun et par gloser på engelsk, var der ikke så meget at tale om. Jeg tog mine hovedtelefoner på, og lyttede til skøn klassisk musik mens jeg nød udsigten. Freden varede ikke så længe. Vi havde ikke kørt mere end en halv times tid, så måtte vi standse igen. Vi passerede en bil, der var brudt sammen. Det var en muslimsk familie, der skulle til Kashmir. To af mændene kom nu hen og spurgte, om jeg ikke havde plads til to af deres kvinder, der var syge. De havde det meget dårligt på grund af de svimlende højder vi kørte i. De ville være meget taknemmelige, hvis de måtte køre med.

"Jo, selvfølgelig må de det, jeg har masser af plads," sagde jeg. Ind kom ikke to, men fire kvinder, hvoraf de to var meget dårlige. Den ene var så syg, så vi måtte stoppe med ti minutters mellemrum, da hun skulle ud at kaste op. Sådan kørte vi i nogle timer, og kom kun langsomt frem, men jeg havde en meget tålmodig chauffør, der tog det hele med godt humør, hvad jeg selvfølgelig også gjorde. Det var trods alt syge mennesker, og fremad kom vi da, men vi havde mange timers kørsel foran os endnu.

Da vi endelig kom til grænsen til Kashmir, blev vi igen standset af politiet. De spurgte mig, hvad jeg skulle i Kashmir. Jeg forklarede det i store træk, og så var det i orden, men så begyndte de i en skarp tone at spørge dels chaufføren dels mig, og samtidig de fire muslimske kvinder, hvad de havde at gøre i bilen. Alle snakkede nu i munden på hinanden. Kvinderne begyndte at græde, og kunne ikke svare for sig, da der blev talt forskellige sprog. Politiet var indere, og talte hindi og engelsk. Jeg ved ikke, hvilken dialekt kvinderne talte. Vi kunne ikke tale sammen, da jeg kun talte engelsk, og min chauffør talte som sagt kun hindi, og kun nogle få gloser på engelsk. Så til sidst lod jeg chaufføren om det hele. Han forklarede det hele til politiet på hindi. De så rasende på kvinderne, da de var muslimer og de selv var indere, og der var grænsekrig. Vi var jo ved grænsen til Kashmir, hvor det i virkeligheden er hinduer og muslimer der strides om Kashmir, så det havde selvfølgelig noget med det at gøre. Jeg sad uden at blande mig, og hørte blot på det, alt imens kvinderne græd, og politiet og min chauffør diskuterede. Til sidst endte det med, at politiet smækkede døren i med et brag, forinden nåede de at sende kvinderne et rasede blik og nikkede kort til mig. Vi kørte da over grænsen til Kashmir. De faldt næsten på knæ, og takkede mig. I virkeligheden aner jeg ikke, hvad det egentlig var, jeg var blevet indblandet i, men langt om længe kom vi da alle i god behold til Kashmir, og jeg åndede lettet op.

Vi var blevet meget forsinket på grund af alt det postyr, men endelig nåede vi floden omkring klokken 22, hvor alle husbådene lå. Det var helt mørkt, så det var et flot syn, med lysene fra alle bådene. Vi steg alle ud af bilen, da havde vi også kørt i cirka 12 timer. Jeg var dødtræt, men min chauffør var et stort smil, og hjalp alle; han var simpelthen enestående. Kvinderne og resten af familien, der var kørt bagefter i en anden bil, kom hen og takkede mig, og alle var glade. De var nu tilsyneladende helt friske, så alle var kommet til Kashmir i god behold.

Min chauffør kom nu hen og forklarede mig, at jeg skulle sejle i en robåd, for at komme over til husbåden, der lå på den anden side af floden. "Nå, hvad bliver så det næste," tænkte jeg, men han fik fat i en robåd, tog min bagage, hjalp mig ned i båden, og sagde: "Jeg vil være her hver dag, når De skal ud og se på de forskellige seværdigheder, vi har her i Kashmir."

"Det er fint, så ses igen," sagde jeg, og sejlede ud i mørket.

Vi nåede husbåden; et smukt syn. Familien tog imod mig på terrassen, der var helt oplyst, og med blomster overalt, og bød mig velkommen. Jeg fik lidt at spise, da jeg ikke havde fået noget hele dagen, kun mineralvand og lidt kiks. Det var en muslimsk familie, der ejede båden. Vi sad lidt og talte sammen, mens jeg spiste. Derpå viste de mig mit værelse, der var meget smukt, da alt var af træ, der var håndlavet. Inden længe lå jeg i en stor smuk seng, med de smukkeste mønstre skåret ud i træ; jeg tror det var sandeltræ. Jeg faldt dog hurtigt i søvn.

Næste morgen fik jeg serveret morgenmad på husbådens terrasse, og det var en noget speciel oplevelse. Alt mens jeg sad og nød min morgenmad, kom den ene robåd efter den anden, sejlende hen til husbåden, hvor jeg boede, og tilbød deres varer. De kom en efter en op på terrassen til mig, og viste mig alt lige fra ægte kashmirtæpper til ædelstene. Og de viste en utrolig tålmodighed, skønt det efterhånden gik op for dem, at jeg ikke ville købe noget, da jeg intet mangler, men jeg fik en hyggelig snak med dem alle.

Da jeg havde et afslappet forhold til alle på husbåden, varede det ikke længe, inden de forskellige begyndte at spørge, om jeg havde familie i Indien og så videre.

"Nej, det har jeg ikke. Jeg er i Indien, fordi jeg er tilhænger af Sathya Sai Baba og har været det i 20 år, og så havde jeg lyst til at slappe af på en husbåd her i Kashmir den sidste uge jeg er i Indien."

Det syntes de, det var interessant at høre. De havde selvfølgelig alle hørt om Sai Baba, men var ikke selv tilhængere. I Kashmir er så godt som alle muslimer. Så vidt jeg ved er der kun et fåtal hinduer. Det vidste jeg ikke på forhånd, men det ved jeg til gengæld nu, da jeg al den tid, jeg var i Kashmir, kom til at leve blandt muslimer.

Det endte med, som så mange andre gange, at jeg måtte fortælle om mit forhold til Baba, og det havde jeg jo ikke spor imod. De syntes alle det var spændende at høre om.

På husbåden var det to kvinder, der lavede maden, plus en ung mand, der hjalp til i køkkenet. En anden ung mand, der gjorde rent og en ung mand der fungerede som guide. Så var der selvfølgelig ejeren af husbåden og hans familie.

Hver dag var guiden med mig på sightseeing. Vi sejlede i en lille robåd over til fastlandet. Derpå fik min guide fat i min chauffør, der holdt til et bestemt sted. Så kørte vi ellers rundt og så på forskellige seværdigheder. Det var lidt af hvert. En dag spurgte min guide mig, om jeg ikke havde lyst til at se hvordan et ægte kashmirtæppe blev vævet.

"Jo, det vil jeg da gerne."

Vi besluttede at bruge dagen på det. En tid efter kørte vi op foran en flot hvid marmorbygning, der nærmest lignede et tempel udefra. Da vi kom indenfor kom der en indisk herre, og præsenterede sig. Det viste sig at være direktøren selv, og han tilbød at vise mig rundt på virksomheden.

Vi startede på væveriet, og jeg så hvordan de skønne kashmir-tæpper blev til. Han fortalte mig, hvor lang tid det tog at væve et tæppe, alt efter størrelse og mønster. Det var imponerende at se.

"De må med op i vores salgsafdeling, og se nogle af vore færdige tæpper."

Det kunne jeg jo ikke afslå efter den rundvisning. Vi kom op i et imponerende lokale af hvidt marmor, med mørkerødt gulvtæppe fra væg til væg. Selve lokalet var rundt, og hele vejen rundt var der en hvid marmorbænk. Væggene var selvfølgelig hvide marmorhyller med ægte kashmirtæpper, som helst skulle sælges. Et øjeblik tænkte jeg. "Hvordan kommer jeg ud af dette, uden et tæppe under armen?" Han troede og håbede selvfølgelig på at jeg var en mulig køber. Hvad jeg absolut ikke var, men på nuværende tidspunkt kunne jeg ikke bare gå min vej.

Vi satte os ned på bænken, og han sendte bud efter ægte kashmir-the, som blev serveret i små fine kopper. Så kom der ellers ikke en, men tre sælgere, som med en præcision uden lige, rullede det ene tæppe efter det andet ud foran mig. Det ene var skønnere end det andet, selvom de alle var smukke hver på sin måde, både i størrelse og mønster. Til sidst tror jeg der lå tyve tæpper foran mig, og jeg kunne kun beundre dem. Alt imens vi drak the, spurgte han høfligt, om jeg dog ikke skulle have et ægte kashmirtæppe med hjem. Til sidst sagde jeg: "Jeg er ked af al den ulejlighed jeg har gjort, men jeg har ikke brug for et tæppe, og Deres sælgere skal ikke vise mig flere tæpper. Jeg kom ikke for at købe et tæppe."

Han gav ikke op sådan lige med det samme, men sendte dog sælgerne ud. Han holdt nu op med at argumentere for sine tæpper, og atmosfæren blev lidt mere afslappet. Han spurgte: "Er det Deres første tur i Indien og har De familie eller venner her?"

"Nej, ingen af delene."

"De er måske blot en turist, der kan lide at besøge andre lande med en fremmed kultur?"

"Nej, jeg skal fortælle Dem, hvorfor jeg er i Indien. Jeg er her, fordi jeg er tilhænger af Sathya Sai Baba, og har været det i tyve år nu. Jeg rejser til Ham to gange om året, kun derfor er jeg i Indien. Jeg slutter blot mit ophold af i Indien de sidste otte dage på en husbåd her i Kashmir, for at slappe lidt af, inden jeg rejser til Danmark."

Det jeg havde fortalt, bevirkede at han blev dybt interesseret i at høre, hvordan jeg var kommet i forbindelse med Baba, og sagde omgående: "Glem alt om tæpperne. Og fortæl mig om Deres forhold til Sai Baba. Jeg har selvfølgelig hørt om Sai Baba, men jeg har aldrig besøgt Ham."

Jeg begyndte så for fjerde eller femte gang på denne tur, at fortælle om mit forhold til Baba. Jeg fortalte om, hvordan Baba kaldte mig, for tyve år tilbage, hvor ingen i Danmark kendte Ham. Jeg fortalte om nogle af drømmene og visionerne som Baba kommer til mig i, alt imens han bad om mere the.

"Jeg har skrevet en bog, som lige er blevet oversat til engelsk, om mit forhold til Ham, og jeg er ved at skrive bog nummer to, men det er Sai Baba Selv, der er forfatteren. Han leverer manuskriptet. Jeg er kun Hans instrument, og det er jeg lykkelig for at være. Jeg ville aldrig kunne leve uden Hans vejledning."

Han sad lidt i sine egne tanker, og sagde så, "Det er vidunderligt, det De har fortalt mig, om Deres forhold til Sai Baba. Jeg tror Sai Baba har sendt Dem til mig; det er jeg helt sikker på. Må jeg ikke invitere Dem på en middag i aften, og bagefter må De se hvor dejligt jeg bor. Jeg har et smukt hus lige ned til en sø, med en pragtfuld udsigt, det må De se."

"Nej, det er jeg nu ikke helt så sikker på, at det er Baba's mening, men måske er det Baba's mening, at De skal have Ham med i Deres liv. De skulle besøge Ham i Puttaparthi. Jeg tror, at ingen der har besøgt Sai Baba, kan rejse upåvirket derfra. Heller ikke Dem. Det er nok nærmere derfor, jeg sidder her, og fortæller Dem om Sai Baba

"Måske har De ret i det. Jeg tror jeg vil tage til Puttaparthi og besøge Ham en dag. Det har været utroligt inspirerende, det De har fortalt."

Derpå tog jeg afsked. Endnu engang var samtalen kommet til at dreje sig om Baba.

En anden dag kom ejeren af husbåden, og sagde: "De må endelig tage til det udflugtssted, (jeg huske ikke navnet), det er et meget kendt sted, ved en stor flod, og med en storslået natur omkring floden. Det tager et par timer, at køre derop, men vi laver en picnic tur, og tager mad og tæpper med. Der vil gå en hel dag, men det vil blive en dejlig dag. Der er utroligt smukt; det syntes jeg absolut De skal se."

"Jamen, så gør vi det i morgen, det lyder spændende."

Noget senere kom min guide, og spurgte mig, om de to kvinder, der stod for husholdningen, og lavede maden hver dag, måtte komme med.

"Selvfølgelig må de det, der er masser af plads i bilen."

Næste dag var vi seks personer i bilen der kørte af sted på picnic. Der var min guide, ejerens søn, en dreng på 12 år, de to kvinder, min chauffør, og undertegnene. Vi glædede os alle til turen.

Under den lange køretur, måtte jeg igen fortælle om mit forhold til Baba. De to kvinder forstod ikke meget engelsk, men min guide oversatte. Og det lod til, at de syntes, det var spændende, selvom de jo ikke var tilhængere af Baba. De var alle muslimer, men de respekterede det, ligesom jeg selvfølgelig respekterede deres tro. Vejret var strålende, og det var en smuk køretur. Efter et par timers kørsel nåede vi frem til stedet, hvor man kunne se floden, der brusede ned højt oppe fra, det var et meget flot syn.

Vi steg alle ud af bilen, og de fandt et smukt sted ved floden, hvor vi skulle spise vores medbragte mad. Kvinderne spredte tæpperne ud, og vi fik en tallerken hver, jeg fik dog også en ske. Jeg spiser nemlig ikke med fingrene. Det er vi vesterlændinge ikke vant til, men det virker helt naturligt, når inderne gør det. De øste maden op. De fik alle ris og dahl, som er indernes nationalret. Kvinderne havde spurgt mig dagen før, hvad jeg ville have at spise.

"Bare en let kartoffelret, eller noget med ris, det er ligegyldigt."

De havde lavet den dejligste kartoffelret til mig, og vi nød alle maden og den smukke natur.

Da vi havde spist, blev alt pakket sammen, og vi gik helt ned til floden hvor vi længe sad og nød det flotte syn og hele atmosfæren, der er så frodig omkring så stor en flod. Vi spadserede rundt i de smukke omgivelser, og fik samtidig lidt motion. Vi var der omkring tre timer, så gik turen hjemad.

På hjemvejen besøgte vi nogle moskeer, da de som sagt er muslimer. Jeg gik med dem ind i moskeer, og tog mit sjal op omkring hovedet, da det er skik og brug i en moske, og respekterede selvfølgelig deres religion. Lige så vel som de gik med mig ind i hindutempler og bøjede sig for Krishna. Det var en smuk måde at få Baba's budskab igennem på. Vi ved alle hvad Baba siger: "Alle religioner føre til en og samme Gud."

Det blev en meget dejlig dag, hvor vi både talte om hinduismen og islam, men alligevel kan de to religioner ikke enes, det er sørgeligt. På hjemvejen kom jeg til at tænke på, hvor besynderligt det egentlig var, at jeg nogen sinde skulle befinde mig på en picnic sammen med muslimer, men det gik ganske glimrende.

Så kom tidspunktet, hvor jeg skulle hjem. Mit tog gik om aftenen fra Jammu til Delhi, omkring klokken 20, så jeg skulle køre fra Kashmir cirka klokken otte om morgenen. Jeg sagde farvel til alle på husbåden. Vi havde alle haft en dejlig tid sammen.

For sidste gang sejlede min guide mig i robåd over til den anden side af floden, hvor min chauffør ventede med bilen, for at køre for mig en sidste gang. Vi var klar til at køre, men vi ventede åbenbart på et eller andet. Jeg sagde til min guide: "Hvad venter vi på?"

"Vi venter på tilladelse fra politiet i Jammu, på grund af krigen mellem Pakistan og Indien. De må ikke køre, før vi har den tilladelse."

Endelig kom tilladelsen. Han stod og famlede efter en kuglepen, men havde åbenbart ingen. Han skulle skrive under på tilladelsen, inden vi kørte fra Jammu, og den skulle jeg så have med. "Jeg har en kuglepen her," sagde jeg, og rakte ham en kuglepen med et billede af Baba. Han kiggede lidt på den, og sagde så: "Sai Baba." Det var det sidste navn, der blev sagt, og så kørte vi.

Baba, Baba, Baba.

Nogle usædvanlige oplevelser

Det er sidst i september. Mens jeg skriver disse linjer, sidder jeg på en fortovscafe i Malaga i Sydspanien. Der er festival i byen. Den er fyldt med glade rytmer og livsglæde overalt. Samtidig er byen pyntet med blomsterdekorationer alle vegne, og vejret er strålende, cirka 28 grader. Man kan ikke andet end at blive inspireret af alt dette. For mit vedkommende blev jeg inspireret til at skrive. I dette tilfælde, om mit ophold i Kashmir. Så hvor jeg end opholder mig i verden, er Baba ved min side. Tre uger efter jeg var kommet hjem fra Kashmir, kom Han til mig i en drøm.

En drøm den 6. juli 1999

Jeg stod på en balkon og så ud på en smuk flod. En enkelt robåd nærmede sig og lagde til kaj. Der var kun én person om bord, der nu steg i land. Til min store glæde så jeg, at det var Baba. Da Han stod på kajen, vinkede og smilede Han varmt op til mig, og gjorde tegn til mig, at jeg skulle komme ned, og følge Ham. Jeg kunne se på Baba, det var noget glædeligt, Han ville fortælle mig. Jeg skyndte mig ned, men vågnede desværre i det samme. Så jeg fik ikke, på det tidspunkt, at vide det glædelige Han ville fortælle mig.

Det, at Baba sejlede i en robåd betyder, at Han hentyder til mit ophold i Kashmir, hvor jeg boede på en husbåd, og hver dag sejlede i en robåd, for at komme i land, på den anden side af floden. Alt dette er beskrevet i forrige kapitel. Tre dage efter kom Baba til mig i endnu en drøm.

En drøm den 9. juli 1999

Baba holdt et fødselsdagsselskab for mig. Der var mange mennesker samlet for at fejre mig. Baba kom nu ind i salen og hen til mig. Han så meget kærligt på mig, gav mig hånden, og sagde: "Tillykke med fødselsdagen." Så bad Han mig følge med op foran hele selskabet. Der stod jeg så ved Baba's side, hvor de alle sang *Happy birthday to you*. Det var meget smukt, og jeg var meget rørt.

Baba gik ud, og kom et øjeblik efter tilbage. Han kom hen og tog mig kærligt ind til sig, og sagde endnu engang tillykke med fødselsdagen. Derpå gav Han mig en fødselsdagsgave. Jeg pakkede den ud, og så til min undren, at det var en lille smuk lighter i guld. Jeg kiggede på Baba, og Han smilede drillende til mig. Han kunne se, at jeg undrede mig over denne besynderlige gave, da jeg jo ikke ryger; det er mange år siden.

Så kom jeg i tanke om lektien vedrørende mine cigaretter som Baba gav mig for mange år siden. Beskrevet i min første bog. Da forstod jeg. Baba smilede til mig, og sagde: "I morgen tager vi ud på en dejlig udflugt."

Straks da jeg vågnede, skrev jeg selvfølgelig drømmen ned. Derefter kiggede jeg i min bog, og så til min store overraskelse. At den lektie Baba gav mig med hensyn til mine cigaretter, netop var i 1979. Nu har vi 1999, altså nøjagtig tyve år siden.

Det var den fødselsdag Baba fejrede for mig. Derfor gav Han mig en lighter i guld, for at minde mig om, at det er tyve år siden jeg røg min sidste cigaret. Der er altid en dyb mening med det Baba gør.

Tak for den smukke fødselsdagsgave, Baba.

Jeg var som sagt hos Baba sidst i maj 1999, hvor jeg sluttede mit ophold af i Kashmir. Jeg var hjemme igen sidst i juni. I juli rejste jeg med en veninde, som også tilhænger af Baba, til Tyrkiet. Det var en ganske bestemt by, vi skulle til. Det viste sig, at det ikke var tilfældigt, at det netop blev den by, der blev målet for ferien. Det vil jeg fortælle lidt om.

Forrige gang jeg var hos Baba, var i julen og nytåret 1999. Jeg sad da inde på det sædvanlige rejsebureau, der igennem mange år har arrangeret mine rejser til Indien. De havde fået en ny medarbejder, en ung mand. Jeg sad og fik en snak med den unge mand mens jeg nød en kop the, og ventede på min billet. Vi talte om rejser i al almindelighed. Jeg sagde til ham: "Ja, når jeg kommer hjem fra Baba, føler jeg mig altid fysisk træt, og tager ofte på en lille ferie, et eller andet sted hen; det trænger jeg til.

Jeg må her indskyde at det altid er vidunderligt at være hos Baba. Det at være i Hans fysiske nærhed er noget ganske særligt, men det er sandelig også hårdt, og man bliver jo ikke yngre med årene. Hver morgen står man op klokken fire. Derefter sidder vi i lange rækker, og venter på, at blive lukket ind på tempelpladsen, hvor Baba giver sin første darshan klokken cirka 6:30. På det tidspunkt, har man allerede siddet i 2-3 timer på en pude med benene over kors. Det samme gentager sig om eftermiddagen. Jeg har selvfølgelig for længst vænnet mig til det, men derfor er det alligevel et hårdt program, som jeg dog aldrig ville undvære. Det er derfor jeg trænger til at slappe helt af, et eller andet sted, når jeg kommer hjem fra Baba. Da jeg ikke er på arbejdsmarkedet mere, men er blevet pensionist, kan det lade sig gøre, og det er jo dejligt.

Hvorpå den unge mand sagde: "Hvor vil du så holde ferie denne gang?"

"Jeg tænker i Grækenland eller Tyrkiet."

"Jeg ved hvor du skal tage hen. Du skal tage ned til en lille vidunderlig by i Tyrkiet, den hedder Kahs. Og den ligger lige ud til havet, omgivet af skøn natur. Der er fem timers kørsel med bus fra lufthavnen. Det er lige noget for dig."

Han gav mig en seddel med navnet på byen.

"Ja men, det er da pænt af dig, at fortælle mig, hvor jeg skal holde ferie. Og samtidig mener du, at det lige er noget for mig. Det vil jeg da tænke over, når jeg senere kommer hjem fra Baba. Tak for det gode råd, man ved jo aldrig, hvad det ender med."

Mens vi talte, kom der en kunde ind, og blandede sig lidt i samtalen. Han rejste meget, kunne jeg forstå: "Hvorfor rejser De ikke til Malaga i Sydspanien; Andalusien er jo skøn, og det tager kun fire timer med fly, og er ikke særligt dyrt?"

"Ja, der er jo mange muligheder."

Så fik jeg min billet til Indien, sagde farvel og gik, uden at ane noget om, at jeg skulle komme til både Kahs i Tyrkiet og til Malaga i Sydspanien, men det kom jeg altså.

Opholdet i Tyrkiet, blev i den grad en bekræftelse på, at "Baba styrer alt." Aldrig har jeg været ude for noget så vanvittigt morsomt, som det der skete i Kahs i Tyrkiet. Baba's humør er uden lige. Senere skulle det vise sig, at det heller ikke var tilfældigt, at jeg kom til Malaga i Spanien. Så jeg behøver ikke ulejlige mig med at lægge planer, for dem lægger Baba for mig.

Men nu tilbage til opholdet i Tyrkiet. Da vi landede i lufthavnen, satte vi os lidt ned og kiggede på et kort over Tyrkiet, for at finde den lille by, vi skulle til. Vi fandt den hurtigt, men samtidig så vi også noget andet på kortet, der fik os til at kigge endnu engang. På kortet, lige over byen vi skulle til, stod der minsandten *Noel Baba*, det var markeret med en lille mand, klædt i rødt. Vi morede os gevaldigt. Da vi var kommet os lidt over den morsomhed, gik vi ud og steg på en bus, der kørte os til Kahs. Da vi langt om længe nærmede os byen, svingede vi til højre. Min veninde skubbede til mig, og sagde: "Kig op på skiltet." Jeg kiggede op på et stort vejskilt. Og minsandten stod der *Til Kahs, vejen til Baba*. Vi morede os igen, og jeg sagde: "Ja, vi er åbenbart på vej til Baba."

Endelig nåede vi Kahs; en hel eventyrby at se på. Middelhavet og en skøn natur, med klipper her og der hvor små hoteller flere steder var bygget ind i klipperne. Restauranter og caféer overalt, indpasset i den gamle by med en rig kultur. Det var altså her vi skulle bo. Vi fandt et lille hotel, og senere gik vi ud for at spise middag. Vi blev helt betaget af byen med al dens charme; med nyt og gammelt fuldkommen forenet. Da vi havde spist en dejlig middag, skulle vi selvfølgelig hen på en café, og have en kop kaffe. Vi gik ned til lysthavnen, der var byens midtpunkt. Der var meget smukt og fyldt med liv overalt, men vi stilede efter en bestemt café, som vi havde set på afstand. Det var den smukkeste af alle caféerne der lå lige ud til havet og lystbådehavnen med alle de flotte både, der alle var belyst, og så palmer overalt. Det var stedet, hvor alle mødtes om aftenen. Både de lokale tyrkere og turisterne. Vi nærmede os caféen, og gik lidt rundt, for at finde et bord. På et tidspunkt ender vi så lige foran caféen, og står og ser op på et stort, flot navneskilt, med caféens navn. Hvad tror De, kære læser, caféen hed? Jeg behøver vel næppe at sige, at den hed *Baba*. Vi fik et bord på *Café Baba*, og nød vores kaffe. Det gjorde vi i øvrigt hver aften, så vi sagde altid, "vi slutter dagen af hos Baba."

Helt vidunderligt!

Vi sejlede hver dag med en lille fiskerbåd over til et meget idyllisk område med en skøn strand, hvor vi nød solen og havet. Selvfølgelig var der også en fiskerbåd, der bare hed Baba. Det samme var tilfældet, på store flotte æsker med fyldte chokolader; de hed også *Baba*.

Vi fik at vide, at netop i den egn, hvor vi altså holdt ferie, havde der for mange hundrede år siden levet en stor helgen, som tyrkerne mindes hvert år, på en bestemt tid. De kalder Ham simpelthen *Noel Baba*. Baba betyder fader for dem, men for os betød det bare Baba. Det blev en vidunderlig ferie, hvor vi alle vegne stødte på navnet, Baba. Det var utroligt inspirerende. Så det har været meningen, at den unge mand på rejsebureauet, sagde til mig: "Der skal du tage ned på ferie, det er lige noget for dig." Det havde han to helt ret i. Da jeg var hjemme igen, og senere skulle ind og bestille min billet til Malaga, gik jeg selvfølgelig ind for at tale med ham. Men han var der ikke mere.

Jeg havde været hjemme et par måneder, og sommeren var så småt på retur. En dag sad jeg på en fortovsrestaurant, og talte med en dame. Vi snakkede om lidt af hvert. Hun fortalte mig, at hun ikke boede i Danmark mere. "Jeg bor i Malaga i Sydspanien, og har boet der i de sidste tyve år. Jeg kommer kun til Danmark en gang om året."

"Nå, jeg har selv rejst meget til Indien i de sidste tyve år; Ja, faktisk to gange hvert år."

"Ih, hvor det lyder spændende."

"Har De familie i Indien?"

"Nej, det har jeg ikke. Jeg er tilhænger af en stor indisk Mester, der hedder Sathya Sai Baba."

Nu blev hun meget interesseret, og ville vide mere, så selvfølgelig fortalte jeg lidt om mit forhold til Baba. Hun blev meget betaget over at høre om det.

Vi havde nu rejst os op for at gå og fulgtes ad et stykke af vejen. Jeg skulle imidlertid ind i en forretning på vejen, og sagde: "Jeg skal ind og handle her, så jeg vil sige farvel nu."

"De må endelig besøge mig, hvis De kommer til Malaga. Jeg vil give Dem mit telefonnummer."

Jeg tager en lille navnebog frem, og giver til hende, og hun skriver sit telefonnummer i min bog.

I selv samme øjeblik, hvor hun er ved at skrive sit telefonnummer i min bog, står der pludselig en ældre herre foran mig. Han var meget fint klædt på, som man sjældent ser det i dag, og gik med en smuk spadserestok med sølvhåndtag. Alt dette kunne jeg slet ikke undgå at se. Han bryder direkte ind i samtalen, men på en meget kultiveret måde. Han henvender sig til mig, idet han sagde: "Undskyld, De kan vel ikke sige mig, hvor der ligger en specialforretning, der handler med dame- og herretøj. Den skulle ligge lige her i nærheden, med tre trin ned?"

Jeg handler meget i den forretning, og havde faktisk lige været derinde, før jeg satte mig på fortovsrestauranten. Jeg tænkte mig om et lille øjeblik: "Åh, nu ved jeg hvilken en forretning De mener. De skal gå lige op til hjørnet der, så ligger den på Deres venstre hånd."

"Mange tak skal De have," sagde han og gik. Kvinden gav mig nu min navnebog, med hendes telefonnummer i, og vi blev enige om, at vi nok ville ses igen. Vi sagde farvel, og gik hver til sit.

Der gik nogle dage, så kom jeg til at tænke på manden der var kommet ind rejsebureauet, alt imens den unge mand, der var ansat der, var ved at fortælle mig, at jeg endelig måtte tage til Kahs i Tyrkiet. Da var det, at han havde blandet sig i samtalen, og havde sagt: "Hvorfor ikke tage til Malaga i Sydspanien, Andalusien er jo skøn." Jeg havde da svaret: "Ja, der er jo mange muligheder." Hvorpå jeg i det samme fik min billet til Indien. Jeg gik uden at tænke mere over hverken Kahs i Tyrkiet eller Malaga i Spanien.

Alt det kom jeg til at tænke på nu. Samtidig med den danske kvinde, jeg havde mødt, og som bor i Malaga og som havde sagt: "Kommer De til Malaga må De endelig besøge mig," ferien i Tyrkiet, som endnu stod klart i min erindring. Der blev jeg også opfordret til at tage ned.

Pludselig vidste jeg med sikkerhed, at jeg skulle til Malaga i Spanien, og gik ind og bestilte en billet. Noget meget pudsigt skete. To dage før jeg skulle rejse til Malaga, var jeg inde i den selv samme butik, som den ældre herre havde spurgt efter, lige i det øjeblik, kontakten til Malaga blev skabt. I butikken, lige foran mig hang den skønneste spanske bluse i beigefarvet silke. Spredt over hele blusen var der spanske vifter og spanske aviser. Midt mellem alt dette spanske, var der alle vegne yndige, orangefarvede roser. De havde kun den ene, og det var selvfølgelig lige min størrelse. Den hang der, som ventede den kun på mig. Jeg købte den, og så var den endda ikke særlig dyr. Jeg forlod forretningen og tænkte: "Nu er du da klædt på til at tage til Spanien. Hvor morsomt. Den ældre gentleman, som han jo var, også selv om han brød ind midt i en samtale, hvad med ham? Det hele hænger på en eller anden måde sammen, men hvordan, det ved kun Baba. Mystisk er vidunderligt, men uforklarligt.

Opholdet i Malaga blev fantastisk, som beskrevet. Festivalen blev holdt i byen, Torremolinos. Den ligger tyve minutters kørsel fra Malaga, ved havet. Det var også der jeg boede.

Jeg følte, at Baba havde sendt mig dertil, netop lige på det tidspunkt, hvor der var festival, for at give mig en virkelig inspiration, så der kom gang i skriveriet. Det virkede helt utroligt. Jeg fik at vide, at festivalen blev afholdt der hvert år på samme tid. Altså lige på det tidspunkt jeg var der. Hverken ugen før eller ugen efter.

Baba sendte mig til Malaga, ligesom Han sendte mig til Kashmir og Tyrkiet. Det er alt sammen Hans mening, og derfor bliver det sådan.

Om en måned rejser jeg til Baba igen. Jeg skal holde jul og nytår hos Ham og være der, når vi går ind i år 2000. Og hvad kan vi så se frem til?

Det ved kun Baba.

År 2000

Det er sidst i januar år 2000. Jeg er lige kommet hjem fra Baba. Det var et dejligt, og meget intenst ophold. Der var så mange mennesker, så jeg vil næsten tro alle lande var repræsenteret her. Det bevirkede, at vi skulle op klokken tre hver nat. Baba gav darshan omkring klokken seks og bhajans klokken 9. Man kunne så lige nå hjem på sit værelse, og få et varmt bad. Der var som regel også lige et par småting, man skulle have ordnet. Klokken tolv var det så på med sarien igen, og 12:30 stillede man igen op i rækkerne, hvis man ønskede at være med til darshan, og det er jo trods alt derfor man er hos Baba. Sådan noget som frokost, blev der ikke tid til. Det var et meget hårdt program, og man må være helt på toppen, for at klare det. Jeg skulle som sagt kun være der i tre uger, det holdt jeg lige til. Men bare det, at være i Baba's nærhed gør, at man kan klare det.

Baba gav mig en varm modtagelse, og gav mig i det hele taget så meget opmærksomhed i de første to uger jeg var der. Det bevirkede, at jeg hele tiden var i godt humør og i balance med mig selv. Den sidste uge jeg var der, fik tonen en anden lyd. Han gjorde det simpelt hen klart for mig, at det ikke var den fysiske Baba, der var vigtig for mig, men den indre Baba. Det gjorde Han på mange måder, og særdeles effektivt. Fra den dag, var det slut med opmærksomheden fra Ham. Jeg kom længere og længere tilbage i rækkerne. Og til sidt var Han kun en orange prik i det fjerne. Men dette gjorde mig ikke det mindste, for jeg forstod det fuldt ud.

Den 24. december, om eftermiddagen, er der altid et julearrangement. Det var der også i år. Et stort kor sang og spillede for Baba. Han sad i sin stol på verandaen, og lyttede til det hele. Da det havde varet en tid, gav Baba tegn til, at de skulle slutte. Derpå rejste Han sig op, gik hen til dirigenten, klappede ham på skulderen, og i et nu, materialiserede Baba en stor tyk, lang guldkæde til ham. Han faldt ned for Baba's fødder, og klapsalverne ville ingen ende tage. Det er betagende at opleve.

Næste dag holdt Baba sin juletale. Ligeledes holdt Han også en nytårstale, den første januar år 2000 om morgenen. Jeg var meget heldig, at få en god plads både til jul og nytår.

Baba sagde blandt andet i sin nytårstale: "Der vil komme mange oversvømmelser rundt omkring i verden i januar, februar og marts måned." En professor, der holdt nytårstale, lige før Baba holdt sin egen tale, sagde blandt andet: "Den nye teknologi, der vinder mere og mere indpas i verden, er ikke god for menneskeheden."

Jeg rejste lige efter Baba's nytårstale, helt afklaret i mit forhold til Ham, og samtidig dybt taknemmelig over den helt personlige vejledning, Baba giver mig, og har gjort det nu i tyve år.

Den sidste nat i det gamle år, fik jeg en noget usædvanlig og samtidig meget symbolsk drøm. Den bliver beskrevet her.

Drømmen

Jeg kører i min bil med min søn. Vi har meget travlt, da vi skal nå et tog. Pludselig går det op for mig, at jeg har glemt billetterne. Jeg kører derpå tilbage igen, og der står så Birger, en nær ven til mig, klar med billetterne.

I det samme ser vi, at der i Kenneths venstre tinding er skåret et lille fint lodret snit, på cirka fem centimeter. Det bliver jeg naturligvis forskrækket over, og siger til Birger: "Han må på hospitalet med det samme; det skal sys."

Pludselig kommer der en mand til stede, og siger kyndigt: "Nej, det er ikke nødvendigt at køre på hospitalet. De kan se, det bløder slet ikke, det er allerede ved at heles. Jeg har selv lavet det lille snit med min diamantring. Det er alt sammen som det skal være."

Lige så pludselig, som han var dukket op, var han forsvundet igen. Jeg ser da på Kenneth, og forstår det er rigtigt. Der er intet at se efter det lille snit.

Derpå tager jeg afsked med Birger, og vi kører nu i fuld fart, denne gang med billetterne, for at nå toget.

Klokken er nu fem minutter i tolv, og jeg forstår, at det er i sidste øjeblik, hvis vi skal nå toget.

I det samme er der rødt lys og vi må vente. Vi skal åbenbart ikke med det tog; derfor blev vi stoppet af rødt lys. Da vågner jeg.

Samtidig, i denne verden, er klokken også ved at være fem minutter i tolv. I morgen er det den sidste dag i dette år. Så har vi år 2000.

Jeg opfatter drømmen på den måde, at Kenneth måske vil begynde at udvikle sig mere, og jeg skal fortsat arbejde for Baba. Vi har hver især vores arbejde, der skal gøres. Dog kan man aldrig vide noget med sikkerhed.

Det ved kun Baba.

Alle religioner fører til samme gud

Jeg ankom som sagt til Bangalore lidt over middag, da jeg var rejst lige efter Baba's nytårstale, som Han holdt om morgenen, den første januar år 2000. Det var en dejlig afsked med det gamle år. Samtidig var jeg meget træt, da jeg havde været oppe klokken tre om natten tre uger i træk. Jeg fik hurtigt et værelse på det sædvanlige hotel, og det eneste jeg tænkte på var at komme i seng, hvad jeg omgående gjorde og faldt hurtigt i søvn.

Om aftenen gik jeg ned i restauranten for at få noget at spise. Jeg sad og så på menukortet, og var efterhånden blevet godt sulten. Jeg havde jo ikke fået noget siden morgenmaden i Puttaparthi. Lidt efter kom der en herre ind, han var vesterlænding, kunne jeg se. Han så sig lidt rådvild omkring, og tænkte højst sandsynligt på, hvor han skulle sætte sig. Restauranten var vel omkring halv fuld. Så bestemte han sig, og styrede nu hen mod et bord, der var ledigt bag mig. Alt dette registrerede jeg blot, mens jeg studerede menukortet. I det han passerede mig, standsede han op, og så flygtigt på mig. Han blev stående lidt, og spurgte så meget høfligt: "Where are you from?"

"Jeg er fra Danmark."

"Nå, jeg er fra Canada."

Han var nu lige ved at gå videre, for at sætte sig ved bordet bag mig, men pludselig siger han: "De har måske været på juleferie hos familie eller venner her i Indien?"

"Nej det har jeg ikke, Jeg er tilhænger af Sai Baba, og har holdt jul og nytår hos Ham i Puttaparthi. Jeg rejste lige efter Hans nytårstale i morges. Og jeg rejser nu videre til Trivandrum."

Så blev han pludselig meget interesseret: "Må jeg have lov til at sætte mig ved Deres bord?" Jeg tænkte mig om et lille øjeblik.

"Ja, De er velkommen."

Da han havde sat sig, var det første han spurgte om: "Hvem er egentlig Ham de omtalte?"

"Kender De ikke Sai Baba?"

"Jeg har aldrig hørt om Ham."

Jeg begyndte nu, at fortælle lidt om Sai Baba. Hvad Baba står for, om Hans mission, Hans budskab, Hans fødsel og Hans mirakler og så videre. Jeg fortalte også lidt om mit eget forhold til Baba.

Der gik kun nogle minutter, så sagde han aldeles bestyrtet: "Hvordan kan De dog tro på det? Denne Sai Baba er ikke noget som helst. Der er kun én Mester, der har betydning for menneskeheden. Og det er Mesteren Jesus, der gik på Jorden for nu 2000 år siden. Han er den eneste Mester, der nogensinde har gået på denne jord; tro mig."

Jeg tænkte et øjeblik: "Nå, nu kommer du på arbejde." Det kunne jeg jo ikke sidde og høre på, uden at tage til genmæle.

Jeg sad lidt, og tænkte over det, han havde sagt, og sagde så til ham: "Nej, der tager De ganske fejl. Mesteren Jesus er ikke den eneste, der har gået på denne jord. Han var uden tvivl en stor Mester, men Han var blot én af dem. Der har levet mange store Mestre på Jorden, og Sai Baba lever på Jorden i dag. Han er en meget stor Mester, og samtidig åndelig vejleder for tusindvis af mennesker. Ham skulle De virkelig besøge. Det ville nok ændre Deres syn på sagen."

Han så på mig, som var jeg blevet vanvittig, og sagde så: "Hvordan kan De i det hele taget sammenligne en ganske almindelig mand, der kalder sig guddommelig, og som udfører mirakler, med Mesteren Jesus? Guddommelig, kan enhver kalde sig, og mirakler, det har tryllekunstnere gjort i årevis. Det er forfærdeligt, at De har ladet Dem føre bag lyset på den måde. Vent et øjeblik, Jeg går lige op på mit værelse, og henter en bog. Der er noget, jeg må læse for Dem. Jeg er straks tilbage."

Jeg tænkte et øjeblik på, helt at slutte denne vanvittige diskussion, Men da jeg havde tænkt mig lidt om, syntes jeg ikke, at jeg kunne stoppe her, selv om det afgjort ville være det letteste, men måske ikke det rigtige.

Lidt efter kom han minsandten ned med Biblen, hvad der ikke undrede mig det fjerneste. Han så begejstret ud, som om han tænkte: "Dette her må overbevise hende." Han satte sig ned, og fandt frem til noget, han mente, var vigtigt for mig at høre, og begyndte nu at læse op fra Biblen.

Jeg lyttede lidt, og sagde så stille og roligt: "Det der må De holde op med. Det tror jeg de fleste af os kender lidt til. Det ændrer ikke mit forhold til Sai Baba. Så det er spildte ord. Hold dem for Dem selv. Det er Deres vej."

Vi havde hele tiden talt. Men holdt blot hver på sit.

Han tav, men var dybt rystet, og sagde så: "Jeg tror Mesteren Jesus har sendt mig til Dem, fordi De er kommet på afveje, og jeg må føre Dem ind på den rigtige vej igen."

Nu kom jeg til at more mig: "Nu må De virkelig holde op. Jeg tror nærmere, det er Sai Baba, der har sendt Dem til mig. Fordi De af en eller anden grund er blevet fanatiker og render rundt med Biblen under armen, og prædiker for folk, uden at tænke på, at andre måske har en helt anden tro. Det er meget forkert."

Han så på mig, som om han havde den største medlidenhed med mig, og han følte sig selv virkelig frelst. Nu blev middagen serveret, og vi spiste i fred og ro, alt imens jeg tænkte: "Hvad i al verden skal alt det her betyde?"

Så sagde jeg i en afslappet tone: "Det er da dejligt for Dem, at De føler Dem som kristen, og tror på den religion, men tro ikke det er den eneste religion der er rigtig. De store religioner som Hinduismen og Buddhismen er lige så rigtige som Kristendommen. Alle religioner fører til en og samme Gud. Det er blot forskellige kulturer, der går forskellige veje. Det er den eneste forskel. Respektér alle religioner. Det er det Sai Baba prædiker hver dag, og har gjort det i årevis. Han udfører ikke kun mirakler, men viser sine tilhængere vejen tilbage til Gud. Det er Hans allerstørste mirakel.

Han lyttede høfligt og begyndte så at fortælle lidt om sit liv: "Jeg er ud af en velhavende familie; min far og mor er skilt, og jeg bor alene med min far i et stort hus. Jeg er forretningsmand, og har haft mange forretninger med spilleautomater, og tjent mange penge. Ligeledes har jeg haft mange kvindelige partnere, men jeg har aldrig haft lyst til at gifte mig. De er alle kun interesseret i sex og penge, og jeg var til sidst led og ked af det hele. Alt var fuldstændig ligegyldigt. Jeg kunne ikke finde meningen med mit liv."

"Jeg forstår Dem udmærket, men jeg tror desværre mange mennesker har det sådan i dag. Alt skal gå så hurtigt. Det er kun materialismen der tæller, og det menneskelige forsvinder mere og mere. Teknologien styrer snart alt og alle og gør menneskene helt forvirrede. Det bliver ikke bedre i fremtiden. Udviklingen kan ikke standse. Hver især må tro på det de vil, og leve som de vil. Vi har fået vores frie vilje, men med hensyn til troen og religionen, er den, som man ser det i dag, at flere og flere vesterlændinge valfarter til Indien og andre lande i østen, fordi de østlige religioner siger dem mere. Det er jo ret interessant."

Det tænkte han meget over, men ville, eller kunne ikke forstå det.

Han havde totalt mistet sin skelneevne, og kunne ikke mere forene tingene. Det er også det, der er det sværeste af det hele, når man først er begyndt på den åndelige vej. Det ved jeg selv alt om. Det er vanvittigt svært.

"Nu rejser De hjem til Canada igen, og skal have hverdagen til at fungere. Hvad vil De så gå i gang med? De bliver jo nødt til at tjene til livets ophold. Det må vi jo alle."

"Ja, det ved jeg godt jeg skal. Jeg tænker en del på det. Lige nu kan jeg ikke overskue det, men jeg er forretningsmand, så jeg skal nok finde ud af noget."

Lidt drillende sagde jeg til ham: "Hvis De fortsat skal have folk til at arbejde for Dem, vil jeg give Dem et godt råd, nemlig at lade endelig være med at komme med Biblen under armen, og begynde at prædike for folk, for så får De aldrig en eneste til at arbejde for Dem. Folk vil aldrig have noget presset ned over hovedet. Enhver må tro på det de vil. Det er en privat sag. Noget helt andet er, hvis folk selv spørger. Først da, kan man fortælle, hvad man selv tror på, ellers ikke."

Vi morede os lidt begge to.

"Ja, det vil jeg huske på, når jeg er kommet så langt, men jeg forstår ikke, at folk ikke vil høre om Jesus, når nu jeg har så meget at fortælle dem og jeg gør mig den ulejlighed, og bruger min tid på dem, og det gør jeg gerne."

"Det tvivler jeg ikke på, men det er der ingen, der er interesseret i at høre om. Behold det guddommelige, De har oplevet, for Dem selv. Det er Deres oplevelse og ikke andres."

Han sad lidt i sine egne tanker, og sagde så på en smuk måde: "You are a very holy woman."

"Nå, sådan ser jeg nu ikke på mig selv."

Han sluttede dog af med at sige: "De skulle nu alligevel glemme ham Sai Baba, og i stedet for tro på Jesus."

"Nej, det er ikke min vej. Verden bliver mere og mere kold at leve i. Det er som De siger, der er ikke plads til det menneskelige mere."

"Det er forfærdeligt."

"Men sig mig, Hvad er De egentlig kommet til Indien efter?"

"Jeg hørte tilfældigvis et foredrag om Mesteren Jesus, da det jo nu er 2000 år siden Han gik på jorden. Det blev jeg dybt betaget af, så jeg solgte alle mine forretninger og rejste til Indien."

"Ja, men jeg forstår stadigvæk ikke, hvorfor netop lige Indien. Her er det jo Hinduismen der er det altoverskyggende og ikke Kristendommen, selv om alle religioner er repræsenteret i Indien."

"Jeg taler med mange mennesker hver dag, og mange har fortalt mig, at der i Sydindien i staten Kerala lever mange kristne. Jeg besluttede derfor at tage til Indien i Trivandrum i Kerala. Jeg kommer lige dernede fra. Det har været vidunderligt. Jeg har været i kirke hver dag og dem var der mange af. Jeg rejser nu tilbage til Canada. Indien er et meget helligt land og jeg vil komme tilbage."

"Det lyder da dejligt, Så har De virkelig haft noget ud af Deres ophold her i Indien, som De kan tage med hjem. Det vil måske give Deres liv mere indhold. Det vil jeg håbe for Dem. Det er egentlig mærkeligt; i mit eget land, står næsten alle kirker tomme. Mange ønsker at få dem lukket, og bruge dem til andre formål. Kristendommen, er der ikke ret mange der tænker på mere. De fleste kommer kun i kirken fire gange i deres liv. Første gang, når de bliver døbt. Dernæst når de bliver konfirmeret, og i dag er der endda mange unge piger, der får en rejse, i stedet for konfirmationen, af deres forældre. Så kommer brylluppet, og til sidst begravelsen. Det er det, de fleste bruger kirken til, men selvfølgelig er der også kristne, der forhåbentlig lever deres liv som en kristen bør gøre, men det er kun et fåtal af befolkningen."

"Det er da forfærdeligt, at ingen mere tænker på Jesus Kristus, men kun render efter materialismen."

"Ja, men det har De jo også selv gjort, indtil for nylig."

"Ja, det er rigtigt, men det gør jeg ikke mere. Jeg vil fortsætte med at gå i kirke, og leve som en kristen. Ligegyldigt hvad andre siger. Også selv om jeg bliver kaldt fanatiker."

Jeg skulle som sagt videre til Trivandrum i Sydindien i Staten Kerala. Her havde jeg tænkt mig at tilbringe en uge, på et kursted, hvor der er tilknyttet en ayurveda-klinik. Der ville jeg få ayurveda-massage hver dag. Disse behandlinger med ayurveda-olier, skulle efter sigende bringe sjæl, sind og krop i balance. De bygger på mere end 5000 års viden, og Kerala er kendt for sine mange ayurveda-klinikker.

Næste dag tog jeg på stationen for at købe en billet til Trivandrum.

Der stod jeg så, mellem hundrede af indere, og så mig aldeles forvirret omkring. I Indien går man ikke bare sådan lige hen til et billetkontor og køber en billet. Det gik snart op for mig. Sidste gang jeg kørte med tog fra Delhi til Benares, blev alt ordnet for mig på et turistbureau. Det viste sig, at alt også blev ordnet for mig denne gang. Jeg havde heldigvis mit pas på mig, for det skulle jeg bruge med hensyn til togbilletten. Det var jeg slet ikke klar over. Der skulle nemlig udfyldes to forskellige slags blanketter.

Inden jeg fik tænkt mig om, kom der en venlig indisk mand hen til mig: "Kan jeg hjælpe Dem med noget?"

"Ja tak, jeg skal have en billet til Trivandrum. Der står lange rækker ved alle billetlugerne, men ikke et sted, kan jeg se at der står Trivandrum."

"Nu skal De høre. De skal først udfylde en blanket. Jeg vil lige hente en til Dem," sagde han og var straks efter tilbage. "Må jeg låne Deres pas, for det skal jeg bruge, så skal jeg udfylde den for Dem?"

"Ja, jeg har det her," sagde jeg og gav ham mit pas. Da han havde udfyldt det, skulle jeg blot underskrive. Jeg gav ham nogle rupeer, og han gik så hen og købte en billet til mig, og lidt efter var han tilbage.

"Tusind tak, skal De have, det var venligt af Dem," sagde jeg, og regnede så med at den sag var i orden. Jeg skulle rejse med nattoget om aftenen, så der var lige lidt forskelligt jeg skulle have ordnet, inden jeg rejste videre. Jeg var allerede på vej ud fra stationen, da han sagde: "Deres billet er ikke helt i orden endnu. De skal ind på et andet kontor, i en anden afdeling. Det ligger i bygningen lige ved siden af. Nu skal jeg følge Dem derhen."

"Hvad i al verden skal jeg der efter? Jeg har jo både købt og betalt min billet?"

"Ja, men det er ikke nok. De skal ind på et andet kontor, for at få bekræftet den, den skal stemples OK. Før er den ikke i orden."

I mit stille sind, tænkte jeg: "Det er dog utroligt. Alt det besvær, blot for at købe en togbillet." Vi fulgtes ad, og jeg var selvfølgelig glad for hans hjælpsomhed.

Da vi endelig kom ind i bygningen, hvor kontoret lå, viste det sig, at det først åbnede klokken ti, og klokken var ikke mere end ni. Han sagde: "Der er jo en hel time til. Det kan ikke betale sig, at stå her og vente. Har De spist morgenmad? Jeg har ikke selv fået noget endnu."

"Jo, jeg har spist morgenmad på mit hotel."

"Der ligger en dejlig restaurant lige henne på hjørnet, hvor der serveres morgenmad. Så kan vi jo gå derhen indtil kontoret åbner. Jeg vil så spise min morgenmad, og De kan så blot tage en kop the eller kaffe. Så passer det med, at vi går hen på kontoret."

"Ja, det er helt i orden."

Alt dette blev både gjort og sagt i en meget venlig tone. Han var ikke den mindste smule anmassende, blot hjælpsom.

Vi gik ned på restauranten der var et dejligt sted, hvor der sad en del indere og spiste deres morgenmad. Min ledsager bestilte også morgenmad, og jeg nøjedes med indisk the. Alt imens vi sad der, han med sin morgenmad og jeg med min the, kom så de sædvanlige spørgsmål. Han spurgte: "Har De familie eller venner her i Indien, eller er De blot på ferie?"

"Nej, ingen af delene. Jeg er tilhænger af Sai Baba, og har holdt jul og nytår hos Ham."

Aldeles omgående kom der en noget overrasket reaktion fra ham, som kom helt bag på mig: "Det kan da ikke være Deres alvor, at De tror på den mand. Sai Baba er ikke det mindste guddommelig. Han udfører ganske vist mirakler, men det gør tryllekunstnere også, og de kalder sig ikke guddommelige. Det Sai Baba gør, er at modtage penge fra de rige vesterlændinge, som Han så har bygget universiteter, skoler og et kostbart hospital for. Dem der så har bidraget med et eller andet beløb, de får så til gengæld fordele på den ene eller anden måde, og Sai Baba selv er blevet en meget magtfuld person. Det er noget enhver ved. Det har intet med det guddommelige at gøre. Ham må De endelig ikke tro på."

Jeg sad dybt rystet, og aldeles målløs, og sagde først ingenting. Det viste jo, at han slet ikke kendte til Baba's guddommelighed og storhed. Han talte kun om alt det ydre, som blot er en del af Baba's mission. Den universelle Baba, den indre Baba, som er allestedsnærværende og at Han er altoverskyggende, kendte han intet til. Det Han gør på det indre plan, går langt ud over tid og rum. Jeg behøvede blot at tænke på mit eget forhold til Baba.

Jeg sad og nippede til min the, og anede ikke hvor jeg skulle begynde eller ende, men jeg blev nødt til at tage til genmæle endnu engang. Jeg havde i tydelig erindring samtalen med manden fra Canada aftenen i forvejen. Han troede heller ikke på Baba, men ville absolut omvende mig til at blive kristen. "Glem alt om Ham Sai Baba," havde han sagt, men han var trods alt vesterlænding, og kendte slet ikke noget til Baba, så det kunne jeg ligesom lidt bedre forstå. Her sad jeg over for en inder, der i den grad havde nedvurderet Baba, og nærmest følte afsky for Ham. Det havde jeg aldrig været udsat for før. "Det bliver en ordentlig diskussion," tænkte jeg, og havde mest af alt lyst til at rejse mig og gå, men det kunne jeg simpelthen ikke. Min ledsager sad stille og roligt og spiste sin morgenmad, og betragtede mig så lidt. Han ventede selvfølgelig en reaktion fra mig.

Endelig sagde jeg: "De tager fuldkommen fejl. De kender jo slet ikke Sai Baba. De sidder kun og taler om alt det ydre, som er kendt af alle og enhver. Den universelle Baba, som er allestedsnærværende kender De intet til, og Han er i allerhøjeste grad guddommelig. Han kommer til mange af sine tilhængere i drømme. Han har vist tusindvis af mennesker meningen med deres liv. Han har helbredt, ingen ved hvor mange mennesker for dødelige sygdomme, og det meste af det er dokumenteret. Baba kan være flere steder på en gang, også det er beskrevet i mange bøger. Samtidig ved alle, at Han kender folks tanker, og ligeledes kender fremtiden. Alt hvad Han ønsker sker her og nu, fordi Han er guddommelig. Han kommer ofte sine tilhængere til hjælp, uanset hvor i verden de befinder sig, og ofte i forskellige skikkelser. Baba arbejder for sine tilhængere døgnet rundt af kærlighed til dem, og intet andet. Så sidder de og kommer med det nonsens om penge Han modtager. Pengene bruger Han kun til gode formål, og aldrig på Sig Selv. Selvfølgelig kommer pengene fra velhavende tilhængere, hvor skulle de ellers komme fra. Det er mennesker der giver et eller andet beløb til Hans organisation, fordi de ved det går til et godt formål, nøjagtig som mange mennesker giver et beløb til kræftens bekæmpelse, netop fordi de føler, at det går til et godt formål. Jeg ved alt dette med sikkerhed, fordi Sai Baba har ledet mig direkte i tyve år. Han kommer til mig i drømme, og leder mig ofte helt ned til mindste detalje. Han giver mig skønne visioner, men også mange prøvelser, fordi der er lektier jeg skal lære. Han er og bliver alt for mig. Jeg kunne aldrig undvære Hans vejledning. Det er minsandten ikke fordi jeg er velhavende. Jeg har aldrig givet en eneste øre til Hans organisation, fordi det ligger ikke inden for min rækkevidde. De ser alt fra en helt forkert synsvinkel. De forstår overhovedet ikke hvad det hele drejer sig om, og det syntes jeg er synd for Dem."

Han så noget overrasket ud, men sagde så en lille smule arrogant, men alligevel høfligt: "Alt dette lyder da meget interessant, men tro alligevel ikke på det med drømmene. Min far døde sidste år, og han kommer også til mig i drømme. Når man tænker på en person, kommer vedkommende ofte til en i drømme. Det er ganske almindeligt. Ligeledes er der mange der kan læse andres folks tanker. Der er også mange andre mennesker i verden, der helbreder folk på mirakuløs vis, og ingen af dem kalder sig guddommelige, så det ændre ikke mit syn på Sai Baba. Kan vi så ikke stoppe den samtale om Sai Baba. Jeg bryder mig ikke om Ham. Jeg tror på den universelle Gud. Han leder alt og alle, og er overalt. Det er det eneste rigtige," sagde han stadigvæk i en venlig tone.

Det han troede på, var jo lige så rigtigt. Blot havde han slet ikke opfattet Baba's guddommelighed. Så stillet over for den påstand, sagde jeg ikke mere. Der var simpelthen ikke mere at sige, det ville være spild af tid og kræfter. Enhver må jo trods alt tro på det, der er rigtigt for dem.

Vi var nu færdige med vores morgenmad, og gik derpå tilbage til kontoret, der nu var åbnet. Min billet blev stemplet OK, men vores samtale var slut. Hverken Baba eller Gud blev nævnt. Han var stadigvæk lige høflig og hjælpsom, og sagde til slut: "Jeg har et computerfirma i Delhi, så når De kommer til Delhi på vej hjem til Danmark, må De endelig ringe til mig, hvis der er noget jeg kan være Dem behjælpelig med. Her har De mit visitkort med både mit telefonnummer til mit kontor og til min privatbolig."

"Tak skal De have," sagde jeg, og tog hans visitkort. Derpå tog vi afsked.

Da jeg kom hjem på mit hotelværelse, tænkte jeg lidt over alt det, han havde sagt, og ikke mindst over alt det, jeg selv havde sagt. Jeg blev helt træt ved tanken. Jeg syntes efterhånden, at det så ud som om, at jeg ustandselig skulle fortælle om, hvad Baba står for. Det gør jeg også gerne, hvis folk vil høre om Ham, men at møde to personer, to dage i træk, der begge forsøgte på at få mig til at opgive mit forhold til Baba, og samtidig talte meget negativt om Ham, det kunne jeg ærlig talt godt undvære. Jeg bad i mit stille sind: "Baba, Baba. Skån mig, og lad mig ikke møde flere af den slags mennesker. Det orker jeg simpelthen ikke."

Endelig sad jeg så i toget på vej til Trivandrum. Jeg trak mit forhæng for, og gjorde mig det så bekvemt som muligt for natten. Jeg læste lidt i min bog, men slukkede dog hurtigt lyset, da jeg var træt, og faldt straks i søvn. Om morgenen vågnede jeg op og var dejligt udhvilet. Man kunne købe the, kaffe og forskelligt indisk brød til morgenmad i toget. Jeg spiste et par indiske boller til en kop the, og det smagte udmærket. Vi kørte gennem et frodigt landskab og solen skinnede fra en skyfri himmel. Jeg kom jo lige fra Bangalore, hvor det er køligt i januar måned; især om natten var det meget koldt. I Sydindien er det betydeligt varmere på denne tid, så jeg måtte ud og skifte til en lidt lettere påklædning som jeg havde parat, da vi jo var på vej til Kerala i Sydindien.

På det tidspunkt var vi vel en fem, seks mennesker i kupéen, da nogle steg ud, og andre kom ind ved de forskellige stationer. Det var en lang rejse, og vi ville først være i Trivandrum om eftermiddagen. På et tidspunkt kom et ældre indisk ægtepar ind i kupéen og fik en plads lige over for mig. Jeg sad og læste i min bog. Vi hilste ganske kort på hinanden, da de kom ind, hvorefter jeg læste videre. De andre passagerer hilste også, og det ældre ægtepar sad og talte stille sammen, så alt åndede fred og ro.

Jeg havde lagt bogen lidt fra mig, og sad og kiggede ud ad vinduet. Pludselig siger den ældre mand til mig: "Er De på jule- og nytårsferie i Indien Madame?"

Jeg blev revet ud af mine tanker, men blev så straks nærværende igen, og svarede så på det sædvanlige, som så mange gange før: "Ja, det kan man på en måde godt sige. Jeg har holdt jul og nytår i Indien, men det er ikke derfor jeg er her. Jeg er tilhænger af Sathya Sai Baba, og har holdt jul og nytår hos Ham, som så mange gange før. Jeg har været tilhænger af Ham i mange år."

Omgående sagde han meget højtideligt, og en lille smule provokerende: "Vi er kristne. Og har lige fejret Jesu fødsel. Det er jo 2000 år siden nu, at Han gik på Jorden" Det virkede fuldkommen som om, at det, at de var kristne, var det eneste rigtige; også selv om de var indere. Der er dog også mange kristne i Indien. Men flertallet er trods alt hinduer.

Jeg sad et øjeblik, og tænkte. "Nej Baba, ikke én gang til." Jeg tog min bog, og skulle til at læse videre, for at vise ham, at jeg ikke havde lyst til at fortsætte den samtale, men ak nej, så let skulle jeg åbenbart ikke slippe. Han siger så igen, lidt uforstående "Det kan da ikke kun dreje sig om Sai Baba. Hvad med Jesus Kristus?"

Jeg måtte så igen lægge bogen fra mig. Der var altså ingen vej udenom. Endnu en provokation. Jeg kunne ikke bare lade det spørgsmål hænge i luften, og sagde så ganske roligt: "Nu skal jeg sige Dem noget. Er De som inder, slet ikke klar over, at Sai Baba er en guddommelig inkarnation, der går her på Jorden i dag. Er De overhovedet slet ikke klar over, hvad Han prædiker hver dag, og har gjort det i årevis. Nemlig det, at alle religioner fører til en og samme Gud. Det er blot forskellige kulturer der går forskellige veje. Alle religioner er repræsenteret hos Sai Baba, og folk strømmer til Ham, fra hele verden. Tro endelig ikke, at fordi De er kristen, at De er bedre end en hindu, for så tager De meget fejl?"

Han så målløs på mig, men sagde ikke et ord. Jeg fortsatte: "Hver eneste jul, strømmer kristne fra hele verden til Sai Baba, men der kommer lige så mange hinduer fra Indien og fra andre lande, for at fejre julen hos Ham. Til jul holder Sai Baba et foredrag om Jesu fødsel. På Krishnas fødselsdag holder Han foredrag om Krishna, om da Han gik på Jorden. På Buddhas fødselsdag holder Han foredrag om Buddhas liv. Hvad mere kan Sai Baba egentlig gøre, Han respekterer alle religioner."

Hele dette foredrag lyttede alle i kupéen til, men ingen sagde noget. Det var absolut ikke noget, jeg havde ønsket eller planlagt, men nærmest blevet tvunget til. Vi holdt nu ved en station og det ældre ægtepar skulle af. De fik hurtigt fat i deres bagage og forlod kupéen uden et ord. Jeg læste videre i min bog. Man skulle nærmest tro, at det, at vi lige var gået ind i år 2000, og altså havde fejret Jesu' fødsel, var gået folk til helt hovedet. Sådan følte jeg det efterhånden.

Ayurveda-behandling

Der var nu kun et par timer tilbage, inden vi ville være i Trivandrum. Vi var kun to tilbage i kupéen nu, en sød, ung indisk pige fra Trivandrum og jeg selv. Vi sad og sludrede lidt om vind og vejr. Hun var fra Trivandrum og havde været i Bangalore og fejret nytår 2000. Hun spurgte mig: "Skal De på ferie i Trivandrum."

"Ja, det kan man egentlig godt sige, men faktisk er det mere for at finde en god ayurveda-klinik, der er tilknyttet et godt hotel. Der havde jeg så tænkt mig at tilbringe en uges tid, og få ayurveda-massage, og det er Kerala her i Sydindien jo kendt for."

"Det er da en god idé."

"Nu da du er fra Trivandrum, kan Du måske anbefale et godt sted?"

"Ja, det kan jeg. Jeg vil give Dem en adresse på et stort turistbureau. Der kan de hjælpe Dem med det hele."

"Jamen det lyder da dejligt."

"Det er nemlig ikke ligegyldigt, hvilket et sted De vælger. Der er ganske rigtigt mange ayurveda-klinikker her i Kerala, men mange af dem ved ikke nok om ayurveda-behandling og ikke alle klinikker er lige omhyggelige med hygiejnen. De tager blot pengene op af turisternes lommer, så man skal helst kende lidt til det på forhånd, eller være heldig. Tag hen på det turistbureau, og spørg efter, (her nævnede hun et indisk navn), hun kender til det hele, og vil hjælpe Dem."

Derpå gav hun mig et visitkort, med navn og adresse.

"Mange tak skal du have. Nu ved jeg lidt mere om det hele, nu har jeg lidt at gå efter."

Toget kørte nu ind på stationen, hun skyndte sig ud, vinkede til mig og væk var hun. Jeg kom ud, fik fat i en taxa, og kørte så til den adresse hun havde givet mig. Det viste sig at være et meget stort turistbureau. Jeg gik ind, og spurgte en af de ansatte, hvor jeg kunne finde den dame, hvis navn den unge pige havde opgivet. Det var nemlig et indisk navn. Jeg blev med det samme vist op på første sal, og ind på et smukt kontor. Der sad der en indisk kvinde, der uden tvivl havde en ansvarsfuld stilling; det fornemmede jeg straks. Hun talte i telefon, og gav ordre om et eller andet, kunne jeg høre, så jeg sad blot og ventede.

Hun var nu færdig med at tale i telefon og spurgte så høfligt: "Hvad kan jeg hjælpe Dem med?"

"Jo, jeg ville spørge om De kunne anbefale et godt hotel, der har tilknyttet en ayurveda-klinik. Det er nemlig første gang jeg er i Trivandrum, men det er derfor jeg er kommet til Kerala; for at få ayurveda-massage. Der skulle jo efter sigende, være mange af dem her."

Hun kiggede lidt på mig, og spurgte så: "Hvor kommer De fra og hvem har sendt Dem her til mig?"

"Jeg kommer fra Danmark, men har rejst i Indien i mange år. I toget mødte jeg en sød ung pige, der gav mig Deres navn og adresse. Hun forsikrede mig om, at De ville finde det helt rigtige sted til mig, da jeg har forstået, at det er ikke ligegyldigt hvilket et sted man vælger; derfor sidder jeg her."

Inden hun kunne nå at svare, kom en ung pige helt uhøjtideligt ind på kontoret. Hun gik direkte hen og gav kvinden et kys på kinden: "Hello mother."

I det samme ser jeg på den unge pige, og hun på mig, og noget forbavset blev jeg, da jeg ser, at det var den unge pige, jeg havde mødt i toget. "Hello again," siger hun glad til mig.

"Sig mig en gang. Er det din mor, jeg sidder her og taler med?"

"Ja, det er min mor," siger hun og smiler, alt imens kvinden, der altså var hendes mor, ser uforstående på os.

"Kender I hinanden?"

"Ja mor, vi har rejst sammen."

"Nå, det er altså min datter, der har sendt Dem til mig?"

"Ja, åbenbart."

Hendes datter gik hurtigt igen. Hun skulle bare sige hej til sin mor, da hun lige var kommet hjem fra Bangalore.

Vi kiggede lidt på hinanden, og morede os så. Der var en helt anden atmosfære nu, ikke den almindelige forretningsmæssige, som der altid er, når man kommer ind et sted som kunde. Vi sad og sludrede lidt, hvorpå hun sagde til mig: "Nu skal jeg finde et rigtigt godt sted til Dem, hvor De både vil bo godt, og også få den rigtige ayurveda-behandling."

Hun ringede straks et telefonnummer op. På samtalen kunne jeg forstå, at hun fik et værelse til mig, inkluderet fuld kost og ayurveda-behandling. Jeg fik endda et stort nedslag i prisen, da det var sidst på sæsonen.

"Alt er i orden nu. Jeg vil med det samme bestille en taxa til Dem. Det tager en lille times tid at køre der ud."

"De skal have mange tak for Deres hjælpsomhed. Jeg er åbenbart kommet det rigtige sted. Det var vel nok et held, at jeg mødte Deres datter i toget, der gjorde, at jeg havnede her hos Dem."

"Ja, det kan man godt sige. Når De kommer tilbage fra opholdet, må De endelig komme herop til mig, jeg vil gerne vide, om alt så har været i orden. I øvrigt skal De allerede nu bestille Deres togbillet tilbage til Bangalore. Det vil en af de ansatte sørge for i etagen nedenunder, og så håber jeg, at De må få et godt ophold der. Her har De mit visitkort."

Jeg tog afsked med hende, og da jeg skulle lægge hendes visitkort i min tegnebog, så jeg at hun var direktøren. Hende blev jeg altså sendt til på grund af mødet med hendes datter i toget, mellem hundredvis af passager. Jeg kunne kun tænke:

Baba, Baba, intet er tilfældigt.

Endelig er jeg så på vej i en taxa, ud til et kursted, med ayurveda-klinik. Det er efterhånden blevet først på aftenen og ved at være halvmørkt. Vi havde kørt længe, men nu kunne jeg se, at vi kørte ind i en skov. Det så helt fortryllende ud. Vejen snoede sig ind og ud. Man så kun lyset fra lygterne, der skinnede på træstammerne. Det lignede virkelig en hel trylleskov. Vi kørte længere og længere ind i skoven og jeg tænkte: "Hvor mon vi egentlig ender?"

Langt om længe kunne jeg skimte en masse små lygter. Da vi kom nærmere, kunne jeg se nogle meget smukke bungalower ligge spredt på et stort område. Der snoede sig en å smukt gennem området, og her og der var der små japanske broer, der bandt det hele sammen. Samtidig kunne jeg se vandfald, hvor vandet fossede ned over store pragtfulde stensætninger, lige ned i små lotussøer. Klimaet var tropisk. Der var kæmpepalmer overalt og en hel vidunderlig vegetation. Alt dette var oplyst af de små lygter, der var overalt.

Da jeg steg ud af taxaen, fornemmede jeg med det samme en vidunderlig fredfyldt atmosfære. Det eneste jeg hørte var cikaderne, der sang, frøerne der kvækkede og vandet der brusede ned i lotussøerne.

Der kom nu en kvinde fra receptionen og bød mig velkommen. Jeg fik anvist en lille bungalow, yndig og stilfuldt indrettet. Badeværelset var helt vidunderligt, med en stor palme i det ene hjørne, der voksede lige op i luften. Alt var meget smukt. "Er det tilfredsstillende?" spurgte hun.

"Ih ja, absolut. Er det muligt at få noget at spise på denne tid?"

"Ja, vi har en dejlig restaurant. Nu skal jeg følge Dem derover."

Vi gik over et par små broer, og passerede et par lotussøer, hvor vandet brusede ned. Så stod vi foran en smuk restaurant. Hun sagde: "I morgen vil vores ayurveda-doktor komme og hilse på Dem. Så vil I sammen finde ud af hvilken ayurveda-behandling, De skal have."

"Tak skal De have! Så vil jeg gå ind og få noget at spise."

Restauranten var meget speciel med tropiske planter, der voksede i en glaspyramide i midten uden tag over. Ligeledes var ydervæggene af massivt glas, så når man spiste, kunne man sidde og se ud på hele sceneriet, der mest af alt lignede en eventyrpark. Her må det da være muligt, at få sjæl, krop og sind bragt i balance, sagde jeg til mig selv.

Jeg betalte, og maden var selvfølgelig upåklagelig, som alt andet på dette sted. Da jeg kom ud fra restauranten og langsomt gik hjemad til min bungalow, var det som en tropisk nat: "Baba, Baba, er det mon paradisets have, Du har sendt mig til?"

Ayurveda er et 5000 år gammelt naturmedicinsk sundhedssystem, der stammer fra Indien. Ayurveda betyder ganske enkelt "viden om livet."

Nu er det sådan, at der er forskellige grunde til, at folk får ayurveda-behandling. Nogle har en sygdom, hvor de kun ønsker ayurveda-behandling, og så bliver behandlingen tilrettelagt netop efter denne persons individuelle kropstype og eventuelle sygdomme, med forskellige olier og så videre. Så er der andre der får en behandling jævnligt, simpelthen fordi det styrker kroppen og forebygger sygdomme, hvad der jo er vigtigt for alle mennesker. Så kan det også være et spørgsmål om tro. Nogle tror på det ene, og andre tror på helt andre metoder. Det er op til den enkelte.

I vores travle verden, især i Vesten, er det mere den fysiske krop, som vesterlændinge går op i, og som de bruger en masse tid og penge på. Desværre er det ikke den slags kropsbevidsthed, der får sjæl, krop og sind bragt i balance.

Næste morgen kom ayurveda-doktoren og hilste på mig. Hun målte mit blodtryk; det var i orden. "Er der nogle speciale sygdomme, vi skal tage hensyn til i behandlingen?"

"Nej, det er der ikke. Kun det, at jeg ikke er helt ung mere og ens krop er med tiden blevet nedslidt. Det gælder både organer, muskulatur, væv og så videre, men det er naturligt for alle mennesker."

"Det har De helt ret i, men man kan gøre lidt selv, blandt andet med rigtig kost, og også gerne lidt motion, og så selvfølgelig ingen cigaretter, og det med spiritus må helst ikke overdrives. Det kan måske godt lyde lidt kedeligt, men på længere sigt er det bedst for kroppen, og livet er jo trods alt meget mere end det. At gå hen og ødelægge ens krop ved forkert levevis, er det dummeste man kan gøre. Det kan ikke undgås, at der vil opstå sygdomme, men De har da den rigtige indstilling."

"Ja, det regner jeg da med. For det første er jeg vegetar, og jeg har ikke røget i de sidste tyve år. Spiritus drikker jeg ikke, men det med motionen kunne jeg måske godt gøre lidt mere ved. Nu da jeg er i Indien, tænkte jeg, at jeg ville have lidt ayurveda-behandling. Det vil min krop uden tvivl have godt af. Det kan man nemlig ikke få i Danmark, hvor jeg kommer fra, og som De siger, kan man jo godt gøre lidt selv, for at styrke ens krop."

"Det har De helt ret i. Jeg ved nu hvilken behandling, vi vil give Dem, og så starter vi i morgen formiddag klokken ti."

"Det glæder jeg mig til."

Næste formiddag gik jeg så over på klinikken. Der duftede af røgelse og af de søde ayurveda-olier der bruges. Jeg hilste på den massøse, der skulle give mig behandlingen sammen med doktoren. Massøsen viste mig ind i et omklædningsrum, hvor jeg skulle lægge mit tøj. Mine briller og smykker lagde jeg ned i en skuffe. Jeg havde fået udleveret et lille stykke hvidt bomuldsklæde, der virkede som små trusser, og som skulle bindes i hver side, det var alt hvad jeg havde på. Så var jeg ellers klar til ayurveda-behandlingen.

"Hov, De har glemt Deres øreringe," sagde massøsen til mig. Jeg har nemlig hul i ørene, så dem havde jeg slet ikke tænkt på. Også de måtte af, og så begyndte behandlingen ellers under ledelse af ayurveda-doktoren.

251

Først sad jeg på en lille taburet, og fik meget grundigt masseret olie ind i hår og hovedbund. Derefter kom jeg op på massagebriksen, og blev masseret, med forskellige olier overalt. Nogle olier var varme, og de duftede alle forskelligt. Jeg blev vendt og drejet ustandselig, så jeg til sidst var et med massagebriksen, og hele tiden under ledelse af ayurveda-doktoren.

Massøsen var ualmindelig sød i en blå sari, og meget professionel. Hun havde prøvet det før, kunne jeg fornemme. Hun sparede ikke på kræfterne. Det var virkelig en vidunderlig fornemmelse. Det hele varede en times tid. Derpå hjalp de mig op, og jeg blev ført ud på badeværelset, og sat på en taburet. Der blev jeg smurt ind i noget tyktflydende olie, der mindede lidt om mudder i konsistens, men det var det nu ikke, for det duftede meget dejligt, og så var det helt varmt. Til sidst blev jeg skyllet over med varmt vand og massøsen vaskede mit hår, alt imens vi morede os. Så stod jeg i omklædningsrummet, klædte mig på og redte mit hår, der lignede jeg ved ikke hvad. Så var jeg færdig.

Jeg havde det helt vidunderligt, ikke en eneste tanke var der i mit hoved. Jeg var helt i balance med mig selv. Jeg gik bare ud af klinikken, ud i den skønne natur. Pludselig hørte jeg nogen kalde på mig. Det var ayurveda-doktoren, og jeg gik straks tilbage. Hun smilede og sagde: "De er ikke helt færdig endnu; kom med ind på mit kontor." Både massøsen og jeg gik ind. Vi morede os alle lidt, for det viste sig, at jeg var gået både fra mine smykker og briller. Det havde jeg glemt alt om.

Efter jeg havde fået både smykker og briller på, sad vi alle tre og talte lidt sammen. Jeg fik en ny tid til næste dag og samtidig gav doktoren mig to forskellige slags ayurveda-medicin, som ville styrke min krop. Hele behandlingen havde taget halvanden time. Derpå gik jeg hjemad og sad en tid på min veranda og så ud på en stor sø, der omgav hele området. Det var derfor det virkede som tropisk klima. På søen sejlede unge indiske mænd i nogle smukke sivbåde, og dykkede skiftevis ned på bunden af søen. Jeg ved ikke hvad de dykkede efter; måske var det muslinger, men det hele virkede meget fredfyldt og harmonisk.

Om natten blev jeg syg. Jeg fik kraftig diarré og opkastning og rendte ustandselig på toilettet. Om morgenen var jeg helt udmattet, men det er den slags der kan ske, når man rejser i Indien. "Du giver mig nok en udrensning, Baba," tænkte jeg. Jeg tog lige min kaftan på og gik over på klinikken for at sige, at jeg ikke kom den dag. Det eneste jeg kunne, var at ligge i min seng.

"Hvordan er det dog De ser ud," sagde doktoren, da hun så mig.

"Ja, jeg har fået diarré, og samtidig kastet op hele natten, så jeg er fuldkommen udmattet, og kan ikke få behandling i dag."

"Ja, det kan jeg se. Nu skal jeg følge Dem tilbage. Behandlingen venter vi lidt med og så kommer jeg med noget medicin til Dem."

Jeg lå så igen i min seng, og lidt efter kom hun med to forskellige slags medicin som jeg skulle drikke. Det smagte rædselsfuldt, og også det kastede jeg op. Jeg kunne intet beholde i mig. Jeg havde selvfølgelig fået væsketab og var meget svag. Hun kom derfor igen med kogt vand tilsat salt og sukker, som man altid skal have i sådan en situation, men det hele hjalp ikke noget. Til sidst bad jeg dem sende bud efter en læge. "Jeg må have drop med glukosevand. Det er nødvendigt, det er det eneste der skal til nu." Efter at have rejst så mange år i Indien, har jeg prøvet det før.

"Vi vil ringe til lægen med det samme; der ligger et hospital, kun tre kilometer herfra. Så det er ikke noget problem," sagde hun. Lidt efter kom hun tilbage: "Nu har vi ringet til hospitalet, og talt med lægen; han kommer inden for en time."

"Tak skal De have."

Der gik ikke en time, før lægen ankom med sin assistent, et stativ til flaskerne med glukosevand, medicin, kanyler og så videre. Han var smilende og venlig, som er typisk for inderne.

"Goddag Madame, nu kommer jeg og ser lidt på Dem, så De kan være frisk i morgen igen."

Han målte mit blodtryk, tog mig på panden, og så mig i halsen.

"Ja det er en infektion De har fået. De skal have to flasker glukosevand, og min assistent giver Dem to indsprøjtninger. Én for feberen, og én for infektionen. Desuden får De to forskellige slags tabletter, dels for diarreen og dels for opkastning."

Han satte nu de forskellige i arbejde. Ayurveda-doktoren skulle koge vand, da jeg ikke måtte få koldt vand i maven. Samtidig gav han hende besked med hensyn til de forskellige tabletter, jeg skulle have. Hans sygehjælper fik flaskerne anbragt på stativet, og jeg fik kanylen i hånden.

Alt imens det stod på, var der kommet forskellige mennesker ind i mit værelse. Direktøren kom og hilste på mig, og beklagede, at det først skete nu, under de omstændigheder. Så kom receptionschefen,

der havde ringet efter lægen og samtidig massøsen, ayurveda-dokto-
ren var der jo i forvejen. Der var seks mennesker i alt inde på mit væ-
relse.

Det var heldigvis et dobbeltværelse jeg havde, så der var plads nok.
De var alle interesseret i at se, hvor galt det stod til. Der var to senge
i mit værelse, der stod adskilt. Jeg lå som sagt i den ene, og lægen
sad på den anden. Da han havde sat de forskellige i sving, sad han og
sludrede lidt med mig. Det var ikke sådan, at jeg havde høj feber og jeg
kunne sagtens føre en samtale. Det kom jeg minsandten også til, helt
automatisk.

Det første, han selvfølgelig spurgte om, var: "Er De turist i Indien?"

"Ikke helt. Jeg er tilhænger af Sai Baba, og har været det i tyve år nu.
Jeg har holdt jul og nytår hos Ham."

Det blev han åbenbart meget interesseret i, og ligeledes de andre,
der var til stede i mit værelse.

"Ja men, hvordan kom De i forbindelse med Sai Baba, i et land, der
ligger så langt væk fra Indien. Og De siger, at De har været tilhænger
af Ham i tyve år?"

"Nå, så må jeg til det igen Baba," tænkte jeg.

"Det er en lang historie," sagde jeg. Men de ventede alle på at høre
om, hvordan jeg var kommet i forbindelse med Baba. Så derfor be-
gyndte jeg at fortælle om mit forhold til Baba. Hvordan Han kaldte
mig for tyve år siden. Jeg fortalte ligeledes om forskellige drømme og
visioner som Baba var kommet til mig i og stadig gør, og om hvordan
Han leder mig i alt. De lyttede alle med stor interesse og dyb respekt
for Sai Baba og Hans mission. Jeg tror jeg talte en times tid. Til sidst
sagde lægen: "Det har været fantastisk, at høre om Deres oplevelser
med Ham. Jeg er selv muslim, men har stor respekt for Sai Baba. De er
minsandten meget velsignet, at have så nært et forhold til Ham."

"Ja, det kunne jeg ikke leve foruden i dag. Han er så absolut det
faste holdepunkt i min tilværelse."

"Ja, det er forståeligt. Nu skal De have mange tak, for alt det vi har
hørt om Sai Baba, og Deres forhold til Ham. Det har været morsomt,
og samtidig utroligt spændende. Nu vil vi ikke forstyrre Dem længere.
De skal have fred. Jeg komme og se til Dem i morgen."

De ønskede mig alle god bedring, og forlod mit værelse, undtagen ayurveda-doktoren. Hun blev hos mig hele dagen og jeg havde det meget bedre. Endnu engang var og blev det Baba, der blev hovedpersonen. Hvem skulle det ellers være!

Næste morgen vågnede jeg op og var frisk. Ayurveda-doktoren kom og hilste på.

"Ja, nu er jeg helt frisk igen," sagde jeg.

"Ja, det kan jeg se, men De må ikke få behandling i dag. De skal tage det lidt med ro og have resten af Deres tabletter. Lægen kommer en sidste gang, og ser til Dem. De må heller ikke gå i swimmingpool i dag, men i morgen kan De gøre det hele igen."

"Ja men det må jeg jo rette mig efter."

"Jeg ringer til restauranten, og bestille morgenmad til Dem."

"Ja, tak skal De have, nu syntes jeg også, jeg er blevet lidt sulten."

Lidt efter kom tjeneren med morgenmad, og en times tid efter kom lægen med sin assistent.

"Kan De se hvad jeg sagde. I morgen er De frisk igen. Og det kan jeg se, at De er. De får nu en sidste indsprøjtning, så skal De tage resten af Deres tabletter i dag, og helst tage det lidt med ro."

"Ja, det har jeg fået at vide, så det gør jeg også. De skal have tak fordi De kom. Det er jeg meget glad for. Samtidig vil jeg gerne betale, hvad jeg skylder Dem."

"Ja, tak skal De have."

Jeg betalte og fik en sidste indsprøjtning.

"Nu vil jeg ønske Dem god bedring, og bliver der noget, må De endelig ringe igen. Farvel, farvel."

Jeg tog det med ro hele dagen. Jeg læste og lyttede lidt til god musik. Jeg spadserede lidt rundt i den vidunderlige park, samtidig med, at jeg gik over i restauranten, og spiste min frokost. Jeg kunne godt mærke, at jeg var en lille smule træt. Om aftenen, da jeg havde spist min middag, kom ayurveda-doktoren, og så til mig.

"Nu kan jeg se, at De er helt frisk igen. I morgen fortsætter vi ayurveda-behandlingen. De kommer blot klokken ti. Jeg ønsker Dem en god nat. De vil forhåbentlig sove godt."

Hvad jeg absolut gjorde.

Næste morgen fortsatte jeg behandlingen. Sådan gik dagene, på en vidunderlig fredfyldt måde, hvor jeg virkelig følte, at min sjæl, krop og sind kom helt i balance.

Den sidste dag fik jeg en behandling der hedder Dhara. Jeg fik et bånd bundet om panden og derpå lagt på massagebriksen. Mit hoved blev anbragt i en slags lille bøjle, så det lå lidt bagud. Bag mig stod doktoren og rørte i en gryde der stod på et lille blus. Det var varm olie. Det var en helt speciel olie, som hun først havde bestilt hjem dagen før. Det er den sidste behandling man får inden man rejser.

Så begyndte den varme olie at flyde i en lind strøm ud over min pande, og bredte sig langsomt ud over hele hovedet. Det var nærmest som at få vasket håret i varm olie. Samtidig med at olien flød ud over min pande, masserede doktoren den på en speciel måde, idet hun lod pegefingeren glide fra side til side i bestemte bevægelser i en uendelighed, samtidig med at massøsen hele tiden hældte varm olie på. Det var virkelig en meget intens fornemmelse. Til sidst virkede det nærmest, som om jeg ikke anede, hvem jeg var, eller hvor jeg var. Jeg var fuldstændig afbalanceret. Det varede cirka en halv time. Derpå rejste de mig langsomt op og førte mig ud på badeværelset.

"Hvordan har De det," spurgte doktoren smilende.

"Jo, jeg har det godt." Jeg kunne simpelthen ikke finde på andet at sige. Det var i øjeblikket, som om der ikke foregik nogen tankevirksomhed i mit hoved, og at jeg heller ikke ønskede at gøre mig nogen anstrengelse for at sætte noget i gang. Mit sind var fuldstændigt roligt, og intet kunne forstyrre mig. Massøsen hældte varmt vand over mig: "Så er De færdig, og kan gå hjem og slappe lidt af."

"Ja, det tror jeg nok, jeg vil."

Derpå fulgte hun mig ud i omklædningsrummet. Jeg klædte mig på, nærmest i slowmotion, og havde det vidunderligt med mig selv. Jeg redte mit hår, og huskede dog denne gang både mine briller og smykker. Jeg gik ind til doktoren på hendes kontor, og for en sidste gang, sad vi alle tre, og talte lidt sammen. "Nu går jeg hjem og hviler mig. Jeg kommer over i morgen og siger farvel til jer, inden jeg rejser." De morede sig: "Ja, men det håber vi sandelig også, at De gør."

Derpå gik jeg meget langsomt hjem. Over de japanske broer, forbi lotussøerne og vandfaldende, der fossede ned. Alt imens solen skinnede ud over denne storslåede natur og dette vidunderlige tropiske klima, tænkte jeg ved mig selv: "Tænk, at der findes et sted på Jorden som dette; og så i vores forvirrede verden, hvor teknologien snart styrer alt, men det gør der altså, lige her og nu."

Jeg må tilføje, at det nu, hvor det var sidst på sæsonen, ikke var ret mange gæster. Det bevirkede, at alt var så intenst, og at man mærkede stilheden på sjæl og krop. Det var også af samme grund, at jeg havde fået et stort nedslag i prisen, ellers havde jeg ikke boet så dyrt et sted. Det kom jeg altså til, og det var jeg glad for.

Da jeg kom hjem, lagde jeg mig på sengen og faldt straks i en dyb søvn. Da jeg senere vågnede, følte jeg mig ualmindelig godt tilpas. Jeg gik i restauranten og spiste en sen frokost. Om eftermiddagen lå jeg ved swimmingpoolen og nød det.

Næste dag gik jeg over til ayurveda-klinikken og sagde farvel til de to dejlige indiske kvinder der havde givet mig ayurveda-behandling hver dag i en uge.

"Tak for alle de behandlinger, I har givet mig hver dag. Det har været en fantastisk oplevelse, og uden tvivl været godt for min krop. Måske ses vi igen. Jeg vil aldrig glemme jer og jeres dejlige humør. Farvel, farvel."

Taxaen ventede på mig. Jeg vendte mig om en sidste gang, og vinkede til dem. Så var jeg på vej tilbage til Trivandrum.

Det skal lige tilføjes, at direktøren sagde til mig: "Da De har ligget syg i to dage, vil jeg give Dem to dage gratis her, og ligeledes med ayurveda-behandling. Vi har ikke så mange gæster nu, sidst på sæsonen."

"Tusind tak skal De have, det vil jeg meget gerne."

Det var en fin gestus. Så det var altså i alt ni dage, jeg boede der.

Jeg kørte direkte til turistbureauet, hvor jeg fik min togbillet til Bangalore. I Indien er der ikke noget der hedder returbilletter, når man rejser med tog. Samtidig hilste jeg på den indiske kvinde, der havde arrangeret hele opholdet for mig.

"Hvordan har De haft det? Har det hele været tilfredsstillende?"

"Ih, ja, det har været et fantastisk ophold. Det har jeg været meget glad for."

"Har De fået Deres togbillet?"

"Ja, det har jeg. Den sidste uge jeg har tilbage her i Trivandrum vil jeg tilbringe ved stranden, inden jeg rejser tilbage til Bangalore."

"Det lyder da dejligt. Så hvis De er parat, til at rejse videre nu, vil jeg ringe efter en taxa til Dem. Jeg håber, vi ser Dem igen."

"Ja, man kan jo aldrig vide."

Derpå ringede hun efter en taxa.

Så var jeg på vej til Kovalam Beach. Et kendt feriested i Kerala. Efter en times kørsel var jeg der. Jeg fandt et dejligt lille hotel, ejet af en indisk familie, og kun fem minutter fra stranden. Jeg kunne tydeligt mærke forskellen fra den fine rolige atmosfære, og så komme til dette sted, fyldt med støjende turister, men sådan er det overalt i dag. Når jeg om ti dage lander i Danmark, kommer jeg hjem til kulde og sne, så jeg nød solen og havet her i den sidste uge i Indien. Inden jeg så mig om, var jeg på vej til Trivandrum og havde fået min plads i toget, tilbage til Bangalore.

Jeg måtte have fået et eller andet at spise, som min mave åbenbart ikke kunne tåle, for jeg følte mig lidt utilpas, og havde også lidt feber, kunne jeg mærke. Den sidste uge ved stranden, havde jeg spist flere forskellige steder, og der skal ikke så meget til, før man får en lille infektion, når man rejser i Indien. Vi var rejst fra Trivandrum klokken ni om morgenen, og ville først være i Bangalore om eftermiddagen næste dag. Jeg havde ikke spist noget til frokost, for jeg havde ingen appetit. Heldigvis havde jeg hverken diarre eller opkastning som forrige gang.

Jeg havde trukket mit forhæng for, og lå blot og slappede af. Desværre havde jeg ingen tabletter på mig mod feber, men jeg tænkte: "Det er nok væk i morgen, når du har fået en god nats søvn." Men da vi ankom til Bangalore næste dag, var jeg stadigvæk utilpas og havde lidt feber. Jeg kørte direkte til hotellet, og fik et værelse. Samtidig fik jeg lidt at spise, og købte to liter mineralvand, og tog det med op på mit værelse. Jeg ved af erfaring, at man skal drikke meget. Så gik jeg ellers i seng, det var det eneste, jeg havde lyst til. Lige inden jeg faldt i søvn, tænkte jeg: "Du køber tabletterne i morgen."

Jeg havde kun en dag tilbage i Bangalore, hvor jeg blandt andet skulle på Air India, og lige gøre et par sidste indkøb, og samtidig ville jeg så købe tabletterne. Jeg havde trods alt to døgn tilbage i Indien, og en lang rejse foran mig. Selv om at jeg ikke var alvorligt syg, ville jeg gerne være helt frisk inden hjemrejsen. Det er altid anstrengende, at rejse så langt. Så om natten kom Baba til mig i en drøm.

En drøm i januar år 2000

Jeg stod foran mit hus og ventede på et eller andet, jeg ved ikke hvad. Pludselig så jeg en flot bil komme kørende. Den standsede foran huset ved siden af mit, og ud stiger minsandten Baba. Denne gang, som en kvindelig læge, i flot hvid kittel. Hun så fantastisk godt ud. Hendes ansigt var helt Baba's, blot var håret længere. Hun var en smuk kvinde at se på. Jeg stod blot og så på hende, dybt fascineret. Hun gik selvsikkert hen til sit hus, der altså lå lige ved siden af mit. Da hun passerede mig, nikkede og smilede hun til mig. Derpå låste hun sig ind i sit hjem og lukkede døren. Jeg vågnede.

En berusende duft

Det var som sagt min sidste dag i Bangalore. Jeg måtte i gang med de forskellige ting, jeg skulle ordne. Først var det Air India. Jeg skulle have min billet stemplet O.K. Da det var bragt i orden, skulle jeg til min frisør. Derefter gik turen til min skrædder. Hele familien har været tilhængere af Baba i mange år. Vi talte lidt frem og tilbage, selvfølgelig om Baba. Jeg tog afsked med dem. Det sidste han sagde, var: "He is a teacher for all of us." Det kunne jeg kun give ham ret i. Det var nogle smukke ord at høre om Baba, lige inden jeg forlod Bangalore, når jeg tænker på de tre Jesus-fanatikere jeg mødte, lige da jeg var rejst fra Baba's nytårstale i Puttaparthi, der alle kun talte negativt om Baba. De to af dem var endda indere. Den tredje var fra Canada, og han følte endda, at det var Jesus, der havde sendt ham til mig, så jeg kunne forstå, at jeg måtte forlade Baba. Det er utroligt, at man skal rejse til Indien og så høre den slags.

Så var det tid til at få lidt at spise. Da jeg havde spist min frokost, tog jeg hen på et apotek, for at købe tabletterne mod feber. Jeg var stadigvæk lidt træt og utilpas. Det var så det sidste ærinde jeg havde. En ekspeditrice kom hen til mig.

"Jeg skal blot have nogle tabletter mod feber, og jeg må hellere få nogle tabletter mod diarré samtidig."

Hun sagde højtideligt: "Det er bedst for Dem, at gå til læge."

"Det er noget nonsens, De siger. Var jeg alvorligt syg, var jeg for længst gået til læge, men ikke for en smule feber. Desuden har jeg rejst i Indien i mange år, og masser af gange fået tabletter mod feber og diarre, så vær venlig at give mig de tabletter, jeg beder om."

Hun så forvirret på mig, men i det samme ringede telefonen. Hun gik hen og tog den. Straks kom der en ekspedient hen til mig: "Hvad skal De have?"

"Jeg skal blot have nogle tabletter mod diarré og nogle for feber."

Med det samme gik han hen til en hylde, og tog en pakke med tabletter, en anden pakke tog han fra en anden hylde, og hurtigt var han tilbage til mig, og sagde: "Disse tabletter er mod diarré, og de andre er mod feber."

"Tak skal De have."

Jeg betalte og gik.

Jeg stod et øjeblik, og ventede på at få fat i en rickshaw og lige med et, som lyn fra en klar himmel, forsvandt feberen og trætheden og jeg var helt frisk igen. "Det var da mærkeligt," tænkte jeg. Og jeg har endnu ikke taget nogle af tabletterne.

I det samme kom jeg til at tænke på drømmen forrige nat. Hvor Baba var kommet til mig som en kvindelig læge. Ekspeditricen havde jo helt ret, da hun sagde: "De må gå til læge." Selvfølgelig, det var lægen over alle læger, der havde gjort mig rask, ikke tabletterne, dem fik jeg ikke brug for. Trods det, skal jeg altid selv handle, og aldrig tage noget for givet.

Utroligt!

Jeg nåede til hotellet i godt humør, og kunne kun tænke, "Baba, Baba." Det var blevet sidst på eftermiddagen. Jeg havde haft fart på, med de sidste ting, jeg skulle ordne, da jeg næste dag skulle rejse videre til Delhi, så jeg lagde mig på sengen for at slappe lidt af, inden jeg gik ned for at spise min middag. Jeg havde taget mine hovedtelefoner på, og lå og lyttede til en skøn violinkoncert. Jeg havde ligget lidt, og var helt afslappet. Pludselig, som lyn fra en klar himmel, blev jeg ombølget af en vidunderlig, berusende duft. Den blev mere og mere intens, men jeg kunne ikke rigtig definere den. Det var hverken jasmin eller rosenduft. Jeg kom til sidst til det resultat, at det nærmere var som en duft fra en fin parfume, der helt omsluttede mig. Det blev ved og ved. Så tog det lidt af, men så med ét kom duften tilbage igen med fuld styrke. Jeg havde det nærmest, som var jeg kommet i den syvende himmel. Denne vidunderlige musik, og samtidig denne berusende duft, der helt omgav mig. Det kan slet ikke beskrives.

Jeg var så bevæget, så tårerne løb mig ned af kinderne. Det var en så smuk oplevelse, at jeg ikke kan sætte ord på den. Duften blev bare ved og ved at strømme ind over mig, som om det ingen ende ville tage. Musikken var stoppet, og ganske langsomt ebbede duften ud, for til sidst helt at forsvinde. Det havde varet cirka en halv times tid. Jeg var helt opløftet, da jeg langt om længe gik ned for at spise min middag.

Baba giver og giver.
Han giver os hver især, hvad vi har brug for. Tak, Baba.

Næste dag er jeg så på vej til Delhi. Vi ankom først på aftenen. Der skulle jeg så have en sidste overnatning. I morgen går turen så tilbage til Danmark. Jeg har aldrig opholdt mig særlig meget i Delhi, og af den grund er der heller ikke et fast hotel jeg benytter eller kender.

Så da vi ankom til Delhi, gik jeg direkte hen til turistinformationen, der ligger i selve lufthavnen. Der henviser de turister til forskellige hoteller. Det må være det letteste at gøre, når det kun drejer sig om en nat, tænkte jeg.

En medarbejder kom straks tilstede, og spurgte hvad han kunne hjælpe mig med.

"Jo, jeg skal blot have et hotelværelse for en nat, og jeg vil ikke give mere end højst 600 rupeer. Det skal blot være pænt og rent."

"Ja, nu skal jeg hente vores bog med hoteller."

Han kom tilbage med en stor bog. Vi kiggede lidt i bogen, og han foreslog forskellige hoteller. Pludselig sagde han ret overbevisende: "Her er et hotel, jeg vil anbefale Dem. Det er et lille hotel, det er pænt og rent, og det koster 500 rupeer per nat.

"Det er i orden, det tager jeg."

Jeg betalte et depositum, og han fulgte mig ud til en taxa.

Jeg er så atter på vej til et hotel, for sidste gang i denne omgang. Jeg regnede selvfølgelig med, at det ville være et lille rent og pænt hotel jeg kom til, da det var blevet anvist af turistforeningen. Han kørte og kørte og til sidst var vi langt væk fra centrum. Vi var kommet ud i et øde område. Det så ikke særlig indbydende ud.

"Sig mig, tror De, det er den rigtige vej De kører. Jeg syntes der ser lidt mærkeligt ud her. Det er vist ikke et sted jeg har lyst til at bo."

"Jo, hotellet skulle ligge lige her i nærheden," sagde han ganske roligt.

Jeg så mig omkring, og det jeg så ud på, så rædselsfuldt ud. Det var et afsides uhyggeligt sted, med gamle grimme nedslidte ejendomme. Det lignede mest af alt et gammelt forladt fabrikskvarter. Så sagde chaufføren: "Ja, det ligger lige her."

"Jeg kan ikke se noget hotel, kun en gammel ejendom, uden lys, så jeg tror De tager fejl. Sådan et sted vil jeg aldrig bo."

"Ja men, det er rigtig nok. Kan De ikke skimte skiltet derhenne. De skal ind ad porten, og op ad en trappe."

Jeg kiggede ud; alt var halvmørkt. Det eneste jeg så, var en gammel grim ejendom, hvor der hang et lille skilt og dinglede. Jeg blev godt irriteret, da jeg så det, men taxachaufføren kunne jo ikke gøre for det. Han havde kørt til den rigtige adresse. Så jeg betalte ham. Jeg fik min bagage og han kørte. Der kom en ung inder ned, og hjalp mig med min bagage, op ad en vaklevorn trappe.

Jeg kom ind på noget, der mindede om et herberg, absolut ikke noget for mig. Ved receptionen stod der en ældre mand. Jeg gik direkte hen til ham.

"Det her må være en misforståelse. Jeg har rejst i Indien i mange år, og boet på mange forskellige hoteller, men aldrig har jeg set magen til det her. Og så er det endda turistforeningen, der har sendt mig til Dem. Her vil jeg simpelthen ikke bo."

Han havde stået, og lyttet til mig, uden at tage til genmæle. Så sagde han stille og roligt: "Ja, det er rigtigt. Jeg samarbejder med turistforeningen, og de sender mange turister ud til mig, men hvis De ikke ønsker at bo her, vil jeg ringe til turistforeningen, og så får De blot Deres depositum tilbage igen."

"Ja tak, hvis De vil være så venlig."

Han ringede turistforeningen op og talte lidt frem og tilbage med ham, der havde sendt mig ud til hans hotel. Så talte jeg selv med ham og nærmest skældte ham ud i flere minutter. Jeg kan slet ikke huske alt det, jeg nåede at få sagt. For desværre var mit temperament endnu engang løbet af med mig. Til sidst blev vi enige om, at hotelejeren betalte mig mit depositum tilbage. Da samtalen var slut ordnede vi det. Derefter spurgte han venligt: "Hvor vil De så bo?"

"Hvis De bare vil være venlig, at ringe efter en taxa til mig, så finder jeg selv ud af det."

"Ja, jeg ringer med det samme."

Jeg sagde farvel, og gik.

Så sad jeg atter i en taxa, på vej til et eller andet hotel. Og det var netop det, jeg ville have undgået, og var derfor gået til turistforeningen. Jeg sad og var godt ærgerlig.

"Hvor skal De hen," spurgte taxachaufføren.

"De kører bare, indtil jeg siger stop. Jeg skal finde et ordentligt hotel," sagde jeg, sikkert ikke særligt høfligt.

Han kørte så tilbage mod centrum. Jeg stod af flere gange, ved forskellige hoteller. Men enten var der optaget eller også var de alt for dyre. Så kørte vi videre. Til sidst sagde jeg til ham: "Vær venlig at køre ned af denne gade. Det ser ud til, at der ligger en del hoteller der."

Det gjorde han så. Vi havde kørt et lille stykke, hvorpå jeg atter sagde: "Jeg tror De skal holde lidt her. Så vil jeg gå ud, og se på de forskellige hoteller."

"Ja, jeg venter her," sagde han venligt.

Så snart jeg var kommet ud af bilen, og havde gået nogle få meter, stod jeg pludselig foran et smukt hotel. Navnet på hotellet stod lysende klart foran mig. Navnet på hotellet var bøjet i rødt neon, og glimtede uafbrudt. Navnet på hotellet var Baba Baba. Jeg stod blot og så på det: Baba Baba, Baba Baba. Endnu engang blev jeg dybt bevæget. Med et forstod jeg det hele. En prøvelse fra Baba. Det hele har jeg brug for. Ikke kun søde dufte. Skønne drømme og visioner, men også prøvelser.

Da jeg havde sundet mig lidt, gik jeg ind og spurgte efter et værelse, men alt var optaget. Jeg gik ud igen, og videre ned af gaden. Men i det samme kom en ung inder løbende efter mig.

"Madame, vi har et værelse til Dem."

Jeg fulgte efter ham, og det viste sig at være rigtigt. Det lå lige over for *Hotel Baba Baba*. Det var et yndigt lille hotel i hvidt marmor, det hed *Hotel Rama*.

Jeg fik et smukt værelse, til 500 rupeer per nat, og jeg var lykkelig. Fra mit vindue, kunne jeg se over på navnet Baba Baba, der glimtede i en uendelighed. Ligesom for at minde mig om, at

Baba styrer alt!

Næste dag gik turen så med Air India hjem til Danmark. Vi lettede præcis, og jeg var i København sidst på eftermiddagen, dansk tid. Det var den 23. januar år 2000. Jeg kom som sagt hjem til vinter med sne og kulde. Da jeg havde været hjemme i nogle uger, tænkte jeg: "Jeg tror, jeg rejser sydpå, ned i solen. Der vil jeg også blive mere inspireret til at komme i gang med at skrive." Jeg havde nemlig ikke taget mig sammen endnu, og fået blokken og blyanten frem, skønt jeg ved, at det er det, Baba forventer af mig.

264

Så omkring tre uger efter jeg var kommet hjem, gav Baba mig en vision. Så jeg virkelig blev inspireret ud over alle grænser til at skrive. Så fik jeg endelig blok og blyant frem.

Visionen bliver beskrevet i det følgende kapitel.

En vision den 18. februar 2000

Jeg opholdt mig hos nogle venner, i et hus ved havet. Der var den skønneste udsigt, man kunne tænke sig, og så langt øjet rakte, så man kun den hvide sandstrand og det blå hav. Der var fuldstændig stille. Solen, der lige var gået ned, gav det hele et fortryllende skær. Her stod jeg ved vinduet og så ud på denne vidunderlige solnedgang.

Pludselig så jeg noget helt fantastisk. Et stort, farverigt optog nærmede sig fra højre. Det bevægede sig kun meget langsomt fremad. Det var et pragtfuldt syn at se på, som det bevægede sig hen ad den helt hvide sandstrand, og så havet, der var blikstille. Det var nøjagtig, som man ser en karavane i ørkenen, dog med den forskel, at ørkenen kun er sand, sand og atter sand i en uendelighed.

Jeg kunne nu se, at der i begyndelsen af optoget kom en elefant. Lige efter kunne jeg skimte en bil. Efter bilen kom der flere mennesker, ridende på kameler. Det var virkelig et betagende syn. Hele optoget var nu nået helt hen foran huset, hvor jeg stod aldeles forundret, og så på alt dette som var det et eventyr.

Da så jeg til min undren, at det var Baba, med hele Sit følge. Jeg kunne næsten ikke tro det, men i det samme vinkede Baba til mig. Det var Baba's elefant, Gita, i fuld ornat, der førte an. Derefter kom Baba Selv kørende i en pragtfuld, åben bil, helt dækket af blomster. Ligeledes var kamelerne festligt dekoreret; det samme var alle deltagerne.

Jeg sagde til mine venner: "Skynd jer at kom og se noget helt fantastisk. Baba er her, med et stort følge."

De kom omgående løbende, men inden de var nået hen til vinduet, var jeg løbet ud af huset og ned til Baba. Han åbnede bildøren og sagde: "Kom ind og sæt dig lidt ned," hvorefter Han hilste kærligt på mig. "Som du kan se, er vi på en lang rejse," sagde Han, idet vi samtidig steg ud af bilen. Han gav nu besked om, at hele optoget skulle standse. Jeg sagde da til Baba: "Du kan overnatte i mine venners hus Baba, der er mange værelser, og det ville glæde os." Baba tænkte lidt over det.

I det samme kom mine venner ned til os, og Baba hilste hjerteligt på dem. Vi talte lidt frem og tilbage, om det med overnatning. Til sidst indvilligede Baba. Mine venner var fulde af begejstring og jeg ligeså. Baba gav nu alle besked om, at slå lejr for natten. Gita lagde sig ned og slappede af. Det samme gjorde alle kamelerne, og ligeledes alle deltagerne. De havde rejst langt, og var godt trætte.

Til sidst spurgte mine venner Baba, om de ikke måtte tage et billede af det storslåede syn, for at have et minde. Det sagde Baba ja til.

Jeg stod ved Baba's side, midt i det farvestrålende optog, og billedet blev taget. Blot er det ærgerligt, at jeg ikke kan vise billedet. Læseren må nøjes med beretningen her, men samtidig sluttede denne fantastiske oplevelse også for mig. Jeg vågnede op til hverdagen. Ak ja, men det hele må og skal forenes. Det er det vigtigste af alt, men ikke altid lige let.

Baba, Baba. Hvad bliver mon et næste, jeg får lov til at opleve?

Den næste oplevelse Baba gav mig, skete den niende august. Da materialiserede Han endnu engang vibhuti til mig i min lille skål herhjemme. Forunderligt! Den 13. august rejser jeg til Indien igen. Jeg har længe tænkt på, at få en lejlighed i Bangalore. Så jeg har et indisk hjem. Det er i Indien jeg føler mig hjemme, både i hjerte og sjæl.

Nu vil jeg så prøve at undersøge mulighederne med hensyn til en lejlighed i Bangalore, og se hvad jeg får ud af det. Samtidig vil jeg sandelig håbe, at hvis jeg får en lejlighed,

at det er med Baba's velsignelse.

I øvrigt har Baba gennem alle årene, hvor Han er kommet til mig i drømme og visioner, ofte hentydet til en lejlighed, men jeg har altid tænkt: "Nå ja, det vil tiden jo vise." Da jeg rejste til Indien i august måned, for at undersøge mulighederne for at få en lejlighed i Bangalore, viste det sig at være muligt. Så jeg fik en dejlig lejlighed.

"Nu har jeg da et indisk hjem, og kun fire timers kørsel fra Baba. Det er helt perfekt for mig," tænkte jeg. Samtidig begyndte jeg, med venners hjælp at møblere den, med alt hvad man nu har brug for i et hjem. Efterhånden som tingene var kommet på plads, så jeg mig omkring i min lejlighed; og jeg syntes egentlig, at det var et smukt, indisk hjem jeg havde fået.

Så var jeg klar til at tage til Baba i Puttaparthi. Jeg var spændt på om Han ville kommentere det på en eller anden måde, men det der skete var just ikke det, jeg havde ventet.

Gennem de senere år, er der mange udlændinge, der enten har købt eller lejet en lejlighed i Puttaparthi, men jeg har aldrig gjort det, da jeg igennem flere år altid har boet på hotel, og det har jeg egentlig været ganske tilfreds med. Jeg var jo aldrig hos Baba mere end en måned ad gangen, fordi der er så utrolig mange mennesker i dag, og livet i ashramen er meget anstrengende. Det var da også af den grund, at jeg fik mig en lejlighed i Bangalore. "Det her er det rigtige for dig," tænkte jeg, men deri tog jeg ganske fejl, hvad der i øvrigt kom helt bag på mig. Et er hvad jeg mener, men noget helt andet er, hvad Baba mener. Det havde jeg fuldkommen glemt at tage i betragtning, så jeg kom på arbejde endnu en gang.

Samtidig havde jeg i al den tid, hvor jeg opholdt mig i Bangalore, og havde indrettet mit hjem, kun tænkt på en ting, nemlig at tage til Baba i Puttaparthi. Det var nærmest, som om alt det andet var komplet ligegyldigt. Og endelig var jeg klar til at rejse til Ham.

Jeg ankom lige til guden, Ganesha's fødselsdag. Det er en stor religiøs fest for hinduerne, og Baba fejrer den hvert år. Da jeg ankom, var hele Prasanthi Nilayam pyntet op til festlighederne; det samme var Puttaparthi. Aldrig havde jeg følt mig mere hjemme. Festlighederne varede i syv dage, og i den uge ændrede Baba hele min fremtid. Han gav mig så utrolig megen opmærksomhed, og gjorde det helt klart for mig, at det var her hos Ham i Puttaparthi, jeg hørte til, og ikke i Bangalore. Til sidst stod det mig helt klart, at jeg måtte finde en lejlighed her, og sige min lejlighed i Bangalore op. Jeg følte dybt i mit hjerte, at det kun var her jeg hørte til, og aldrig havde jeg følt mig mere hjemme i Puttaparthi end denne gang. Da jeg var fuldstændig overbevist om dette, og en dag kom gående ned af hovedgaden i Puttaparthi, kom Baba kørende. Idet Han passerede mig, vinkede og smilede Han varmt ud til mig. I dette øjeblik følte jeg mig meget lykkelig, og jeg vidste med sikkerhed, hvad jeg havde at gøre.

Baba bestemmer alt.

Mit indiske hjem

Jeg begyndte nu at se mig omkring efter en passende lejlighed, men det var ikke så ligetil endda. Enten var de alt for dyre, eller også var det noget jeg slet ikke ville bo i. Jeg var næsten ved at opgive, da der pludselig skete noget. Jeg spadserede lidt rundt, og kom forbi en smuk hvid ejendom med ovale balkoner. Den var ved at blive bygget, og der var håndværkere overalt. Samtidig bemærkede jeg, at den lå i et meget roligt område. Jeg standsede op, og stod lidt og kiggede på de travle håndværkere. Lige ved siden af lå et privat hus, hvor døren stod åben ind til et kontor. I det samme kom en indisk mand ud fra kontoret, og jeg spurgte: "Er det Deres ejendom, der er ved at blive bygget her?"

"Ja, det er det, kom indenfor," sagde han venligt.

Vi sad nu på hans kontor, og han sagde: "Ejendommen er på fire etager. Vi har første og anden etage færdige, og de er alle lejet ud. Tredje og fjerde etage bliver færdige den første december. Vil De ikke med ind og se lejlighederne?"

"Jo, det vil jeg da gerne."

Vi gik nu ind i ejendommen, og han ringede på hos et par af beboerne, og spurgte om jeg måtte se på lejligheden. Det var indiske familier, og de var meget venlige til at vise deres lejlighed frem. De var alle tilhængere af Baba. Det viste sig at være nogle meget smukke lejligheder. I hver lejlighed var der en stue, et soveværelse, et køkken og et badeværelse, og lejen var absolut rimelig. Jeg takkede for deres venlighed, og sagde så til ejeren: "Jeg kunne godt tænke mig at se en lejlighed på fjerde sal."

"Ja, der har vi også kun en. Vi går op og ser på den. Nu er den kun halv færdig, og de er alle ens, men De kan da se på den dejlige udsigt."

"Ja, det kunne være spændende at se udsigten."

Vi kom så op i lejligheden på fjerde sal, som altså kun var halvt færdig, men udsigten var vidunderlig. Jeg så ud over Puttaparthi by, og bjerge og rismarker så langt øjet rakte, men det smukkeste af det hele var, at fra min lille balkon, så jeg lige over på Baba's balkon. Jeg var ikke i tvivl. Her skulle jeg bo! Jeg gik ud på den lille balkon, og stod og så lige over på Baba's balkon, der jo er en del af Hans privatbolig. Selve boligen kunne jeg dog ikke se, men jeg var lykkelig, og følte mig varm om hjertet.

"Jeg tager lejligheden her, fra den første december. Det kommer lige

269

til at passe med opsigelsen af mit lejemål i min lejlighed i Bangalore."

"Ja men, det er jeg da glad for at høre. Vi går ned på mit kontor, og taler om det."

Det gjorde vi så. Jeg betalte et depositum og fik samtidig en kvittering samt adressen på min lejlighed. Lidt efter kom hans kone ind på kontoret med et glas juice. De spurgte om mit forhold til Baba, og jeg fortalte lidt om, at Baba havde ledet mig i snart 22 år igennem drømme og visioner. Det syntes de var meget spændende at høre om, for det viste sig, at de selv var gamle tilhængere af Baba. De var på omkring min alder. Manden sagde til mig: "Jeg er født i en lille landsby, ikke langt fra Puttaparthi, og er lykkelig over, at jeg hele mit liv har boet så nær Puttaparthi, hvor Sai Baba er født."

"Det kan jeg minsandten godt forstå."

"Vil De ikke ind, og se vores husalter," spurgte hans kone."

"Jo, det vil jeg gerne.,"

Jeg fulgte efter hende ind i en smuk stue, og i en niche havde de et meget smukt husalter. Hele bagvæggen var et meget stort smukt billede af Baba. Et bord var dækket med skønt, tykt silke i orange, og der brændte et lys og røgelse, og ligeledes stod der en lille skål med vibhuti. Hun gav mig lidt vibhuti, og lod mig så være lidt alene med mine tanker. Hvem mine tanker var rettet imod i dette øjeblik, kan ingen være i tvivl om.

Efter en lille stund, kom jeg ud til hende, og vi fulgtes ad ud til hendes mand, der sad i kontoret. Vi talte lidt om nogle praktiske ting vedrørende lejligheden.

"Jeg rejser om nogle dage, men jeg kommer lige indenfor, og siger farvel, inden jeg rejser."

"Ja, vi ses igen."

Lidt senere gik jeg ned af hovedgaden i Puttaparthi, og minsandten, Baba kom kørende lige imod mig. Jeg skyndte mig ud til siden, og stillede mig i vejkanten, sammen med en del andre, og ventede på, at Baba's bil skulle passere. I det øjeblik Hans bil nærmede sig stedet, hvor jeg stod, standsede Han et øjeblik, vinkede og smilede ud til mig. Jeg vinkede igen til Baba. De andre begyndte også at vinke, hvad man normalt ikke gør. Og lige med ét, var vi alle helt tæt på Baba's bil. Vi berørte dens vinduer, og Baba vinkede glad ud til os alle. Vi følte os helt opstemte. Det er nemlig meget sjældent, at Baba standser sin bil, blot for at vinke til masserne, så det var en helt speciel darshan. Ganske langsomt satte bilen sig i bevægelse igen. Hvad jeg følte i det øjeblik, kan ikke beskrives.

Der var nu kun to dage til, at jeg skulle rejse til Bangalore, så jeg ordnede de sidste praktiske ting. Jeg var ligeledes henne hos en god veninde gennem mange år, for også at tage afsked med hende. Hun havde været mig til stor hjælp, især denne gang, og støttet mig i alt, her hvor jeg skulle tage så stor en beslutning angående lejligheden. Ligeledes lavede hun mad mange gange til os begge to, så jeg var fri for at stå i lange rækker i Baba's kantine, der var overfyldt på grund af festlighederne. Hun har boet hos Baba i omkring tyve år, og laver mad til sig selv hver dag, så det var dejligt for mig. Vi fik os da også en god snak om gamle dage hos Baba.

Om aftenen hvor jeg skulle rejse næste dag, skulle jeg så hen og sige farvel, til min ejer. Han tog hjerteligt afsked med mig, idet han tog begge mine hænder, smilede varmt, og sagde: "Goodbye, see you in November, Sai Ram."

Næste morgen skulle jeg så rejse. Jeg gik hen på en indisk café, for at få min morgenkaffe. Som jeg nu gik der i mine egne tanker, ser jeg minsandten Baba's bil i det fjerne. "Baba, Baba, en sidste hilsen," tænkte jeg. Endnu engang stillede jeg mig ud i vejkanten, sammen med alle de andre, og ventede på Baba. Da Hans bil passerede mig, så Han et øjeblik meget intenst ud på mig. Det føltes meget bekræftende og smukt. Jeg rejste glad til Bangalore.

Hvad jeg ikke var så glad for var, at jeg skulle ind og sige min lejlighed i Bangalore op. Jeg havde jo kun boet der i ganske få måneder. Også der var det et nyt hus, jeg var flyttet ind i, og der var ikke den ting, min ejer ikke havde hjulpet mig med, og hans vicevært ligeledes. Da alt så stod fikst og færdigt, kom jeg nu hjem fra Baba, kun for at sige op. Men sådan var det altså.

Min ejer havde selvfølgelig for længst hørt om mit årelange forhold til Baba, og havde stor respekt for Sai Baba, selv om han ikke var tilhænger da han var muslim, men han var et meget fint og hjælpsomt menneske.

Da jeg ankom til min lejlighed ved middagstid, stod han uden for

271

sit kontor. Det havde han i huset ved siden af, hvor jeg boede. Det var familie til ham, der boede der. Da han så, at jeg var kommet tilbage fra mit ophold hos Baba, kom han glad hen til mig, og sagde: "How are you?"

"Tak, jeg har det godt, men har De tid et øjeblik, jeg vil gerne tale med Dem," sagde jeg. Lidt ubehagelig til mode.

"Ja gerne, kom endelig indenfor," sagde han venligt.

Vi satte os ned, og han så spørgende på mig. Jeg havde forlænget forberedt mig selv på, hvordan jeg skulle belægge mine ord.

"Jo, ser De, jeg bliver desværre nødt til at sige min lejlighed op fra første december. Det er en smuk lejlighed, så jeg er sikker på, at De hurtigt vil få den lejet ud igen, men jeg skal ikke bo i Bangalore."

Han så undrende på mig. Jeg kunne tydeligt se, at det kom bag på ham. Og det var jo egentlig også kommet bag på mig selv, at Baba ønskede, at jeg skulle bo i Puttaparthi, men det var jeg jo for længst blevet klar over, at sådan skulle det være.

Han sad lidt, og så på mig: "Må jeg spørge, hvorfor?"

"Som De jo ved, har jeg været tilhænger af Sai Baba i mange år, og Han er og bliver det vigtigste i mit liv, og sådan vil det altid være. Sai Baba ønsker jeg skal bo hos Ham i Puttaparthi, og ikke i Bangalore, og jeg har fået en meget smuk lejlighed i Puttaparthi fra første december. Der er det også et nyt hus, jeg flytter ind i, og jeg er meget, meget glad."

"Ja, men det respekterer jeg selvfølgelig. Jeg vil give min vicevært besked om at være behjælpelig med alt vedrørende flytningen."

"Mange tak skal De have."

Lettet om hjertet, gik jeg ind i min lejlighed. Jeg så mig omkring. Alt skulle nu pakkes sammen igen. Jeg kunne begynde forfra.

Lidt efter kom min ejer ind sammen med sin vicevært. Vi snakkede lidt om de praktiske ting. Vi blev enige om, at viceværten skulle skaffe nogle kasser, så vi kunne begynde at pakke alt ned i kasserne. Jeg skulle nemlig rejse til Danmark om få dage. Jeg ville være hjemme et par måneder, for så at komme tilbage midt i november til Baba's fødselsdag. Samtidig skulle jeg se min nye lejlighed, der skulle være så godt som færdig sidst i november. Meningen var så, at når Baba's fødselsdag var overstået, ville jeg tage tilbage til Bangalore, men denne gang kun for at flytte. Alt skulle være klart, lige til at læsse på flyttebilen, når jeg kom tilbage til lejligheden i Bangalore, så viceværten og jeg fik travlt. Han kom med nogle kasser, og vi begyndte at pakke alt ned. Næste dag var vi færdige, og alt blev flyttet ind i gæsteværelset. Så havde jeg kun tilbage, at tænke på hjemrejsen. Alt var nu bragt i orden. Jeg tog afsked med min ejer og de forskellige mennesker, som jeg for en kort stund var kommet til at lære et kende.

Endelig, efter en lang og besværlig rejse, var jeg tilbage i mit hjem i Danmark. Jeg tog det helt med ro de første dage. Der var så meget at tænke tilbage på. Baba havde totalt ændret mine planer, med hensyn til hvor jeg skulle bo, når jeg var i Indien. Alt det, tænkte jeg selvfølgelig dybt over, men samtidig var jeg også meget lykkelig over, at Baba ønskede, at jeg skulle bo i Hans nærhed. Det var jo ikke, hvad jeg havde planlagt, men det havde Baba åbenbart.

Det bekræftede Han da også senere. Cirka to uger efter jeg var kommet hjem, kom Han nemlig til mig i en drøm.

En Drøm den 21. oktober år 2000

Baba kom kørende i sin bil i Puttaparthi. Han steg ud af bilen, og kom nu gående hen imod mig. Han standsede foran mig, og jeg sagde til Ham: "Baba, jeg rejser i morgen." Hvorpå Han lidt drillende sagde: "Nå, gør du det? Men sig mig egentlig, hvor bor du?"

"Jeg bor i et gammelt hus Baba."

"Åh nej, du bor ikke i et gammelt hus."

"Nej, når jeg kommer næste gang, flytter jeg ind i et nyt hus her i Puttaparthi, Baba."

Baba tog da begge mine hænder i sine og smilede varmt til mig: "Ja, du flytter ind i et helt nyt hus her hos Mig i Puttaparthi. Det er her du hører til." Han omfavnede mig kærligt, og tog derpå afsked med mig ved at tage begge mine hænder i sine til afsked, nøjagtig som min ejer havde gjort, da Han tog afsked med mig og jeg skulle rejse til Bangalore og sagde: "Goodbye, see you in November, Sai Ram."

Baba er alvidende, allestedsnærværende og guddommelig.

Det er i begyndelsen af november år 2000, og jeg rejser til Baba om få dage. Han bliver 75 år den 23. november og jeg vil være med til at fejre Ham.

Endnu en gang Baba:
Tak for alt, hvad Du har været for mig.
SAI RAM

Vignetterne er alle tegnet i 1980.

Krishna på side 83 og på omslaget og lotusblomsterne side 7 - 18 er henholdsvis malet og tegnet af Lise Jersing.

SLUT

Jeg håber, at du har haft fornøjelse af at læse min bog og vil være taknemmelig, hvis du vil bruge et par minutter på at skrive en kort anmeldelse på dit foretrukne sted på Internettet.
På forhånd tak, Marguerite Jalving.